『正法眼蔵』を読む

存在するとはどういうことか

南 直哉

講談社選書メチエ

KODANSHA SENSHO MÉTIER

417

目次　『正法眼蔵』を読む

序章
読みの方法——『眼蔵』はどこにあるのか

おそらく、本書を手にとる読者諸賢は、すでに『正法眼蔵《しょうぼうげんぞう》』（以下『眼蔵』）についてある程度の知識を持ち合わせているであろう。鎌倉時代の仏教革新運動の担い手の一人、道元禅師《どうげんぜんじ》の主著であり、日本思想史上の最高峰的評価を得ているくらいのことは、ことあらためて書くまでもないであろう。

そこで、本の由緒来歴めいた話は一切割愛して、最初に『眼蔵』のこれまでの扱われ方の一例を、いささか戯画的に示す話を紹介して、それを糸口に本書で私が試みようとしている読み方を、あらかじめ提示しておきたい。

「拝む本」

以前、ある禅道場で修行僧暮らしをしていたころ、一人の業者が巨大な鞄を抱えて本を売り込みにきた。それが、『眼蔵』の道元禅師真筆とされる断簡や他の古写本を、高級な和紙に精巧な写真製版で復元した和綴じの書物だったのである。

業者は当時まだ三〇代半ばの私に向かって、

「老師のような方のお手元に是非おいて頂きたいお品です」

などと言いつつ、過去の購入者と一緒に撮った記念写真のアルバムなど取りだして、

「○○老師も是非南老師にご紹介してくれとのことで……」

私はそんな老師にあった記憶もなかったが、興味本位で一応値段をきいてみると、百数十万円などと、とんでもないことを言う。

そこで、

「僕は勉強不足で古写本の類は読めないし、『眼蔵』なら活字本を何種類か持っているので、間に合

ってます」

と、しごく真っ当な理由で断ったら、今度は、

「いや、そういうお考えもありましょうが、これは読むものというより拝むものとして……」

などと、冗談のようなことを真顔で言う。

「でも、アナタ、拝むたって、読まない本ならただの紙の束ですよ。スーパーのチラシと違って裏も白くないし、メモ用紙にも使えません。最初から読まないと決まった本を買ってどうするんです?」

相手はさらに愚にもつかぬことを並べ立てたが、私もいい加減じれてきて、本に関して俺の考え以外にどんな考えがあるんだ! と一喝して、その場は追い返した。

じつに驚くべき商売だったが、全国を回って営業しているのだから、そこそこは売れていたのだろう。だが、それにしても、「拝む本」とはどういう発想だろう。

「内容」とは何か

「拝む」というからには、拝むにたる「有り難いもの」が『眼蔵』にあるわけだろう。しかも、それが活字より古写本、古写本より原本の方に、より純粋に保存されていると、売り手も買い手も漠然と思うから、古写本ならぬそのコピーにも、法外な値段の商売が成り立つのだろう。その場合、「有り難いもの」とは、たとえば道元禅師が説く「真理」(「正法」とか「正伝の仏法」とも言われる)であり、そういうものが「内容」として本の中に埋まっているはずだということになる。

この『眼蔵』自体に何か「有り難いもの」「真理」が備わっているとする発想は、たとえば、禅宗の指導的立場にある僧侶が「『眼蔵』は道元禅師が仏の立場(人によっては悟りの立場)でお書きにな

ったものだから、その立場で読まなければわからない」などと自信満々で発言する際にも見られる。

この場合、彼の言い方は、単に『眼蔵』に「仏の立場」と称すべき特別な何かがあるということのみならず、それを読む特権的な視点があり、それを持たないものは読んでもわからない、という主張を含んでいる。

すると、『眼蔵』を「正しく」読むとは、何らかの方法で道元禅師と同じ悟りの立場を得た者が、彼が禅師の説く「真理」の「内容」を、『眼蔵』の字面の「下」から、考古学者よろしく発掘することだ、ということになる。

「内容」は読みの中にある

少し考えればわかるように、この考え方は変である。

まず、『眼蔵』で道元禅師が説いているとされる「真理」が何であるかは、結局のところ本人に直接訊《き》いてみない限り絶対にわからない。我々の目の前にあるのは、『眼蔵』という文字の集合した物体であって、鎌倉時代の人物ではない。世に言う「道元禅師が説く真理」は読み手が「真理だと思った」ことにすぎないのだ。

「真理」自体はどこにもない。「真理だと思った」ことを「真理だ」と強弁するのは、自分の推理が事件の証拠だと言い張る刑事のようなものであろう。「真理」と「真理だと思った」ことが同じかどうかを判断する客観的な基準はまったく存在しない。

そもそもどんな文章であれ、その「中」や行の「間」にかたまりのごとき「真理」が「内容」として潜在しているというのは、お伽噺《とぎばなし》と変わらない。

「内容」は読者の頭の中、その読みという行為の中に生成される。そこにしかない。当たり前であろう。

また、読みの中に、潜在していた「著者の思想」がそれ自体として出現するわけではない。たとえそれがあったとしても、読者は赤ん坊のごとく純粋無垢に「著者の思想」を丸飲みするのではない。読み手は一定の興味・関心によって、つまり、ある立場から、ある意図と方法によって読んでいる。そこに読み手なりの「内容」が、読み手の数だけ生成されるのだ。

となれば、読みの対象としての本（テキスト）が一度出来上がれば、その読みに関して「著者の思想」を特権化する大した理由もないだろう。それも数ある読みの一つにすぎず、読みに関して、著者より読者がずっと深い場合だって、当然ありえることだ。著者が最良の読者である保証はない。極言すれば、現代に道元禅師が現れて『眼蔵』の「思想」を講義したとしても、それも『眼蔵』解釈の一例にすぎず、二一世紀に生きている聞き手全員が納得感服するかどうかは、別問題である。

そもそも、経典や語録などのテキストを独自の視点から読み取り・読み換えることは、道元禅師が自ら『眼蔵』において実践した手法である。

読みの体験主義

あくまで「真理」がテキストに潜在すると考えるなら、その取り出し方＝読み方の正しさをめぐって競争が生じる。

古来その一番手は、先に述べた「仏の立場」「悟りの立場」を根拠とする、いわば体験主義である。釈尊や道元禅師と同じように修行し、同じように「悟った」者こそ、正しく「真理」を解読できるという、多くは僧侶から主張される立場だ。

これは確かにそのとおりなのだが、惜しいことに、釈尊や道元禅師の「悟り」と読み手の「悟り」の「同じさ」を保証する基準が何もない。とすれば、「同じだ」という話は、やはり「同じだと思う」というにすぎまい。

この「同じだ」「同じだと思う」の区別を曖昧にしたまま「真理潜在」的な読み方を墨守《ぼくしゅ》すれば、今度は「同じさ」の基準がおそろしく単純に設定され、原著者により近い立場にいた者こそ、よく「真理」を知っているというような安直な発想が出てくる。つまり、現代の僧侶より鎌倉時代の僧侶、鎌倉時代のただの僧侶より、道元禅師の側近だった者の方が、禅師の「ナマの思想」を知っているというような思い込みになるのである。

これが錯覚なのは言うまでもない。いくら近くに並んでいても、どんぶりの水はコップに入らない。近くにいようといまいと、読み手の読解力が不足だったら、ことはそれまでである。

読みのテキスト主義

真理判断の基準が曖昧な体験主義に対して、誰にもわかる客観的な基準として書物そのものを持ちだすのがテキスト主義である。

「仏の立場」などという雲をつかむような話を持ちださず、「テキストそのものを忠実に読み解く」というのがその主張で、主に僧侶以外の学者・評論家などがとる立場だが、これもその「忠実さ」が何に担保されているのかわからない。

いくら書誌学的な、あるいは国語学的なアプローチで読もうとも、その読みが「真理」に忠実だと言う根拠はなかろう。化石から骨格を復元して「これが恐竜です」と言える考古学者はいないはずだ。肉と皮はしょせん考古学者の想像にすぎない。

あるいは現代哲学・現代思想から道具を借りてきて読んでも、それがどうして「テキスト」に忠実なのか、誰にも説明できまい。タルタルステーキは確かに生の馬肉だが、馬刺ではない。いや、馬刺にしてもそれはすでに料理であって、ただの馬肉の切り身ではない。

いずれにしろ、「真理潜在」説は虚構である。内容は読み手の読みから生成するのだ。

普遍性の根拠

こういうことを言うと、すぐに飛んでくる批判は、「ならば、みんな自分勝手に解釈してよいのか。『眼蔵』が時代を超えて読まれ、今に伝えられて来たのは、まさにそれが持つ真理の普遍性にあるのではないのか」というものだろう。

『眼蔵』の普遍性は、私も疑わない。が、その根拠は潜在する「真理」にあるのではない。それは以下の事実になる。

一つは、言わずもがな、テキストの文字である。『眼蔵』の文字数と並び方は、ほぼ決まっている。この限界が事実として読みの幅を区切り、普遍性の土台になる。

もう一つは、テキストの挑発力それ自体である。『眼蔵』は読み手の問題意識を挑発し、思考を強いる。というよりむしろ、『眼蔵』はそれ自体が読み手に「問い」として現前する。この「問い」の深さと激しさが、時代や地域を超えて読み手を刺激し、多様な解釈を産出させていく。『眼蔵』の普遍性とは、この挑発力と生産性という事実にある。

読みの優劣は、この「問い」がどこまで深く共有され、どこまで真摯《しんし》に思考されたかにかかるだろう。その思考を支えるのが坐禅修行だろうとテキスト論だろうと、それ自体はどうでもよいことである。読みの優劣の判断は、あくまで、『眼蔵』原本とある読み方による解釈とを並べて読んだ「第三の読み手」の判断によるしかない。「第三の読み手」はつぎつぎに現れる。その連鎖と拡大の中で、さまざまな読み方は淘汰されていく。

ならば、テキスト解釈をしようとする者は、読者の判断への便宜としても、自らの読みの方法をあらかじめ明らかにしておくべきだろう。手の内を明かさぬまま、自分の読み方の「正統」「正当」性を僭称《せんしょう》すべきではない。読みの視点・方向性を明確にして、何をねらってそう読むのかを説明する方がフェアであろう。つまり、己の読みの相対性を自覚した上で、「正統」「正当」性についての判断は、読者にゆだねなければならない。「正統」「正当」性は最初から真理に根拠づけられているのではなく、読みにおいて結果的に付与される。

「本証妙修」パラダイムの読み方

さて、こう前置きした上で、私の見るところ、「真理潜在」説の読み方が採用する読解の枠組みは、「本証 妙修《ほんしょうみょうしゅ》」パラダイムとでも名づけるべきものである。

「本証」「妙修」とは、従来『眼蔵』の一巻と言われてきた「弁道話《べんどうわ》」に出てくる言葉である。

仏法には、修証《しゅしょう》これ一等なり。いまも証上の修《しゅ》なるゆえに、初心の辦道《べんどう》すなわち本証の全体なり。かるがゆえに、修行の用心をさずくるにも、修のほかに証をまつおもいなかれとおしう、直《じき》

> 指《し》の本証なるがゆえなるべし。すでに修の証なれば、証にきわなく、証の修なれば、修にはじめなし。ここをもて、釈迦如来・迦葉尊者《かしょうそんじゃ》、ともに証上の修に受用せられ、達磨《だるま》大師《だいし》・大鑑高祖《だいかんこうそ》、おなじく証上の修に引転せらる。仏法住持のあと、みなかくのごとし。
> 　すでに証をはなれぬ修あり、われらさいわいに一分《いちぶん》の妙修《みょうしゅ》を単伝せる、初心の辨道すなわち一分の本証を無為の地にうるなり。しるべし、修をはなれぬ証を染汚《ぜんわ》せざらしめんがために、仏祖しきりに修行のゆるくすべからざるとおしう。妙修を放下すれば本証手の中《うち》にみてり、本証を出身すれば、妙修通身におこなわる。

「本証」と「妙修」が一緒に出てくるのは、ここだけである。「本証」単独では、同じ「弁道話」中にもう一ヵ所ある。これ以外、道元禅師の全著作において、他にこのようなセットの使われ方は見られない。

　ここで言われていることは、修行と悟りの関係である。主張されているのは、一定の修行の結果、突然「悟り」と称するある劇的かつ超越的な経験が出現するという発想の否定だ。言い換えれば、修行と悟りが別の存在様態であって、修行は悟りの手段であり、悟ったあかつきには修行は無用だという考え方が、批判されているのである。

　これに対して、「本証妙修」という四字熟語に仕立てられた考え方は、修行と悟りの関係について、この二つの引用部分に出てくる「本証」を「本来の悟り（もともと悟っている）」と解釈し、「妙修」を「修行によって本来の悟りが現れる」とするのである。

　じつは、明治以降現在に至るまで、この読み方が『眼蔵』読解の主流中の主流であり、事実上「正しい『眼蔵』解釈」の地位を占め続けてきたと言っても過言ではない。

この読みは、明治になって近代教団として再出発を迫られた曹洞宗《そうとう》が、一般在家を教化するテキストとして編纂した『修証義《しゆしようぎ》』の、思想的枠組みである。発案者は大内青巒《おおうちせいらん》という在家仏教者で、彼は『眼蔵』から適当な部分を抜粋して、このパラダイムを用いて一つの「経典」を新たに編集したのである。

したがって、なぜに『眼蔵』本体の読みにこのパラダイムが適用されることが「正しい」とされるのか、私には皆目わからない。だが、このパラダイムの力は、さらに深いところにある。「本証妙修」と言わないにしろ、考え方自体は、さらに時代を遡《さかのぼ》るからである。

この考え方の根本は、古今東西に数多《あまた》ある思考法の中でも最もポピュラーな本質／現象の二元論である。およそこの世界に存在するものは、我々の知覚に捉えられる現象と、その現象の現れ方を規定する本質に二分され、その組み合わせで世界の全構造が説明される。

たとえば、この世の現象はすべて夢幻、気の迷いであって、実在するのは本質のみ、そうとわかればこの世で重ねる努力などムダなのだから、山奥にでも引っ込んで静かにしていなさい、と考える。これはプラトン、老子《ろうし》・荘子《そうし》などの系統だろう。

これに対して、いや現象には本質が反映しているという考え方がある。この世界には秩序があり、その秩序は本質が根拠づけている。したがって、秩序をきちんと理解し守らねばならない。この考え方は、アリストテレスや孔子《こうし》・孟子《もうし》あるいは朱子《しゆし》に見られるものだろう。

あと、この世の混乱や苦悩は本質がきちんと現象として現れていないのだから、本質どおりの世界を実力で打ち立てようとする急進的な考え方が、宗教過激派などの基本思考パターンになっている。

このパラダイムは、なにぶんにもあまりに強力に人間の思考を拘束しているので、仏教の中にも深く浸透している。いわゆる密教、さらに中国で大成した天台《てんだい》・華厳《けごん》・禅の思想には、陰に陽にその大きな影響を看取できる。

仏教は「無常」「無我」「空《くう》」を説くのだから、本質や実体などの概念を用いる思考様式が採用されるはずがないと思う向きもあろう。ところが、そうではない。問題は、概念の名前ではなく、文脈におけるその語の機能なのである。たとえ、「机」は「空」で、実体などはないのだと説いても、実体がないままに「机」として現れている、その姿が真実の姿なのだと主張すれば、しょせん話は同じである。「空」なるものがなぜに「机」として現象するのか、そのメカニズムを説明しないなら、「空」そのものに「机」を構成する力が備わっているとしか言いようがなく、これを「理法」などと称すれば、もはやその論述上の機能は、「本質」や「実体」と変わらないだろう。「仏性《ぶっしょう》」とか「法性《ほっしょう》」などの仏教語は、そのように解釈される傾向が非常に強い。

「本証妙修」も、この本質／現象二元論の一パターンである。大内に言わせれば、我々が本来悟っている（「本証」）と「わかりさえすれば」、「自然と」修行が行われてくる（「妙修」）。つまり本質が自然に反映されて秩序だった生活（＝修行）になるわけだ。

しかも、『修証義』はその素性から言って在家用経典であるから、本来の悟りから自然になされる修行とは、ほとんど世間の道徳と秩序に従って真面目に暮らすことと変わらない。つまり、ありのままの生活がそのまま悟りだという論理になる。これは単に本質が現象に反映するどころか、本質＝現象という極端な現状肯定主義になる。

維新後の明治新体制下で、伝統仏教の新たな役割を「富国強兵」政策の宣揚とその協力に見出した曹洞宗教団（他のほとんどの教団も同様だが）にあって、『修証義』は布教の根本材料であった。その思想的枠組みが、現体制擁護、現状肯定、「ありのままが正しい」になるのは見やすい道理であり、「本証妙修」が案出された理由もわかろうというものである。が、これは『眼蔵』には関係ない事情だろう。

「本証妙修」パラダイム自体は、それが言葉として登場する明治以前に遡る。

『眼蔵』のこれまでの読まれようをざっと説明すれば、まず道元禅師存命中、あるいはその直後に、弟子たちによる注釈めいたものが出た。「めいた」とは失礼な物言いかもしれないが、禅師から直接聞いたことだという話にしてはあまりに情報量が少なく、むしろ注釈に注釈が必要な代物で、あまり役に立たない。

その後、『眼蔵』の注釈書・講義書の類はまるで無くなり、江戸時代までは、たびたび書写されたり印刷されたりはあったにしろ、まともな読みはされない時期（拝まれていた時期であろう）が続く。

現在の読みは江戸時代に輩出した学僧が基盤をつくった。世はまさに儒学、特に朱子学が一世を風《ふう》靡《び》していたころであり、これに対抗するにしろ妥協するにしろ、その思考パターンを応用した本質／現象二元論が『眼蔵』解釈の基本パターンとなる。「本証妙修」の母型と言えるだろう。

さらに水脈を追っていけば、日本独特の「天台本覚思想《てんだいほんがくしそう》」に行き着く。大内の言う「本証」とは、この思想の「本覚」とまるで同じことであり（その根拠は不明である）、全体の思考パターンもほぼ同じだ。

「本証妙修」で『眼蔵』は読めない

しかし、「本証妙修」パラダイムで『眼蔵』は読めないだろう、というのが私の立場である。その理由をいくつか述べてみる。

第一に、「本証妙修」という言葉は『眼蔵』にない。あるのは「本証」と「妙修」である。しかもこの言葉は、「弁道話」の先に挙げた引用部分にしかない。たったこの部分にしかない二つの言葉を「本証妙修」に組み合わせ、『眼蔵』全体の読みのパターンとするには無理があろう。

ちなみに、ざっと『眼蔵』全体を見渡せば、「仏祖」「正法」の語が約三〇〇、「参学」「仏法」は二三〇ヵ所以上、出てくる。これをつなげば、「仏祖の正法を参学する」となる。数の問題ではないかもしれないが、『眼蔵』を貫くテーマとして、「本証妙修」よりずっと的確であろう。

第二に、しかも「弁道話」は『眼蔵』ではない。「弁道話」は道元禅師が宋留学後四年目に書いたもので、たいていの注釈本や解釈本などは、当然のようにこれを『眼蔵』の一巻として扱うが、それは違う。『眼蔵』とは、道元禅師存命中に編集されていただろうとされる「七十五巻本」と、禅師晩年に集中的に書かれたらしい「十二巻本」を言う。「弁道話」は含まれない。

「弁道話」は、江戸時代、寛文年間に初めて発見されたもので、道元禅師本人はおろか弟子の編集による『眼蔵』にも入らない。禅師が書いてすぐ門下の誰かに与えたかもしれず、それで入れ忘れたのだろうと言う人もいるが、『眼蔵』の他の巻と比べても文章量は一、二を争う。構成も厳密で、その仕上がり具合から言って、弟子たちはともかく、本人が入れ忘れてしまうようなものとはとうてい思えない。少なくとも禅師本人は、「弁道話」を『眼蔵』の一巻とは考えていなかったから入らなかったと考える方が、はるかに自然である。

むろん、身体が滅しても心はそれとは別に存続するという考え方の否定など、「弁道話」から『眼蔵』に引き継がれた考え方も少なくない。しかし、だからといって、安易に「弁道話」と『眼蔵』を同一視してはならない。

第三に、「本証」を「本覚」という仏教語同様「本来の悟り」と解すべき根拠がない。「悟り」もそうだが、「証」ももともと他動詞である。何かを「悟る」「証明する」という意味が本義であろう。

そういう目で読めば、先の引用部分に先立つ文章には、「いまだ仏法を証会《しょうえ》せざらんものは」とある。また、「本証」単独で出てくるところでは、その前に「天真の仏法に証会し」の文がある。とすると、「証」とは「ブッダの教えの正しさを証明し会得する」という意味にとるべきではないか。ならば、「妙修」との関係は、「ブッダの教えの正しさを本当に証明し会得しているということは、それをまさに修行しているという、そのことである」と解釈すべきだろうと思う。

「修証」が「一等」と言われるゆえんである。

したがって「証上の修」の語も従来のごとく「悟った上での修行」と解すべきいわれはない。「悟った上で修行」しようと「修行した上で悟」ろうと、「修行」と「悟り」は別物で「一等」にならない。ここは時制をそろえて「仏法を証明し会得することとしての修行」と考えるべきだ。とすると、引用部分の解釈は、おおよそこうなるだろう。

仏法においては、仏法の修行とその正しさを証明することとは、完全に等しい。いまも、正しさを証明することとしての修行なのだから、初心者が修行しようと、修行している限りは、そこにおいて、そのたびに、ただちに仏法の正しさ全体を本当に証明しているのだ。したがって、(師が弟子に)修行の要諦を教授するときにも、修行していた結果、それとは別物の証明が突然得られると思ってはいけない、と教えるのである。修行することが、ただちに（「直指の」）仏法の本当の証明なのである。すでに修行が証明なのだから、ここにおいて証明が発生する、というような境界はないし、証明することが修行ならば、証明とは別の修行が始まる時点もない。こういうわけだから、釈迦如来もその一番の弟子迦葉尊者も、ともにこの証明としての修行という教えを受け、活用したのだし、中国に禅を伝えたとされる達磨大師や、中国禅の祖と言われる大鑑慧《え》能《のう》禅師は、同じくこの教えに導かれ教化（「引転」）されたのである。仏法が教えとして定着し護持されていくとは、みなこういう修証においてのことなのである。

すでに証明から離れない修行がある。我々は幸いにそのような優れた修行（「妙修」）の一部を伝えられている。ならば、たとえ初心とはいえ、その一部に相応する本当の証明を、修行と証明を分別することを超えた境地（「無為の地」）において、得ているのである。よくわきまえるべきである。修行を離れることのない証明を、あやまって二つに分けて区別することがないように、如来方も祖師方も、修行を決して怠ってはならないと教えるのである（なぜなら、それ以外に仏法の正しさの証明は不可能だからである）。この優れた修行を手放せば、その手の内に証明がある。本当の証明がわが身を脱したときに、修行はこの身全体を通じて行われる（修行と証明が真に表裏の関係ならば、表を見れば裏は見えないようなものである。その事態を修行と考えれば、証明とは言えないだろうし、証明と言うなら、それは修行ではない）。

「縁起」パラダイムの採用

では、従来の「本証妙修」によらずして、本書ではどう『眼蔵』を読むか。

まず、第一に、私はこの世界のさまざまな存在の、その在り方を根拠づけるような「本質」、つねにそれ自体は変化せず同一性を保ちながら、現象として存在する個々の事物の在り方を規定する「実体」のごときもの——を設定する考え方を排除する。それは、仏教の「無常」「無我」の教えからして採用できない立場である。

「無常」「無我」という、言わば否定的観念を肯定的観念にひっくり返せば「縁起《えんぎ》」である。この教えは、通常「因果《いんが》」の教えと同じものとして扱われるが、本書では概念的に区別する。私が「縁起」という場合は、ある存在はそれとは異なる存在との関係から生起する、という意味で使う。

さらにこの「関係」を、私は具体的には「行為」だと考える。たとえば、「机がある」と人は言う。それは、色や形に違いがあれ、誰が見ても「机」に見える。そう見えるのは、目の前のその物体に「机」の「本質」が内在していて、それが特定の場所と時間に出現して、「この机」という現象になったからではない。

ある物体が「机」であるのは、誰かが「机」として使ったからである。誰も使わぬ机は「机」ではない。逆に言えば、誰かがある物体を机として使えば、それは「机」になる。「使う」という行為が「机」の存在を決める。

さらに使っている人間も、そのとき、彼が彼であるのは、「机を使っている彼」としてであり、それ以外に存在しようがない。そのときの彼の存在の仕方は、机の使用が決める。

私は、この考え方を『眼蔵』「全機《ぜんき》」の巻の以下の部分に見る。

生《しょう》というは、たとえば、人のふねにのれるときのごとし。このふねは、われ帆をつかい、われかじをとれり。われさおをさすといえども、ふねわれをのせて、ふねのほかにわれなし。われふねにのりて、このふねをもふねならしむ。この正当恁麼時《しょうとういんもじ》を功夫参学《くうふさんがく》すべし。この正当恁麼時は、舟の世界にあらざることなし。天も水も岸もみな舟の時節となれり、さらに舟にあらざる時節とおなじからず。このゆえに、生はわが生ぜしむるなり、われをば生のわれならしむるなり。舟にのれるには、身心依正《しんじんえしょう》、ともに舟の機関なり。尽大地・尽虚空《こくう》、ともに舟の機関なり。生なるわれ、われなる生、それかくのごとし。

「舟」は人が漕《こ》いだときに「舟」になる。人も漕いでいるときには、「舟」を漕ぐ者として「われ」になる。

我々の存在の実際（「生」）とは、行為としての関係システム（「機関」）なのだ。言語秩序にしたがって区切られる個々の事物は、すべてこのシステムの相関項としての存在であり、我々がどの相関項を取りだして語ろうとも、その存在の現実性を支えているのは全システムである（「この正当恁麼時は、舟の世界にあらざることなし。天も水も岸もみな舟の時節となれり、さらに舟にあらざる時節とおなじからず」）。

「舟」を語ることは、「舟」を起点として現成する全世界システムを語ることなのだ（「舟にのれるには、身心依正、ともに舟の機関なり。尽大地・尽虚空、ともに舟の機関なり。生なるわれ、われなる生、それかくのごとし」）。

こう考えるとすると、これは当然「本来の悟り」という概念も許容しない。「本来の悟り」は「もともとの真理」を意味するだろうから、結局は論理的機能は「本質」と同じであり、「縁起」の考え方とは発想がまるで違う。

修行者の在り方を決めていくのは、個々の修行の仕方それ自体である。そして個々の修行を「成仏」への志に方向づけられたものとして編成し、修行者の「主体性」として現実化していく方法が「因果」である。修行者は、「成仏」を目的として志し、それに基づいて過去を反省し、現在の行為を決定しなければならない。これを可能にするのが「因果」という方法なのだ、と私は考える。

つまり、本書においては、「縁起」をいわば「存在論」的概念として捉え、「因果」を「実践論」的方法概念として考える。この立場を、「本証妙修」パラダイムに対する便宜として、「縁起」パラダイムと名づけておこう。

本書の試み

そういうわけで、本書においては、「縁起」パラダイムを利用して『眼蔵』の読みが試されるが、紙幅の都合上、今回は「現成公案《げんじょうこうあん》」の巻を中心に読む。

「中心に」とは、一巻全部を通読するのは「現成公案」の巻だけにとどめるということである。そして、それを読み進んでいくうちに当然出てくる重要な問題について、必要に応じて他の巻を読んでいきたい。

この方法は、従来の『眼蔵』の読み方とは、かなり趣を異にする。これまでの講読・解釈書は、全巻通読型と、問題・テーマ別に抜粋した文章を引用・解釈して、道元禅師の、あるいは『眼蔵』の「思想」「哲学」を語るタイプに大別される。

私はこれらの読み方によらない。本書での私の関心は、今までとは別のある方法を使用すると『眼蔵』はどう読めるかという実験にある。そして、あえてその方法を使う目的は、「自己が存在するということを、『眼蔵』はどう考えているのか」、読みだしてみることである。これこそ、私が『眼蔵』を読もうとするときの最大唯一のテーマなのだ。

したがって、テーマに対する方法の効果を確かめるには、全巻通読は必ずしも要件ではなく、それがあろうとなかろうと、特に知りたいとも思わない『眼蔵』の「真理」を問題にしないからには、「思想」「哲学」を語るスタイルは無用である。

もう一つ。本書では、従来ならば「道元」あるいは「道元禅師」を主語にしていたであろう部分を、あえて全部『眼蔵』にしてある。理由はもうおわかりであろう。私には、道元禅師の「真理」や「思想」や「哲学」は、原理的にわからないし、それならそれでやり方があると思うからである。

これは実際、まことに自分勝手な、いわば「私流」としか言いようのない読み方だろうが、今やこういう試みがあってもよいし、あるべきだと、私は思っている。

なお、今回『眼蔵』本文は、岩波文庫版（水野弥穂子校注）により、仮名は現代仮名に改めて、振り仮名は筆者が適宜に付した。また、改行などに関しては、必要に応じて追加・省略を行った。

第一章

存在するとはどういうことか

――「現成公案」を読むI

『正法眼蔵』という題名

『正法眼蔵』やその各巻を読んでいく場合、標題の解説から始めるのが従来の常套《じょうとう》手段のようなので、私もそのひそみにならい、あわせて自分の読みの意図するところをあらためて提示しておきたい。

『正法眼蔵』は固有名詞ではない。この語はもともと「正法眼蔵涅槃妙心《しょうぼうげんぞうねはんみょうしん》」などと使われる仏教用語であり、中国宋代の禅僧に『正法眼蔵』という同名の書物もある。

辞書的に解説すれば、「正法」はブッダの説いた真理の教え、「眼」はそれを見る、あるいは映しだすもの、「蔵」はその一切を納めとるもの、場所、ということになるのが一般である。

私がこの種の解説を読むたび不思議に思うのは、「正法」の「正」の字が何を意味するのか、一向にわからないことである。「ブッダの説く真理」「釈尊から正しく伝わってきた教え」と言っても、形容詞が置き換わるだけで、何が「真」で「正」なのか、具体的な内容はまるで出てこない。

そこで、本書では「正法」の意味を限定する。「正法」とは縁起と因果の教えに基づくものの見方・考え方、およびこれを可能にし支える修行法のことである。この見方・考え方・行法（「眼」）による道元禅師の認識・見解の集成（「蔵」）が『正法眼蔵』なのだ。

では「現成公案」とはいかなる意味か。

「現成公案」の意味

「現成公案（案を按とするものもあるが、意味は同じ）」の四文字は、これまで次のように解説されてきた。

「現実はあるがままで何不足ない真実であり、万物は分を守って平等であること」（岩波文庫版『正法眼蔵（一）』五三頁）。

「現成は現前成就、公案はゆるぎなき真実の意。現にあるすべての存在が、そのさながらの儘《まま》にかけがえなき絶対の相（完結態）としてある事実をいう」（春秋社版『道元禅師全集』第一巻　二頁）。

「現成とは、もののすがたかたちをあらわしたことだ。（中略）したがって公案とは万古不易の真理、それが公案だ。（中略）だから現成これが公案、公案が現成となってあらわれる」（岸沢惟安『正法眼蔵全講』第二巻　大法輪閣刊　一一～一五頁）。

最近のもの（石井恭二『正法眼蔵1』河出書房新社刊　一五頁）では、「諸々の存在や現象は実体がないのであるが、しかし諸々の形相として保持されている」と述べ、「形相」を構成し「保持」する役目を担うのであろう「公按（案）」については、「法律のように平等・不平等を超える理」と説明している。

右に紹介した引用は、結局、同じ解釈パターンによっている。現実の事象や存在するものは、それを真実だと肯定する根拠に裏づけられている、つまりこの世の一切の存在はそのまま真理の現れだ、と考えるのである。これは、従来ほとんどすべての「現成公案」解釈に共通する考え方であり、私が先に「本証妙修パラダイム」と呼んだ方式である。

本論は無論、この立場を採用しない。「現成」とは「現にそう成っている」ことである。

その場合、「現」の語には注意が必要である。

この「現」は、私たちが普段「現にそうだろう」とか「現にそこにあるじゃないか」と使う場合と同じで、それ自体、私たちの立ち会い、つまり対象や現象との出会いを、意味として含んでいる。

「現」は、認識される対象と認識する主体の関係を示す。この関係を起点として、私たちの目の前の世界は、認識されたように生成されてくるというのだ。

ただし、その「出会う」とか「関係」と言う場合、それはすでに存在する二つのものが出会ったり関係することを言うのではなく、境界線を引くことが「向こう側」と「こちら側」の成立であるように、出会いや関係が存在することに先立ち、その土台になっていることを言う。

「成」の語は重要である。この字は、我々の認識する世界が、初めからかくあるがごとく「在る」物ではなく、一定の条件と方法によってそう「成った」事なのだと示唆している。具体的には、存在すると認識されるものは、それに先立つ出会い・関係を具体的に担う身体行為と言語活動から生成され・維持されていると考えるのである。つまり仏教の「有為法《うい ほう》」という概念を一字で言うわけだ。

「問い」としての「公案」

「公案」は、旧式解釈では、この世のものの在り方を規定する「真理」とされるのだが、そのネタ元は、公案を「公府の案牘《あんとく》」の略だとし、これを「政府の法律」の意味にとって、「変えることのできない決まり」だと考えることである。法律が人の行動を規定するように、公案は存在の仕方を決める真理だと言うわけだ。「案」を「守分」、すなわち「分を守る」ことだと説明するのも、同じ発想だろう。

「政府の法律」を変えられない決まりと考えるのもひどい誤解だが、中国における「公案」の元の意味は、公的機関、特に司法機関が処理すべき案件のことである。これが禅宗においては、修行として取り組むべき問題・課題の意味に転じ、とりわけ過去の祖師の問答や言行録から採られた研究課題の意味として使われるようになる。

すると、「現成公案」は、現にそう成っている事象・事物が、我々の取り組むべき問題なのだと言っていることになる。すなわち、これは「存在するとはどういうことか」という問いかけなのである。「問い」を言うのであり、「真理」を説いているのではない。

ここで、蛇足ながら、私がこのように「現成公案」を解釈する時代的必然を述べておく。最大の理由は、『眼蔵』成立の時代が、「現実がそのまま真実だ」などと言えるような現状肯定的世相になく、むしろ現実の在り方を根底的に問い直すような変革と激動の時代だったからである。それは史上初めて、仏教が苛酷な現実に苦しむ民衆の末端まで達したことにも現れるように、社会の根底に及ぶ変動期と言えよう。この状況が、まさに現代の我々の状況に通じるのだ。そしてまた、ブッダの時代も同じだったのである。

以上を前書きに、いよいよ本文を読み進めていこう。

> 諸法の仏法なる時節、すなわち迷悟あり、修行あり、生《しよう》あり、死あり、諸仏あり、衆生《しゆじよう》あり。
> 万法《まんぽう》ともにわれにあらざる時節、まどいなくさとりなく、諸仏なく衆生なく、生なく滅なし。
> 仏道もとより豊倹《ほうけん》より跳《ちよう》　出《しゆつ》せるゆえに、生滅《しようめつ》あり、迷悟あり、生仏あり。
> しかもかくのごとくなりといえども、花は愛惜《あいじやく》にちり、草は棄嫌《きけん》におうるのみなり。

対概念の構造

この冒頭の部分を一読したとき、きわめて特徴的なのは、「ありあり、なしなし、ありあり」のところである。

この部分は、最初の一文にある「修行」の語を除くと、すべて同じ意味内容の三組の対概念で構成されている。またその「修行」にしても、これを身体行為と考え、「迷悟」を心の状態と考えれば、「心と体」の対概念をつくる（後の文で「修行」が消え、一節ごとに対になる語句の順序が入れ替わるについては、相応の意味があると思うが、その説明は後に行う）。

さて問題の核心はここ、すなわち文章が対概念で構成されていることにある。ここに注意を促しておいて、最初から読んで見よう。

「諸法の仏法なる時節」の「諸法」とは、普段私たちが「そこにある」と認識している個々の事物の在り方である。その「諸法」は、「仏法」、すなわち先述した「縁起」の観点から見た場合、Aと非Aの意味的区別として現れてくる、と言うのが、最初の一文である。文章中の対概念が示すのは、個々の語の意味内容ではなく、対概念の根底にある構造である。

これは何を言おうとしているのか。

再び机を例にとって言えば、「これは机である」と認識する自己と、そう認識される対象たる「机」は、それぞれ自らの存在に確たる根拠を持って、独立自存しつつ対峙しているわけではないということ。この一文が言いたいことはそれである。

二元図式による認識

もう少し詳しい説明が必要だろう。

そもそも「そこに机がある」というとき、私たちはこの事態をどう了解しているのだろうか。

最も普通に考えるのは、「向こう」に客観的な認識対象として机があり、「こちら」にそれを「机」と認識する自己がある、ということである。

その場合、いつでもどこでも、形がそれぞれ皆違っても、それが机なら「机」と認識できるのは、そのものの中に「机であること」を根拠づける何か、「本質」があるからである（このとき「本質」は、つねに同一で変化しない形而上学的実体と、理論上は同じことになる）。これに対するに、自己のほうには、その本質を見抜く能力が先天的に備わっている、とされる。

かくして、「本質」を根拠とする対象と認識能力を備えた自己が、互いに独立自存して対峙する。このような一般的な考え方を、本論では自他二元図式（略して「二元図式」）と呼ぼう。

第一文のねらいは、この「本質」が虚構であることを縁起の観点から暴露して、結果的にそれを支える二元図式を無効にすることである。

言語が仮設する世界

「本質」が虚構であることはすでに述べた。その正体を洗ってみれば、私たちが当のものを「机」として使うという、身体行為による関係の型にすぎない。そうなると、認識する自己は、対象への行為的な関係に基礎づけられているのだから、対象から完全に独立した自己の存在というのも虚構である。

では、「本質」が虚構だとして、「それが机である」というような、関係の定型化はどのように行われるのか。それは、それ以外の型＝関係の仕方を排除することによってである。

ある立方体が「机」であるということは、それが「腰掛け」や「踏み台」でありうる可能性を排除することで決まる。つまり、その上でものを書き、その上で食事をするという行為を意志的に続けることが、ある関係の仕方を際だたせ、定型にするのである。すなわち机であることAは、それ以外の可能性である非Aとの違いから対照的、あるいは反照的に規定されて、はじめてAたりうる。第一文の対概念の並びが示唆するのは、この、人間の意識を根底から拘束する、言語による認識の構造である。

二元図式の解体

「万法……」の第二文は、まさに、「本質」と二元図式の否定を通じて、対象一般がそれ自体で独立した存在根拠を持つことはない、と積極的に立言するところである。

「万法」は、個々の現象や存在を意味する「諸法」に対して、対象一般、あるいは自己に対する世界全体を言う。それが「われにあらざる」とは、どういうことか。

一つの解釈は、「われ」をストレートに「我」＝「アートマン」、つまり、つねに同一である実体・本質の意味にとって、この文を「対象には実体がない」と読むものである。

もう一つは、「われにあらざる」を、認識主体として独立している自分に対してあるのではない、と考える。つまり、二元図式は虚構だとするのである。この二元図式の否定は、そのまま「本質」の独立自存の否定に通じるから、いずれにしろ、「……あらざる」と考えた場合は、本質を根拠として独立自存すると考えられる限りの対象は、その一々について「なし、なし」と否定されることになる。

では、二元図式を解体し、「本質」を否定したとき、そこで起きている事態は何か。

従来の解釈によれば、それは「自他不二」「天地同根」「万物一体」などと称されるものであり、哲学的に言い換えれば、「絶対矛盾的自己同一」などという言い方がされる事柄であろう。そして、この解釈は理論上、「不二」「同根」「一体」「同一」を可能にする原理、すなわち個別の「本質」を吸収し統合するさらに「根源的」な「本質」、意味不明な形而上学的原理（たとえば「天地のいのち」「宇宙の生命」「絶対無」）を要請することになる。

現成する「問い」

私はこの解釈をとらない。起きている事態は別のことだと考える。それは「同一」ではなく「差異」である。

「縁起」する、関係から生起するというとき、その関係とは、あるいは関係を具体的に「出会い」と言い換えるなら、その「出会い」とは「間」が開かれることである。つまり「自己同一」の根底には「絶対矛盾」が口を開けているのであり、「自己同一」は、矛盾を受け止めそれに対応する一連の運動過程に対して仮設された名称にすぎない。「私が私であること」には何の根拠もなく、私ではないものとの矛盾の中から生成され維持されるものなのである。

さて、ここで注目すべきは、諸々の存在を存在として生成する関係や出会いの起こり方である。それはある勾配、強度差をもって、非平衡的に生起する。この事実は、「生れてきてしまった」という端的な事実、基本的に受け身であるところの私たちの存在の構えに刻印されている。つまり、非AはAにつねに優越する。

しかしこのことは、非AがAの唯一の原因となってAを支配していると言っているのでない。そうではなくて、Aと非Aの関係は、Aがつねに非Aに触発され呼び覚まされるような仕方で生起することを言っている。

たとえば、「親であること」は、とんでもなく無力で、どう扱ったらいいのかわからないような生き物の出現に強制されて始まる一連の過程である。力は後に「親」と呼ばれるようになる側にあるのではない。非「親」の方から作用してくるのである。

では、次にこの事情を、現在の我々の意識状態になぞらえて考えてみよう。

私たちにとって、出会いはまず衝撃として起こる。それは「あっ!」という驚きであり、遡れば出産時の子供の産声に到るだろう。最初の「触発」とは、この段階のことである。

触発された意識は、引き続き、すぐ動揺し不安になる。まったく知らない場所に迷い込んだときに近いだろう。「どうしよう、何だろう」の状態である。ここに自己と対象世界、自他二元図式の起点がある。第二文が指し示すのは、この次元である。

「万法」が「われ」ではない、あるいは「われ」に対してないと考えるとき、すなわち開かれている出会い—関係—差異の次元において考えるとするならば、「万法」は対象一般としての意味を失い、「何」という問いに付され、問いそのものと化す。この「何」としての世界の現成こそ、「存在するとはどういうことか」という問いただしの成立、「現成公案」なのである。

次の段階は、得体の知れない動揺や不安から、疑問や不思議に思う気持ちへと意識が変容する段階である。つまり、出会った「何」かを開かれた対象として捉えた上で、「それは何か、それをどうするか」という、謎としての「問い」を「課題」へと構成していくレベルである。たとえて言えば、「あっ!」と驚いたときには何が何だかわからなかったものが、ただの立方体だとわかったようなものだ。

この過程で「それ」という対象と、「それ」を構成する「自己」が発現する。つまり二元図式の原型が形成されるのである。

再構成される自己と対象世界

すると今度は、「それは何だろう、それをどうしよう」に対して、「ああではないか、こうではないか」と両者の関係を具体的に設定する作業が続く。その立方体は、自己がその上に立つでもなく、腰掛けるでもなく、ノートをひろげて書き物をするものとして使用されたがゆえに、「踏み台」でも「椅子」でもなく、「机」として確定することになる。

これが自己と対象世界の成立過程なのであり、同時に自己が自己であること、つまり行為する主体としての自己の生成なのである。第三文が説いているのは、ここのところなのだ。

第三文は、仏法（意味的には先の「正法」と変わらない）に則った自己と対象世界を生成していく行為的関係、生活実践を主題とする。

最初の「仏道」は仏法に則った生き方、実践のことである。その根幹は「縁起」的なものの見方であり、それを可能にし基礎づける実践方法になる。

これに対して、「豊倹」（豊かさと乏しさ）とは、対概念の構造の上に仮設されているにもかかわらず、対象世界を「本質」に規定された世界として錯覚する、二元図式に拘束された意識を象徴的に言うものであろう。そうだとすれば、この文は次のような意味になるだろう。

まず縁起的次元を自覚して、従来の二元図式を「跳出」する。そしてあらためて、この観点に基礎づけられた生活実践から、新たな意味的区別によって仕立て直された自己と対象世界を生成すべきである。

ここで言う縁起的次元の自覚を可能にし保証するのが坐禅である、と私は考えるのだが、この解釈による坐禅の意味づけは、章をあらためて後に集中的に行う。

また、縁起的観点に基礎づけられた生活実践とは、具体的には出会いや関係、差異の尊重ということになろうが、私たちの日常意識で言えば、ということは、二元図式に仮託して言えば、他者の立場に想像力をはたらかせつつ相手を受けとめること、つまり「慈悲」「大悲」的な利他行《りたぎょう》に極まるだろう。

このように、関係の設定の仕方で意味的区別の位相水準なりが変化し、対象が新しく構成され直すことを比喩的に述べているのが、第四文末尾の花と草の一節である。同じ「植物」も「愛惜」という態度に出れば「花」だろうが、「棄嫌」すれば「草」になる。「花」に「花」の「本質」などなく、「草」に「草」である根拠もない。ことは扱い方の問題なのだ。同じ「机」でも、食事に使えば「食卓」、勉強するなら「勉強机」であろう。

さて、ここで後回しにしていた問題に答えておこう。第一文にあった「修行」の語は、なぜ第二・第三文にないのか。

それは「現成公案」のみならず、『眼蔵』をはじめとする道元禅師の著作全般において「修行」が占める特別な地位による。それは、自己と世界の在り方を基礎づける根本的な地位である。「修行」は仏法における概念的思考の現実性を最終的に保証する役割を担うのであり、この卓絶した地位は他の概念との対照からは規定されえない。むしろ概念体系の全体を「修行」が下支えしているのである。

したがって、対概念で仮設された世界像を指摘する段階の第一文には出てきても、話が縁起的観点に切り替わった第二・第三文には、含まれない。「修行」とは概念ではなく、概念の現実性なのである。

「修行」の語を外した「ありあり、なしなし、ありあり」の部分で、それぞれの文中、対になる語の意味するものが同じであるにもかかわらず、表現と語順が違うのも、各文における視点の切り替わりを示唆しているのだろう。

そうだとすると、第三文の「仏道」は、縁起的観点による言語表現の実践を含むと言ってよい。そもそも「道」の語は、中国の俗語で「言う」を意味する。仏法の実践としての言語表現があらためて分節し直した世界の現成を、第三文の「ありあり」は言っている。

以上が冒頭の一段の解釈である。ここには、自己と世界の縁起的観点による自覚と、それに基づく生活実践という、『眼蔵』全体における基幹的内容が表明されているのである。

自己をはこびて万法を修証するを迷《まよい》とす、万法すすみて自己を修証するはさとりなり。迷を大悟するは諸仏なり、悟に大迷なるは衆生なり。さらに悟上に得悟《とくご》する漢《かん》あり、迷中又迷《めいちゅうゆうめい》の漢あり。

「修証」の意味

解釈に入る前に、『眼蔵』を通じて重要な「修証」という語について検討しておく。

従来この語は、「修」は「修行」、「証」は「悟り」のことだとされる。その上で、普通に考えれば「修行して悟りをひらく」のだろうが、道元禅師の考えはまったく違って、「本来の悟りが修行によって現れる」のであり、「修行」と「悟り」は別物ではなく、「修証不二」なのだと言う。

この解釈でまずわからないのは、「本来の悟り」とは何かということである。「悟り」は本来「悟る」という他動詞で、目的語がわからない限り意味をなさない。にもかかわらず、さらにそれを「悟り」と名詞化すれば、もっとわけのわからない概念になるのは当たり前である。それは「本来の自己」だの「宇宙の生命」だのと、柄の大きい無内容な語に置き換えられるだけで、意味不明なことに変わりはない。

この解釈はダメである。まず、道元禅師の用語に「修証不二」という言葉はない（これは「本証妙修」とセットにされた、大内青巒の造語）。あるのは「修証は一等なり」という言葉である。

「修証不二」と言う場合、修行してから悟ろうと、本来の悟りが修行で現れようと、「修行」と「悟り」を別ものにしていることに変わりはない。その上で、なぜそうなるのか説明がないまま、いきなり両方を接合して「不二」だとするのである。

「修証は一等なり」とは、そういうことを言うのではない。

「修」は「修行」で結構だが、「証」はブッダの教え、仏法の正しさを「証明」することである。それが「一等」であるとは、いわば科学における「理論」と「実践」の関係と同じことなのだ。

「理論」は「実験」で証明されない限り、「理論」たりえない。「実験」で証明されない「理論」は、よくて「仮説」、悪く言えば「空論」である。「理論」が「理論」として成立するのは、「仮説」「空論」と区別がつかない理屈を「実験」が証明した、正にそのときである。

「一等」とされる「修」と「証」の関係も同様で、「修」は実験、「証」は「証明」にあたる。つまり、仏法の教えとしての正しさを証明し、教えとして成り立たせているのは、実際の修行においてであると考えるのだ。教えに従って自分で修行してみてはじめて、仏法の正しさ、生き方のテクニックとしての有効性を確認できるというわけだ。修行で証明できない「教え」など、「妄想」と変わらない。

したがって、「修証」というこの語は、道元禅師の用語として、仏法に対する修行者の基本的な取り組み方を意味している。このことに注意を喚起して、本文解釈に入ろう。

部派仏教の解釈

この段全体は、前段の二元図式の否定を受け、それを最終的に確認する内容を持つ。

まず第一文では、部派仏教、アビダルマ仏教の考え方を提示する。

ブッダ入滅後、弟子たちによって、ブッダの語った教えが編纂《へんさん》され、いわゆる初期仏典が成立する。その後、これを元に、修行僧はいくつもの学派に分かれ、僧院に定住して教理の構築と研究に邁《まい》進《しん》した。この時期の仏教を部派仏教、アビダルマ仏教と言う。

仏教は最初期から、まず自己の存在について、そしてあらゆる現象において、つねに同一で独立して存在することを可能にし根拠づける実体のようなもの（アートマン）を一切認めない。このことを、理論的に説明するため、部派仏教は要素還元主義を採用した。

その説によると、物的心的をとわず、あらゆる現象は、七五種類に分類されるダルマ（法）によって構成される。これは構成要素であるから、それ自体は変化せずに同じ性質を保ち続ける。つまり、本質あるいは実体に等しい概念である。

すると、第一文は次のような意味になるだろう。

普通我々は、常識的な二元図式に従い、自己は特別な根拠があって自己たり得ていると考えている。その上で、この自己が対象一般の在り方を判断し、それに応じた操作をしている、と思いがちである。しかしこれは、実際には部品の寄せ集めでできている自動車を、それ自体で存在するものと考えるのと同じで、「迷い」、錯覚にすぎない。

そうではなくて、自己の存在も、対象一般がそうであるのと同様、その在り方を規定する本質、つまりアビダルマの言う「法」から構成されているのだ。こう認識するのが正しいのであり、仏教の「さとり」だと言うのである。

この考え方を提示した上で、第二文はそれを不十分であるとして、さらに説明を続ける。

「大悟」と「大迷」

第二文が「迷を大悟する」というとき、私たちはそれが「悟」ではなく「大悟」と言われていることに注目しなければならない。ただの「悟」でよいのなら、アビダルマの理屈に落ち着いて、自己の存在根拠を否定し、対象の本質としての「法」から自己の在り方を説明する方法を採ればよいのだ。

ここであえて「大悟」と言われているのは、対象一般の存在根拠としての本質＝「法」をも否定し、完全に二元図式を脱却することを求めているからである（「空」の理論によって大乗仏教が部派仏教に対抗したのは、正にこの点においてである）。それができた者を「諸仏」と呼ぶのだ。その逆に、「万法」に本質を認める（アビダルマの「さとり」）だけでなく、否定すべき「自己」自体に存在根拠を認めて、二元図式を完成させてしまう者が「大迷」なる「衆生」と言われるのである。

したがって、「諸仏」と「衆生」の区別は、ある者（＝「漢」）が単なる「悟」ではなく「悟上に得悟」（＝「大悟」）しているか、ただの「迷」ではなく「迷中又迷」（＝「大迷」）のままなのかという、実践上の態度、つまり「修証」の仕方にかかることになる。

そこで引き続き次の段では、二元図式を放棄した上で、先に述べた「縁起」的観点から事態を見るべきことが、あらためて簡潔明瞭に主張される。

> 諸仏のまさしく諸仏なるときは、自己は諸仏なりと覚知することをもちいず。しかあれども証仏なり、仏を証しもてゆく。
>
> 身心《しんじん》を挙《こ》して色を見取し、身心を挙して声《しょう》を聴取するに、したしく会取《ういしゅ》すれども、かがみに影をやどすがごとくにあらず、水と月とのごとくにあらず。一方を証するときは一方はくらし。

仏であることの意味

「諸仏なり」と「覚知」できるということは、諸仏ではない状態との区別が認識できるということだから、そこには一定の概念的な判断が介入していることになる。とすれば、「諸仏」はしょせん概念にすぎない。

ところが、すでに述べたように、自己と世界の在り方の「縁起」的次元を自覚し、この観点から利他行の実践を志向して、それによって仏教者としての主体性を生成していくことが「仏道」であるならば、単なる概念的「覚知」は意味をなさない。

大切なのは、実際に主体性を実現すること、それを具体的に生きること＝修行することである。それがすなわち「証仏」であり、修行によって仏であることを証明し続けなくてはならない（「仏を証しもてゆく」）。「修証は一等なり」とは、このことである。

認識としての行為

このとき、自己と世界の生成を担い、それを基礎づけるのは身体行為であり言語活動である。対象の認識は、個別の感覚器官が受容したデータを、対象から独立した理性的認識主体の判断で成立するのではなく、行為的関係の言語における定式化による。

色を見、音を聴くと言っても、それはつねに意味的区別の枠組みの中で行われる。

赤にごく微量の黄色を混ぜていったとき、どこでオレンジ色になったかを、知覚だけで見分けることは不可能である。赤とオレンジ色の区別がどの程度においてなされるかは、その区別が生活の便宜上どの程度必要かによって決まる他はあるまい。つまり、対象への行為的・実践的関係が対象の知覚を制御するのだ。これを言うのが「身心を挙して」の語である。

ここにおよんで、二元図式は最終的に破産宣告を受ける。つまり、認識主体（「かがみ」「水」）が、感覚器官を通じて、それとは別に存在する対象の像（「影」「月」）を受容して対象を判断するという二元図式は仏法の見方からは成り立たない。自己（「かがみ」「水」）と対象（「影」「月」）が二元的に相対する図式は放棄される。

ところが、日常の意識は強力に二元図式に拘束されているから、自己が対象世界との関係に由来し、対象世界が自己に根拠を置くという縁起の考え方は非常に見えにくい。したがって、自己の在り方を考えているときは、それが対象との関係においての存在であることは見逃されやすいし、逆もまたそうである。このことを言うのが、「一方を証するときは一方はくらし」の一節である。

ここまで丁寧に説明しておいて、いよいよ『眼蔵』は独自の仏教観を、あまりにも有名な次の段で披露する。

仏道をならうというは、自己をならう也。自己をならうというは、自己をわするるなり。自己をわするるというは、万法に証せらるるなり。万法に証せらるるというは、自己の身心および他己の身心をして脱落《とつらく》せしむるなり。悟迹《ごしやく》の休歇《きゆうけつ》なるあり、休歇なる悟迹を長々《ちようちようしゆつ》出ならしむ。

「自己」の意味

この段は、「自己」とは何かを知らない限り、理解できない。

ところが、このことは、絶対に理解できない。人間の認識能力に限界があるから理解できないのではなく、原理的に不可能なのである。

まず「自己とは何か」という問いの立て方自体が、答えることを無意味にしている。これに答えるとすれば、「自己とは○○である」と言わねばならないだろう。が、すでにその時点で、何を持ちだしてこようとも、○○は自己とは違うものである。

それでも○○は自己なのだと強弁するためには、我々の通常の認識においては違うように見えるかもしれないが、特別な訓練や学識による認識からすれば、○○こそ「真の自己」なのだ、と断定する以外に方法はない。

すると事態はさらに紛糾する。自己だけでも大変なのに「真の自己」まで出てきてしまっては大問題である。○○が「真の自己」だと判断したのは誰なのか？　「偽の自己」か？　「偽の自己」がなぜ「真の自己」を判断できるのか？

偽だろうが真だろうが、およそ「自己」について判断しようとすると、必然的に判断する「自己」と判断される「自己」に割れる。それは無限に繰り返され、打ち止めることのできるいかなる答えも存在しない。問いの立て方が誤っているのである。

「自己とは何か」という問いの錯誤

「自己とは何か」という問いは、じつにやるせない問いである。答えの出ようのない、最初から間違った問いなのに、人はどうしてもそう問いたくなる。なぜか。それは、「自己」とは何よりもまず、「自己」という言葉だからである。

「私」「ぼく」「じぶん」……これらの言葉は、誰もが使う。ところが、意味するものは、他の誰でもないただ一人である。あらゆる人が使うのに、なぜ意味するものはただ一人なのか。この「自己」なる言葉の持つ根源的な矛盾が、我々に「自己とは何か」を問わせる。

つまり、「私」という普遍的な言語が意味するものである以上、それは「ただ一人」の特殊性を直接担保している一個体としての身体を言うのではないはずだと、まず考えるのである。

実際この考え方は正しい。なぜなら、「私」「自分」という言葉は、今ここにいる個体としての「私」だけを指していないからである。

一〇年前の、二〇年前の私も、やはり「同じ私」なのだ。では、今の「私の」身体と一〇年前の身体が「同じ」であることは、どうしてわかるのか？　五年前では？　半年前では？　昨日では？　三〇分前では？……、やはり「自分」は身体ではない。では、何か？

心か？　身体と分離可能な心があるとしたところで、事情は変わらない。今の「私の」心と一〇年前の心が「同じ」であると、どう証明するのか？　五年前は？　半年前は？

かくして、「自己とは何か」という問いの答えを知ることは不可能である。これが「無常」という仏教の最重要語の意味の核心だ。だから、『眼蔵』は「知る」と言わない。「ならう」と言う。この違いは決定的に重要である。「真の自己を知る」ことが「己事究明《こじきゅうめい》」という禅語の意味なら、それは見当外れの努力で、「自己をならう」こととはまったく関係ない。

「自分がいるとはどういうことか」

そこで私たちは考え方を変える。ということは、問い方を変える。「自分」が偽だろうと真だろうと、「自分」を知ろうが知るまいが、「自分がいるとはどういうことか」、あるいは「自分はどのように存在するのか」、と問う。そして、何よりもまず、「自分」が言葉であることを自覚し、それが「何を意味しているか」ではなく、「どう使われているか」を考える。

振り返って考えるに、いったい私たちはいつ「私」「自分」という言葉を覚え、どうしてそれを使えるようになったのだろうか。記憶している人間は、おそらく誰もいまい。そこで、他人を観察してみると面白いことがわかる。

言葉を覚え始めた幼児は、自分のことを「ぼく」だの「わたし」だのとは言わない。他人が呼びかける名前をそのまま自称に使う。父母に「タッちゃん」と呼ばれている幼児は、自分を「タッちゃんはねぇ」と称するだろう。このとき彼は何をしているのか。

私が思うに、彼は他人からの呼びかけを鸚鵡返《おうむがえ》しにしながら、周囲の他者との関係における自分の位置、その役割を学んでいるのだ。

この役割が「タッちゃん」に結びついて安定したとき、周囲の大人が皆使っている「ぼく」「おれ」「わたし」が、この役割を意味することに気がついて、「タッちゃん」が「ぼく」に切り替わるのである。

すると付き合う他人の数が増えれば、果たすべき役割も増える。「父」「子」「上司」「部下」「友人」「競争相手」……これらを全部一人称に回収し、つじつまが合うように編集していかねばならない。この作業に疲れると、人は役割の集積である自分を「本当の自分ではない」と感じ、役割を果たす主体たる「本当の自分」があるはずだと考える。この考え方が無意味であることは、すでに縷々《るる》述べたとおりである。

考えるべきは、「自分」という言葉が他者との関係においてしか意味をなさない、ということである。もっと言えば、「自分」とは他者との関係において形成される個体の行動の型、様式についた名称なのだ。我々は、他者（人も物も含む）との関係において考え、行動した一連の経験を、「私」という首尾一貫した行動様式に構成していくわけである。

「自己をならう」というときの「自己」とは、このように解釈される行動様式としての「自己」なのだ。

「ならう」と「知る」

したがって、問題は、この様式としての「自己」をどうつくるかということになる。自己とは何かを「知る」ことではなくて、どういう自己をつくるか、「ならう」のである。

「仏道をならう」とは、縁起の自覚において生きることであり、仏法を基軸にして生きる主体を構成することである。それが「ならう」べき「自己」なのだ。

しかし、この「自己」は、それまでの「私」や「自分」とは関係ない。ましてや「知る」べきとされる「真の自己」でもない。「自己」などどうでもよいのである。今やテーマとすべき「自己」の意味は、仏法の実践主体であるということだけであって、それが人物として誰であろうと問題ではない。テーマである「自己」の正味の意味が仏法の修行者であるというのであれば、そこにいるのは、すでに「自己」ではなくて修行者である。すなわち、「仏道をならう……自己をわするるなり」は、これまで世間で生きてきた「私」を、仏法を修行する主体、その生の様式に改造せよ、と言っているのである。

そのような主体が構成される次元は、言うまでもなく、縁起的次元である。この次元は先述したとおり、出会い—関係—差異の次元であり、ここにおいては「万法」は二元図式に規定される対象世界の意味を失い、「何」という「問い」として到来する。この「何」に直面し、それとの関係を仏法に則って具体的に織り上げていくことが修行主体の生成なのであるから、この意味において、「万法に証せらるる」ことになるだろう。

ということは、ここで最終的に、自己と対象が存在根拠としての「本質」に立脚して相対するという、二元図式の見方は放棄される。

本文中、「自己の身心」「他己の身心」と並べて言われている部分は、二元図式の中で捉えられた自己と他者の在り方を言う。それは個別の物体(人間なら身体)と、物体に内在する「本質」(人間の場合なら、個体に「自己」性を付与する精神）が結びついた独立存在である。この見方・考え方を、仏法は脱却させるのである。

「脱落」の語は、『眼蔵』においては、言語機能による概念化によって実体視されてしまったものを、その基盤である縁起の次元まで解体することを意味している。その「縁起」は、我々の具体的な生の局面では行為として現実化するから、結局、あらゆる存在を行為的関係（行為として現実化する関係）・関係的行為（関係するという意味での行為）の次元で捉え直すことが、「脱落」の意味なのである。つまり、これは「悟り」や「見性《けんしょう》」などの語がイメージさせるような特殊な体験を言うのではなく、ある存在様式と言った方がよい。二元図式で実体と錯覚された存在を、縁起の次元で捉え、行為にまで「脱落」して、そこから再規定する。それが『眼蔵』に展開される思索の基本的な方法だと、私は考える。

するとたとえば「脱落」した「身心」ならば、それは実体視された精神と身体の合体物ではなく、行為そのものということになる。行為においてこそ、身心の不可分な在り方が端的に現成する。心身二元論を克服するのは、理論ではなく、具体的な行為の仕方それ自体なのだ。

段落最後の一文は、「脱落」の意味を説明する。この「脱落」を「悟」りだというなら、その「悟」は、前にも言った「悟った」とハッキリわかるものではない。ハッキリわかるということは、悟っていない状態と区別がついていることであるから、しょせんこれも概念的判断にすぎない。「悟迹」とは、こうした概念化の痕跡が残る「悟」のことである。仏法は、それを脱落して（「休歇」）、そこからさらに縁起の次元であらゆる存在を修証していくことを求めているのである（「長々出ならしむ」)。

さて、このように立場を明らかにしておいて、議論はいよいよ、縁起の次元で捉えられるものの在り方、存在することの意味、つまり「法」を真っ向から問う段へと進む。

第二章

「現成公案」を読むⅡ

二元図式からの脱却

前章で述べたように、『眼蔵』においては、言語機能による概念化によって実体視されてしまったものを、その基盤である縁起の次元まで解体する。それはすなわち、自己と世界、あるいは認識主体と認識対象が、それぞれに存在根拠をもって独立し対峙しているとする考え方からの脱却を意味している。

主体と対象の対峙という考え方からすれば、目の前の対象には、それをそのものとして成立させている根拠としての「本質」なり「実体」があり、他方、主体には、主体の同一性を根拠づけ担保する「精神」なり「理性」があって、それが「知覚」を媒介に対象の「本質」を「見抜く」ことで、真に何が存在するかを認識する、という二元図式になる。

「現成公案」の続く部分は、この図式をあらためて否定し、「存在する」という事態をどのような態度で考えるべきか、もう一度念を押す。

> 人、はじめて法をもとむるとき、はるかに法の辺際《へんざい》を離却《りきゃ》せり。法すでにおのれに正伝《しょうでん》するとき、すみやかに本分人なり。

文中の「はじめて」は、それまで「法」＝ものの在り方を問わなかった「人」が、ここであらためて「法」の認識をテーマとする（「もとむる」）事態になることを言う。とすれば、普通には、二元図式で考えるだろう。つまり、認識主体たる自己を対象から分離して理解しようとするであろう。しかし『眼蔵』から言わせれば、それは大変な見当違いで、ものの在り方の実際から遠く隔たる見解にしかならない（「離却せり」）。

この図式を脱却した縁起的観点から注目しなければならないのは、「何かが存在する」というときには、すでに「おのれ」が事態の相関項として巻き込まれているということである。「法すでにおのれに正伝する」とは、この事実を認識していることを言う。

そして、かく開かれた縁起的次元、行為的関係・関係的行為の次元から、ある存在をそのような在り方をするものとして設定する作業を通じて、今度は「おのれ」の在り方＝主体性（「本分人」）が実現されていくのである。

では、この観点から、ものの存在は具体的にどう理解されるだろうか。それをまず、私たちの知覚の準拠枠である空間・時間を問うことから考えてみよう、というのが以下である。

空間の現成

二元図式でものを考える人間には、空間は自分の外側にひろがる、いわば無限大の箱のように思われる。もしそうなら、空間を移動する物体については、次のような誤解をする可能性は免れないだろう。

人、舟にのりてゆくに、めをめぐらして岸をみれば、きしのうつるとあやまる。

要するに、自己も相関項としてその中に位置づけられる空間との関係を無視して、自己（「人」）の存在に根拠を置き、そこを基準にして対象（「岸」）の在り方を判断すれば、間違うと言うのである。

目をしたしく舟につくれば、ふねのすすむをしるがごとく、身心《しんじん》を乱想して万法を辨肯《はんけん》するには、自心自性《じしんじしょう》は常住なるかとあやまる。

しかし、自分のおかれている空間との位置関係を認識できれば（「目をしたしく舟につくれば」）、この誤りに気づけるはずである。

ところが、この空間との関係に気がつかずに、今ここの自己存在とその自己認識そのものに根拠があると誤解し（「身心を乱想して」）、その上で対象の在り方を判断するとすれば（「万法を辨肯する」）、この判断が、自己の認識と自己存在には普遍性・確実性があるかのごとき錯覚を招く（「自心自性は常住なるかとあやまる」）。つまり、「我思う、ゆえに我あり」の錯誤に陥るわけだ。これが正しく成り立つのは、思う「我」の存在根拠を「神」のような超越者が保証してくれている限りでしかあるまい。誤解から脱却するには、「存在する」ということを事実として生成する縁起の次元、行為的関係・関係的行為の次元に注目しなければならない。

もし行李《あんり》をしたしくして箇裏《こり》に帰すれば、万法のわれにあらぬ道理あきらけし。

仏法の立場から、自らの具体的行為の意味を洞察し（「行李をしたしくして」）、この縁起の次元を「在ること」を生成する場として発見できれば（「箇裏に帰すれば」）、およそ対象はそれ自体として、自己に対峙的に存在するものではなく、二元図式は成り立たないのは明らかであろう（「万法のわれにあらぬ道理あきらけし」）。

時間認識の構造

以上では主として空間における移動を問題にしたが、今度は時間的変化を取り上げ、我々の通常の認識の仕方を批判する。

たき木、はいとなる、さらにかえりてたき木となるべきにあらず。しかあるを、灰はのち、薪はさきと見取すべからず。

ここは最初から理屈がおかしい。「たき木」が「はい（灰）」となり、その後「はい」が「たき木」にならないと言うなら、両者の前後関係は明らかなはずだろう。ところが、この一節では断固として、そこに前後関係を見るなと言っている。それというのも、これから問おうとしているのが、そのような通常の時間的「前後」関係、または事物の時間的「変化」の認識根拠そのものだからである。

しるべし、薪は薪の法位《ほうい》に住して、さきありのちあり。前後ありといえども、前後際断せり。灰は灰の法位にありて、のちありさきあり。

この部分は、「法位」という語が何を意味するかを考えなくては理解できない。この語は、我々が通常行う認識とは違う枠組みの認識の仕方を説明する語なのである。

我々は通常、ある物体を見て、「あれは薪だ」と判断し、「薪がある」と知る。では、その「薪」はどこにあるのか。それは目の前の物体か？

違うであろう。なぜなら、私たちは「薪が燃えてしまった」と、普通に言う。燃えてしまったら薪は無いはずなのに、「薪は……」と言う。つまり、我々が認識している「薪」は、具体的な事実としての目の前の物体ではないのだ。

もう一つの疑問。いささか詭弁《きべん》めくが、「燃えてしまった薪」と「燃える前の薪」は、「同じ薪」だろうか。「燃えてしまった薪」はすでに存在しない。「燃える前の薪」ももう存在しない。すでに存在しない物どうしが「同じ」であることは、どうやっても証明できまい。「同じ」とは、「同じだと思う」こと以上でも以下でもない。

つまり、こういうことである。「薪」は、具体的なある物体を意味しない。およそ言語が意味するのは、今ここにある具体的な事物ではない。それは過去・現在・未来の違いに関係ない、考えられた「薪」である。私たちが通常「薪がある」と言うときは、すでにこの思考パターン、すなわち、目の前の事物と考えられた概念の二重構造を前提に認識している。そしてこの考えられた概念を、ときに「本質」あるいは「実体」と呼ぶのである。時間を超越して目の前の物体をまさに「薪」にしている根拠を設定しない限り、「薪がある」とか「薪が燃えてしまった」という言い方は原理的に成り立たない。それが成り立つのが、先に述べた「言語が仮設する世界」でのことである。

「法位」としての「薪」

「縁起」パラダイムから言えば、ある物体が「薪」なのは、「薪」の「本質」を内蔵するからではない。それはその物体を「薪」として使う人間の行為、その行為をさらに規定する行為体系、すなわち彼の生活様式においてである。「薪」とは、まず何よりも言語であり、それが意味するのは物ではなく、ある条件において生成された一定の関係形式なのだ。

山中で生活する人が炊事の燃料にしようと思って木を切り出し、斧で割るから「薪を切り出し」「薪割り」になる。もし、都会のど真ん中の公園で、誰かがいきなり樹木を切り倒し叩き割ったら、それは「乱暴狼藉」であり、木は「無惨な姿」になるだけで、「薪」にはならない。ところが、それを通りがかりの人が見て、「うちの暖炉で燃やそう」と拾って持ち帰れば、それは突如として「薪」になる。

「法位」とは、この物体を「薪」として暫時《ざんじ》成立させる諸関係の様式・型のことである。それから外れてしまえば、その物体はたちまち「薪」ではなくなる。「薪は薪の法位に住して」、はじめて「薪」になるのである。

では、この考え方からして、前後関係の問題はどう解釈するか。

「前後」関係の構成

人がいま「薪割り」をしているとき、実際に割っているのは「丸太」であって「薪」ではない。「薪」が燃えてしまったら、それは「灰」であって「薪」ではないのと同様である。にもかかわらず、「薪割り」が成立し、「薪が燃えてしまった」と言っても誰も不思議に思わないのは、なぜか。それは、ある人物が炊事の燃料として使うという一貫した目的に向けて、ある物体への自分の行為を秩序づけ、切り出し・分割から焼却に至る行為関係＝「法位」の中に、その物体を位置づけ続けるからである。その行為関係全体を自己及び他者が了解しているとき、「薪」の「法位」において、「薪割り」「薪が燃えてしまった」という認識は妥当する。つまり、「薪」を使おうとしている人間には、それが経過とともに物理的に「丸太」状態であろうと「灰」状態だろうと、すべて「薪」の「法位」の前後に位置づけられて、「薪の変化」として認識されるというわけである。

このように、目的に向かう意志的行為においてこそ、「前後」関係は構成されることになる（「さきありのちあり」）とすれば、それがないときには、「前後」はない（「前後ありといえども、前後際断せり」）。「薪」になる前の丸太、割られた「薪」、「薪」が燃やされた後の灰という、「薪」をめぐる「前後」関係の認識は、「薪」として使う人のみに存在するのであって、そうでなければ、「丸太」は「丸太」、「薪」は「薪」、「灰」は「灰」にすぎない。その「灰」にまた「法位」があり、前後があるのだ。

朝昼夜の順序にしても、一日の始まりを「朝」と決める個人なり社会なりの必要があればこそ、朝は夜の前だが、どこかに夜を始めとする集団があれば（禅道場がそうである）、朝は夜の「後」である。もし何の決定も合意もなければ、「前後」の関係は断たれ、もはや「前」も「後」もなく、気象の推移があるだけである。

このように考えるから、『眼蔵』は「灰はのち、薪はさきと見取すべからず」と最初にクギをさしたのである。

「不生」と「不死」

この考え方は、さらに敷衍《ふえん》される。

かのたき木、はいとなりぬるのち、さらに薪とならざるがごとく、人のしぬるのち、さらに生《しよう》とならず。しかあるを、生の死になるといわざるは、仏法のさだまれるならいなり。このゆえに不生という。死の生にならざる、法輪のさだまれる仏転なり。このゆえに不滅という。

すでに解釈したとおり、これは生と死の物理現象的な、あるいは生理的な不可逆性を言っているのではない。ここで主張しようとしているのは、「○○が××になる」という、我々のごく普通に行う認識の構造の批判なのだ。つまり、「はい」が「薪」にならず、「しぬるのち、さらに生とならず」と言うなら、薪も灰にならないし生も死にならない、これが仏法の考え方だというのである（「しかあるを、生の死になるといわざるは、仏法のさだまれるならいなり」）。

一般に「○○が××になる」という変化の認識は、現象としての変化「××」を貫く、不変の「○○」を前提にせざるをえない。しかし、この「○○」の不変を根拠づける「本質」めいたものは、どれもこれも言語が引き起こす錯覚にすぎない。

「○○が××になる」という通常の認識が、「縁起」パラダイムからすれば一種の錯覚だとするなら、当然「○○が死ぬ」という認識も錯覚である。

「○○」と言うとき、それが死ぬ前のことなら、まだそれは生きているのだから、生きている以上「死ぬ」とは言えまい。もし死んだ後のことなら、「○○」はすでに存在していないのであり、すでに存在しないものがあらためて「死ぬ」ことはあり得ない。つまり、死すべきいかなる「生」もない（「このゆえに不生という」）。

「死の生にならざる」というのも、同じ「縁起」の考え方の主張なのであって、死んだ人間は生き返らないなどという話をしたいのではない（「死の生にならざる、法輪のさだまれる仏転なり」）。「生」になるべき「死」それ自体が独立に存在しないという意味で、何も滅しない（「このゆえに不滅という」）。

だとすると、次のような結論になる。

生も一時のくらいなり、死も一時のくらいなり。たとえば、冬と春とのごとし。冬の春となるとおもわず、春の夏となるといわぬなり。

「生」も「死」もいかなる本質も実体も持たない。我々の「生」は、ある行為的関係・関係的行為の状態推移なのであって、「生」はその過程を総称している。にもかかわらず、そこに特定の概念（たとえば「命」「霊魂」）を「本質」として導入し、これを隠れた不変の基準として、「生が死に変化する」と考えるのは、とんでもない誤りであろう。

あくまでも「生」は暫時維持される「法位」であり（「生も一時のくらいなり」）、そうである以上、「死」もいかなる「本質」も持たない「法位」である（「死も一時のくらいなり」）。

だから、ここで冬・春・夏の例が効いてくる。まさに現象変化の仮称にすぎない「冬」や「春」に、不変の「本質」を持ち込むのは完全にナンセンスである。ということは、「〇〇が××になる」式の言い方は成立の余地がない。つまり、「冬の春となるとおもわず、春の夏となるといわぬなり」。

「さとり」の意味

かくして、「縁起」の観点から、主客二元図式によるものの見方への批判がなされた。今度は、「さとり」に直接言及して、転換を促す。

人のさとりをうる、水に月のやどるがごとし。月ぬれず、水やぶれず。ひろくおおきなるひかりにてあれど、尺寸の水にやどり、全月も弥天《みてん》も、くさの露にもやどり、一滴の水にもやどる。

ここで言う「さとり」とは、これまで述べてきた「縁起」によるものの見方・考え方、およびそれに基づく実践の全体を意味する。あらためて私の言葉で言うなら、存在の「縁起」的次元の自覚に基づく、利他行への志向を基軸とした主体性の生成、その全過程である。これを約言して「縁起的実存の自覚における主体性の生成」と称し、もって本論の「さとり」の定義として、後述の便宜を図る。この「さとり」と修行者との関係を、水と月の比喩は説くのである。

ここで問題なのは、普通、人が「さとり」と聞くと、何か大変な出来事を想像することである。天地がひっくり返るような、あるいは頭のてっぺんを光の柱が直撃するような、何か超自然的な現象が意識に起こり、いきなり超越的な世界に飛び込んで、超能力者になるような、そんなイメージである。かつてのオウム真理教が喧伝していた「さとり」は、まさにそういうイメージであったし、伝統教団の僧侶の中にもまさしくそういうものとして「さとり」を語る者が少なくない。ここで『眼蔵』が言いたいのは、「さとり」はそんなものではない、ということである。

だいたい「さとり」などと名詞で言うから、何か特殊な体験かと錯覚するのである。「さとり」はもともと「悟る」という他動詞なのだから、目的語があって当然である。では何を悟るのか。「縁起」というものの見方、それに基づく実践の仕方である。「縁起の法」を「悟る」のだ。それがすなわち、「縁起的実存の自覚における主体性の生成」なのである。

だったら「さとり」は、オカルト的超常現象とはまったく無縁である。それは、「縁起」の教えに照らして自分の在り方を根底から見直し、そこから生き方を変えていこうという、手間はかかるが地道な実践であり、あの世に飛び込むような珍事ではない。

このとき、「水」を修行者である我々とし、「月」を「さとり」だとすれば、その「さとり」が教えとしてどれほど深遠で濃密な内容を持つものであろうと、悟ったからと言って、突如として超常現象が持ち上がったり、修行者が超能力者に変身したりするわけではない（「月ぬれず、水やぶれず」）。教えは教えとして、志あって真剣に学ぶ者に正しい考え方を説き、それによる実践を促すだけである。すべての人に教えは開かれているのだ。怖じ気づく必要はないのである（「ひろくおおきなるひかりにてあれど、尺寸の水にやどり、全月も弥天も、くさの露にもやどり、一滴の水にもやどる」）。

さとりの人をやぶらざる事、月の水をうがたざるがごとし。人のさとりを罣礙《けいげ》せざること、滴露の天月を罣礙せざるがごとし。

「さとり」は、「修行」と称して特殊な訓練や規範を施し、意識や行動を一変させ、人格を破壊してしまうようなことではない（「さとりの人をやぶらざる事、月の水をうがたざるがごとし」）。まともに学べば、修行者が「さとり」を誤解して、「縁起」の教えから遮られるようなことにはならないのだ

(「人のさとりを罣礙せざること、滴露の天月を罣礙せざるがごとし」)。

ふかきことはたかき分量なるべし。時節の長短は、大水小水を撿点《けんてん》し、天月の広狭を辧取《はんしゅ》すべし。

このように、「さとり」が「縁起」の学びと実践の全体を言うなら、それは修行と同じことである。修行をしていたら、その結果いきなり超自然的「さとり」現象が出来《しゅったい》するわけではないのだ。「修証は一等なり」とは、このことである。

したがって、「水」=修行者の「修行」の深さは、そのまま「天」=「さとり」の高さであろう(「ふかきことはたかき分量なるべし」)。とすれば、どのくらい修行すれば「さとり」が得られるかなどと、単純な長短の話はできまい。

修証が一等ならば、修行者の境地の進み具合は、彼の力量の大小や、学ぼうと志す教えや実践の程度、すなわち本論で定義する「さとり」の広狭と相関する。修行者は自らを点検し反省しながら、教えを納得していくべきなのだ(「時節の長短は、大水小水を撿点し、天月の広狭を辧取すべし」)。

条件つきの認識

続く部分は、修行者がこの「縁起」の教えを学ぶ上での心構えを説く。

身心に法いまだ参飽《さんぱう》せざるには、法すでにたれりとおぼゆ。法もし身心に充足すれば、ひとかたはたらずとおぼゆるなり。

「縁起」の教えが十分に修行者自身に学び取られていないうちは（「身心に法いまだ参飽せざるには」）、主格二元図式や本質／現象の二元論に囚われたまま、認識する自己を対象との関係から切断して、ものの在り方を一方的に規定する見方がすべてだと、自己満足してしまうだろう（「法すでにたれりとおぼゆ」）。

しかし、もし「縁起」の法を納得できれば事情は異なる。自己も対象も行為的関係・関係的行為の総連関システムの相関項として、「縁起」的観点から捉え、この立場からものを考えるならば（「法も身心に充足すれば」）、システムを成立させる諸条件によって多元的な見方が可能になり、そう簡単に自己の当面の判断や結論に満足できなくなるだろう（「ひとかたはたらずとおぼゆるなり」）。

このことを具体的に説明するのが次の文章である。

たとえば、船にのりて山なき海中にいでて四方《よも》をみるに、ただまろにのみみゆ、さらにことなる相みゆることなし。しかあれど、この大海、まろなるにあらず、方《けた》なるにあらず、のこれる海徳つくすべからざるなり。

読めば自明の一節だが、一応解釈する。大海に船で漕ぎだして、そこから見渡せば、海の形は丸いだけである。異なる形には見えない。しかし、この海はそのものとして丸いわけでもなければ、四角形なわけでもない。それ以外の海の見え方（「海徳」＝海のさまざまな見え方を海の持つ作用と考え、それを「徳」と表現する）も、数限りなくあるのだ。

　宮殿《ぐうでん》のごとし、瓔珞《ようらく》のごとし。ただわがまなこのおよぶところ、しばらくまろにみゆるのみなり。

たとえば、人間の身体機能や知覚・認識能力、およびそれを規定する諸条件から見た場合に「海」と見えるものでも、それらの条件が変われば、「海」ではないかもしれない。一水四見《いっすいしけん》のたとえのように、竜ならば自分の宮殿と見るかも知れないし、天人はこれを宝石の髪飾り・首飾りと見るかもしれない（「宮殿のごとし、瓔珞のごとし」）。人間が海上で、遮る何ものもない条件で海を見た場合にのみ、暫時丸く見えるだけである。

　かれがごとく、万法もまたしかあり。塵中格外《じんちゅうかくがい》、おおく様子を帯せりといえども、参学眼力のおよぶばかりを見取会取《ういしゅ》するなり。

この「海」のたとえは、我々のあらゆるものの認識一般に言い得ることである。世間一般の二元的ものの見方によるか、世間の規格から外れた「縁起」の観点によるか（「塵中格外」）、それによって見える相貌はさまざまだろうが、結局は、修行者が学んだだけの能力の範囲内で、認識したり理解したりする以外ない。

万法の家風をきかんには、方円とみゆるよりほかに、のこりの海徳山徳おおくきわまりなく、よもの世界あることをしるべし。

「縁起」の法によってものを見る仏法の流儀に順《したが》うならば（「万法の家風をきかんには」）、丸だの四角だのに見えるほかに、海や山の見え方が無限にあり（「のこりの海徳山徳おおくきわまりなく」）、さらに今の自分に見える範囲を越えて、四方の世界があることを知らねばならない。

かたわらのみかくのごとくあるにあらず、直下《ちょくか》も一滴もしかあるとしるべし。

これは対象世界にのみ言えることなのではない。修行者自身、自己の存在の仕方を考える場合も同様なのである。

行為としての存在

こう述べておいて、『眼蔵』は「縁起」の立場から見る存在の仕方を、以下に華麗とも言える筆致で明らかにする。

うお水をゆくに、ゆけども水のきわなく、鳥そらをとぶに、とぶといえどもそらのきわなし。しかあれども、うおとり、いまだむかしよりみずそらをはなれず。只用大のときは使大なり。要小のときは使小なり。

通常、「魚が水の中を行く」「鳥がそらを飛ぶ」と言い表される事態は、「魚」や「鳥」がそのものとしてあって、それらが、これまた、それ自体として大きさや広さ（「きわ」）を持つ「水」や「そら」において、「行く」「飛ぶ」と呼ばれる動作を起こすように認識されるはずである。

ところが、「縁起」の観点に立つ場合、個々の事物はすべて、ダイナミックな行為的関係・関係的行為の相関項として把握される。

とすると、相関項たる「うお」「とり」「みず」「そら」の存在を現実化するのは、「ゆく」「とぶ」という行為である。換言すれば、「うお」「とり」が「うお」「とり」であるのは、「水をゆく」「そらをとぶ」というもう一方への関係的行為においてなのだ。泳がぬ魚は魚ではなく、飛ばない鳥は鳥ではない。

したがって、「みず」「そら」から「うお」「とり」をきっぱり分けて考えるわけにはいかない（「水のきわなく」「そらのきわなし」）。「うお」「とり」は「みず」「そら」との行為的関係においてのみ、そのものとして存在し得るのである（「うおとり、いまだむかしよりみずそらをはなれず」）。

と同時に、「みず」「そら」も、「うお・ゆく」「とり・とぶ」の相関項である以上、その「ゆき」方「とび」方で、在り方が決まる。つまり、「うお」「とり」と別だと考えられる「みず」「そら」の「きわ」は、「うお」「とり」がどの程度の「用」「要」で「みず」「そら」を使う（＝「ゆく」「とぶ」）かによって、その「大」「小」が現実化するのである。つまり、「うお」「とり」にとって、自らの遊泳や飛翔と無関係な、水や空それ自体の大小は無意味であり、そもそも大小としては存在しない。

かくのごとくして、頭々《ちょうちょう》に辺際をつくさずという事なく、処々に踏飜《とうほん》せずということなしといえども、鳥もしそらをいずればたちまちに死す、魚もし水をいずればたちまちに死す。

こうした具体的な「縁起」の次元が、ものの存在を決定的に基礎づけている。ところを選ばず泳ぎまわる、その泳ぎが「魚であること」を決め、自由に飛翔することが「鳥であること」を現成する。その泳ぎと飛翔の場としての存在である「水」と「そら」から「魚」「鳥」を分断すれば、「魚であること」「鳥であること」の現実性を否定することになるだろう（「たちまちに死す」）。

存在のシステム

ここまでくれば、「魚」「鳥」を自己になぞらえることができ、「水」と「そら」を対象世界の意味と考え得ることは明らかである。以下はそのつもりで読むべきであろう。

以水為命しりぬべし、以空為命しりぬべし。以鳥為命あり、以魚為命あり。以命為鳥なるべし、以命為魚なるべし。このほかさらに進歩あるべし。修証あり、その寿者命者《じゅしゃみょうしゃ》あること、かくのごとし。

ここでは、「縁起」による考え方がダメ押し的に徹底される。つまり、「魚」「鳥」「水」「そら」そして「命」の存在が、そのどれをも実体視せずに、「縁起」の次元、すなわち、行為的関係・関係的行為のシステム内の相関項として捉え返される。「以〇為〇」の語句が表しているのはこのシステムである。

したがって、「命」の語も、生き物の「本質」に類する、「霊魂」のような何らかの形而上学的実体と考えてはならない。これもシステムにおいてのみ意味を有する以上、独立自存するものとは言えないのである。

むしろ、この「命」は、「縁起」的システムそのもののことだと理解した方がわかりやすい。個々の存在を仏法にしたがって洞察するなら、そこに見えるのは「縁起」の次元である（「以水為命しりぬべし、以空為命しりぬべし。以鳥為命あり、以魚為命あり」）。そしてまた、システム自体もまた、いかなる形而上学的観念でもなく、具体的存在を生成する関係的行為として認識されなければならない（「以命為鳥なるべし、以命為魚なるべし」）、と考えるわけである。

ここまでくれば、魚や鳥の例で述べたことは、修行と悟りの関係にも置き換え可能である（「修証あり」）。悟りとは、まさにこの「縁起」的次元を体験的に深く了解することであり、体験的に深く了解するとは、実際に関係的行為において自己を生成すること自体、つまり、仏教者の実践（修行）なのだ。同様に、そこに生きる命あるもの（「寿者命者」）が何者であるかは、彼の身の振る舞い、実践のなされ様によって決まるしかない。

しかあるを、水をきわめ、そらをきわめてのち、水そらをゆかんと擬する鳥魚あらんは、水にもそらにもみちをうべからず、ところをうべからず。このところをうれば、この行李《あんり》したがいて現成公案す。このみちをうれば、この行李したがいて現成公案なり。

とすれば、システム内の各相関項を実体視して、「水」は「水」、「そら」は「そら」として考え、しかるのち、その中を泳いだり飛んだりしようとする、これまたそれ自体で存在する「魚」「鳥」を想定するなら、泳ぐ「みち」も飛ぶ「ところ」もないであろう。この「みち」や「ところ」とは、存在が生成される「縁起」の次元のことである。それを得られないと言うなら、すべての存在が現実化しないということになるだろう。

『中論』の論理

先の「薪」と「灰」の話も同様だが、この考え方は、大乗仏教の大思想家ナーガールジュナ（龍《りゅう》樹《じゅ》）の『中論《ちゅうろん》』に見られる思想そのものである。

彼はこの書の中で「行く者は行かない」という詭弁めいた議論を展開しているが、この理屈は次のように考えるとわかりやすい。

つまり、「彼が歩く」と言うとき、その彼はすでに「歩いている彼」である。すでに「歩いている彼」がまた「歩く」ことはあり得ない、と言うのである。この間違いは、「彼」と「歩く」という行為を切断し、それぞれを実体視するから起こるのである。「歩く」のは「彼」以外になく、「彼」はそのとき「歩いている」以外に存在のしようがない。実際に起きている事態は、言葉としては「彼が歩く」というふうに表現せざるを得ない、行為的関係・関係的行為のシステム全体である。

『眼蔵』も、同じことを言わんとする。「みず」「そら」から切断したら、「魚」も「鳥」も泳げないし、飛べない。したがって、それらは、「みず」でも「そら」でも「魚」でも「鳥」でもなくなる。

であるから、もし泳ぐ「みち」や飛ぶ「ところ」があるというなら、その飛ぶ行為、泳ぐ行為

（「行李」）において、個々の存在の仕方、その意味が問われねばならない（「現成公案す」）。

このみち、このところ、大にあらず小にあらず、自にあらず他にあらず、さきよりあるにあらず、いま現ずるにあらざるがゆえにかくのごとくあるなり。

存在を生成する「縁起」の次元（「このみち、このところ」）は、大小や自他、前後などの概念的判断に取り込むことはできない。これらの判断は、対象を区別し、そのもの自体とし概念化した上で、なんらかの基準を用いて行われる。ところが、「縁起」の考え方からすれば、「概念」も「基準」も当座の都合と条件で仮設されたものにすぎない。

であるならば、それが「いま現ずる」こともできない。「現ずる」とは「〇〇が現ずる」ことだが、この「〇〇」に実体がない以上、現ずる何ものもないからである。「縁起」的視点で再説すれば、そもそも「現ずる」前になかったものが突如「現ずる」ことはあり得ないし、すでにあるものがあらためて「現ずる」こともあり得ない。「縁起」的次元は、そういう概念化以前の存在様態なのである。

「修証」という認識方法

では、概念化できない「縁起」的次元はいかにして認識されるのだろうか。

しかあるがごとく、人もし仏道を修証するに、得一法、通一法なり、遇一行、修一行なり。

以上述べたことから言えるのは、我々が「縁起」の教えを学び、その正しさを実践において証明するならば、あるものの在り方を理解するということは（「得一法」）、そのものを「縁起」の次元に脱落して、行為的関係・関係的行為のシステムの相関項として捉えることなのである。便宜上二元図式に仮託して言うなら、対象に関係していく自己の行為からその存在の仕方を規定し直していくという実践（「通一法」）なのだ。この実践に取り組むということは（「遇一行」）、我々が日常生活で、具体的に縁起の「教え」を修行することそのものである（「修一行」）。

これにところあり、みち通達《つうだつ》せるによりて、しらるるきわのしるからざるは、このしることの、仏法の究尽《ぐうじん》と同生し、同参するゆえにしかあるなり。

何かが「存在する」と言うとき、そこには存在を生成する「縁起」の次元があり、それは具体的な行為によって実現する関係のシステムなわけで（「これにところあり、みち通達せるによりて」）、この「縁起」の次元は、それ自体が明確な規定を持つ概念（「しらるるきわ」）として認識されない。

なぜかと言えば、この「縁起」の次元を認識することが、ブッダの教えを究めつくすことと同じことなのであり、同じ修行だからである。その場合、あくまで、実践による体験的理解において、認識の正しさは証明されるべきものである以上、これは概念的理解の埒外《らちがい》にあるということなのだ。

得処かならず自己の知見となりて、慮知にしられんずるとならうことなかれ。証究すみやかに現成すといえども、密有《みつう》かならずしも現成にあらず、見成これ何必《かひつ》なり。

したがって、「縁起」の次元の認識（「得処」）は、明瞭な概念的知識として主観に理解されると考えてはならない。「縁起」的次元の認識は、仏法の教えるさまざまな修行や実践における体験として即座に実現する（「証究すみやかに現成す」）。しかし、この容易に知りがたい存在の次元（「密有」）はいかなる実体でもないのだから、必ずしもそれ自体として出現してくるのでもなければ（「密有かならずしも現成にあらず」）、対象として明瞭に意識化されるわけでもない（「見成これ何必なり」）。

風はなぜ吹くのか

さて、いよいよ「現成公案」の議論も大詰めである。ここで、以上を総括するものとして、次の禅問答が示される。

麻浴山宝徹《まよくざんほうてつ》禅師、おうぎをつかうちなみに、僧きたりてとう、「風性常住、無処《むしょ》不周《ふしゅう》なり、なにをもてかさらに和尚おうぎをつかう」。

師いわく、「なんじただ風性常住をしれりとも、いまだところとしていたらずということなき道理をしらず」と。

僧いわく、「いかならんかこれ無《む》処《しょふ》不周底《しゅうち》の道理」。

ときに、師、おうぎをつかうのみなり。

僧、礼拝す。

一応内容を説明する。

中国・唐の時代に麻浴宝徹という禅師がいて、ある暑い日であろう、扇を使っていた。そこへある僧が来て問答をしかけた。

「風それ自体（「風性」）はつねに存在し、到るところ吹かないところは無い。なぜ、ことさら師は扇を使うようなことをするのか」

おそらく、禅師たるもの暑さ寒さなどには恬淡《てんたん》としているべきだと、この僧は考え、皮肉をこめて、教義上の問答をぶつけたのかもしれない。すると禅師は言った。

「君は風そのものはどこにでもある、ということは知っていても、吹かないところは無いという道理を知らないな」

僧はむっとして問う。

「では、吹かないところは無いという道理とは何です？」

そのとき、禅師は扇を使っているだけであった。僧は深く道理を悟って禅師を礼拝した。

さて、この問答の最も一般的な解釈は、次のようなものである。

風それ自体はあるにしても、扇ぐ行為において風として現れる。同じように人間は誰しも仏としての本質（仏性）を備えているものだが、それは修行によってしか現れない、というのである。

この解釈は、一見すれば明らかなように本質／現象の二元論であり、「本証妙修」パラダイムに則る理解である。したがって、これまでの「現成公案」の議論とはまったく相容れない。

いるのである。

「縁起」パラダイムでは違う。到るところで扇ぐ我々の行為が「風そのもの」なる概念を仮設させるのだ。風とは、実際に「吹く」ことなのだ。「風は吹かない」。「吹くものが風」なのだ。同じように、仏性が修行で現れるのではない。実際に修行することが「仏性がある」という言説を可能にしているのである。

仏法の証験、正伝の活路、それかくのごとし。常住なればおうぎをつかうべからず、つかわぬおりもかぜをきくべきというは、常住をもしらず、風性をもしらぬなり。風性は常住なるがゆえに、仏家の風《ふう》は、大地の黄金なるを現成せしめ、長河《ちょうが》の蘇酪《そらく》を参熟《さんじゅく》せり。

「縁起」の教えを明らかに証明すること、その証明の体験的了解として正しく伝えられてきた修行とは、こういうことである。

風それ自体はつねにどこにでも存在するのだから、扇を使う必要もないのであって、たとえ使わなくても風の存在は知られるはずだと言うなら、それは、「つねにどこにでも在る」ということの意味も知らず、「風それ自体」の意味もわからぬということである。

「縁起」の教えに学ぶ者の風は、大地を黄金に変え、ガンジス河の水をヨーグルトに熟させるように、あらゆるものの存在の仕方を転換させるように吹く。

それは、世間の常識の中で認識されていた自己と世界を縁起の世界に脱落し、そこから縁起的実存として再構成するような、修行という風なのだ。

第三章

存在から行為へ――「脱落」という方法

読みのポイント

ここまで「現成公案」を読んでみたが、以下の便宜として、「現成公案」からも読みだされる、本書における『正法眼蔵』読解のポイントをもう一度整理しておきたい。ポイントは四つである。

その一、つねに変わらず同一で、それ自体で存在するものとして定義されるもの、それは仏教では「我（アートマン）」と言われるが、他に「実体」と呼ぼうと「本質」と呼ぼうと、はたまた「神」「天」と呼ぼうと、こういうものの存在を一切認めない。

その二、あるものの存在は、そのもの以外のものとの関係から生成される。これが本書における「縁起」の定義である。

その三、我々において「縁起」を具体的に実現するのは、行為である。関係するとは行為することであり、行為とは関係することなのだ。

その四、「縁起」であるはずの事態を、「実体」に錯覚させるのは、言語の機能である。と、同時に「自己」は言語内存在として構築される。

以上四点が、本書が提案する、『正法眼蔵』を通読する場合の基本原則である。

ではこれから、いくつかの巻を抜粋しつつ読み、「現成公案」が提示しているものの見方・考え方を拡大深化させてみよう。

1 縁起する自己

①『眼蔵』「仏性」

まず、「仏性《ぶっしょう》」の巻を取り上げる。

「仏性」とは、大乗経典の『涅槃経《ねはんぎょう》』で明確に提示された概念で、人間が成仏する可能性・能力のことを言うのが本来である。大乗仏教では、すべての者は成仏し得ると考えるから、「仏性」は単なる可能性のみならず普遍性を帯び、すべての者が本来持っている性質、すなわち「仏としての本質」という意味に転じる。

「本証妙修」パラダイムの解釈

これを言うのが、『眼蔵』「仏性」の巻の冒頭に掲げられる、『涅槃経』「獅子吼品《ししくぼん》」にある、「一切《いっさい》衆生《しゅじょう》、悉有仏性《しつうぶっしょう》、如来常住《にょらいじょうじゅう》、無有変易《むうへんやく》」の一節である。

これを文字どおり読めば、「一切の衆生は、ことごとく仏性を持つ。その意味で仏はつねに存在し、変化することはない」、という意味になるであろう。このとき、「衆生」の語の意味を拡大し、人間ばかりではなく、他のあらゆる生き物、さらには山川など非生物まで含めれば、この世界のあらゆる存在は仏性を持つと考えられ、結局、世界の本質は仏性だというも同然になる。

仏性が世界の本質だと言うのでは、あまりに仏教の解釈から逸脱する。釈尊の「正法」を説く『眼蔵』がそんなことを言うはずがない。というわけで、これまでの「本証妙修」パラダイムが提案してきた解釈は、「一切の衆生は、すべての存在のことなのであり、それが仏性なのであって、あるがままのもので変わることがない」というものである。「本質」が内在しているのではなく、そのまま完全に現象化（本質＝現象）しているのであって、全存在はそれ自体でありのままに仏なのだ、というわけだ。これは、「現成公案」の「本証妙修」パラダイム的解釈、「ありのままが真実だ」と同じことである。本書は無論、この立場はとらない。

まず『眼蔵』にそのような解釈を許さない記述がある。そこには、内在しようが現象化しようが、「実体」「本質」に類するものとしての「仏性」理解に対する明白な拒否がある。

> 仏性の言《ごん》をききて、学者おおく先尼《せんに》外《げ》道《どう》の我のごとく邪計《じゃけ》せり。それ、人にあわず、自己にあわず、師をみざるゆえなり。いたずらに風火の動著《どうじゃ》する心意識を仏性の覚知覚了とおもえり。たれかいうし、仏性に覚知覚了ありと。覚者知者はたとい諸仏なりとも、仏性は覚知覚了にあらざるなり。いわんや諸仏を覚者知者という覚知は、なんだちが云云《うんぬん》の邪解《じゃげ》を覚知とせず、風火の動静を覚知とするにあらず。

右文章の大意は次のとおりである。

仏性という言葉を聞いて、多くの学者はインドのブラフマニズムにおける「我（アートマン）」のように誤解する。それは仏の教えをよく理解した人に会わず、自分自身に対する反省が足りず、学ぶべきまともな師匠にも会わないからだ。いたずらに、風火のごとく動揺する凡人の心や意識の作用を、仏性の知覚と思っているだけである。誰が仏性に知覚があると言ったのだ。覚者知者をたとえ諸仏と言うことはあっても、仏性は知覚ではない。いわんや、諸仏を覚者知者と言うときの知覚は、誤解するお前たちが考えるような知覚ではなく、風火のごとき動揺（する心意識）を（仏性の）知覚としているわけではない。

文意まことに明瞭。多くの場合、我々は、肉体は変化しても心や意識は同一性を保つと考え、これをもって「自分であること」の根拠にしたがる。それを実体視したのが「我」なのだ。こういうものとして、仏性を考えてはいけないと、ここでは言っているのである。

さらにもっとわかりやすい批判がある。

> ある一類おもわく、仏性は草木の種子《しゅうじ》のごとし。法雨のうるいしきりにうるおすとき、芽茎《げきよう》生長《しょうちょう》し、枝葉花菓《しようけか》もすことあり。果実さらに種子をはらめり。かくのごとく見解《へんげ》する、凡夫《ぼんぷ》の情量なり。たといかくのごとく見解すとも、種子および花果、ともに条々の赤心《せきしん》なりと参究すべし。果裏に種子あり、種子みえざれども根茎等を生ず。あつめざれどもそこばくの枝条大囲となれる、内外《ないげ》の論にあらず、古今の時に不空なり。しかあれば、たとい凡夫の見解に一任すとも、根茎枝葉みな同生し同死し、同悉有なる仏性なるべし。

大意を示す。

ある一群の者は、仏性は草木の種のようなものだと言う。仏の教えが雨のごとくふりそそぐと、仏性は成長して芽となり茎となり、やがて枝葉を伸ばし、悟りの花や果実をつけて成仏し、それがまた後世に仏性という種になる。このように考えるのは、凡夫の思いにすぎない。たとえ仏性を種のごとくに考えようとも、その種および花や果実は、それぞれに隠れることなく現れていると考えるべきである。果実の中に種があり、種が見えなくても、根や茎が生じる。それぞれをことさら寄せ集めなくても、枝ぶりは大きくなっていく。それは、種の内外に何があり、果実の内外に何があるか、などという議論をするような問題ではない。そして、このことは古今に変わらぬ道理である。だとすれば、たとえ凡夫の考え方を借りるにしても、その種から根、茎、枝葉までも、同じく生じ同じく死す、同じ存在としての仏性なのだ。

大意は以上だが、この文章を素直に読むと、特に後半は「ありのままが真実だ」論、つまり「本質＝現象」的解釈のように見える。仏性を「本質」と解釈すれば、まさにそうなるだろう。しかし、『眼蔵』はあくまで「本質」「実体」拒否の立場でしか読めない。

縁起としての仏性

結論を先取りする。仏性を「仏としての本質」と解釈することを否定した場合、従来の解釈で残るのは、仏となりうる可能性・能力という、より原義に近い考え方である。『眼蔵』が問題にしているのは、まさにここである。それは仏となりうる可能性・能力の根拠を問うているのである。

なぜ、我々凡夫は仏になりうるのか？　本質を持たないから、条件に応じて変わりうるから、である。仏に仏の本質があり、凡夫に凡夫の本質があれば、「本質」という概念の定義からして、凡夫は「本質的に」仏になれない。そうではなくて、本質を持たず、条件に応じて変わりうるとなれば、これを言い換えれば「無常」ということであり、「縁起」ということであろう。先の引用文で、「果裏に種子あり、種子みえざれども根茎等を生ず。あつめざれどもそこばくの枝条大囲となれる」と言うことが可能になるのも、種子も果実も根も茎も、本質を持たないからなのだ。だから、『眼蔵』は言う。

いわゆる仏性をしらんとおもわば、しるべし、時節因縁これなり。

「時節因縁」とは、時と場合における諸関係の在りようを言っている。つまり、縁起のことであり、仏性とは縁起だ、とこの一文は断言している。ということは、仏性の理解が従来とは根本的に異なっている。それは存在の「本質」ではなく、仏教の考える「ものの在り方」の意味になる。

この一文は『涅槃経』をもとにしている次の文句の解説として出てくる。

「欲知仏性義、当観時節因縁。時節若至、仏性現前」（「仏性の義を知らんと欲《おも》わば、まさに時節因縁を観ずべし。時節若《も》し至れば、仏性現前す」）。

普通にこの句を解釈すれば、こうなるだろう。仏性の意味を知ろうと思うなら、修行が熟してくる時期と条件を観察しなければならない。もしその時が到れば、内在する仏性はその姿を現し、その時点で修行者は仏となる。

ところが、『眼蔵』はこの解釈をとらない。

まず、「知らんと欲わば」の「知らん」には、「行ぜん」「証せん」「とかん（説かん）」「わすれん（忘れん）」ということ、つまり修行全体が含意されているとする。そして、こうした修行それ自体が「時節因縁」だと言うのである。つまり、行為こそが縁起なのだ。だから、修行から切り離して時節

因縁を観察することは不可能であり、それゆえ、

時節の因縁を観ずるには、時節の因縁をもて観ずるなり。

と述べるのである。

要するに、こういうことである。仏法を修行するという、その行為において縁起し生成された主体の在り方を仏と呼ぶのであり、そのような縁起を仏性と考えるのだ。とすれば、修行しながら成仏の時期が到るのを待つ、という話ではなくなる。当然、

「時節若至」というは、「すでに時節いたれり、なにの疑著《ぎじや》すべきところかあらん」となり。疑著時節さもあらばあれ、還我仏性来《げんがぶつしようらい》《我れに仏性を還し来れ》なり。

と、なるであろう。

修行するということが時節で因縁なら、それが仏性の意味である。君たちが、現在の修行とは別に、仏性が出現するはずの時節を待ってあれこれ迷っていてもかまわないが、自分には、すでに修行としてここに到っている「時節因縁」としての仏性を、きちんと還してもらいたい、というわけである。

縁起が仏性の意味なら、それは無常ということであろう。『眼蔵』はそれも明確に言い切る。

無常としての仏性

『眼蔵』には、中国禅の事実上の祖、大鑑慧能禅師の言葉として、次の文句が示される。

六祖示門人行昌云、「無常者即仏性也、有常者即善悪一切諸法分別心也」。《六祖《ろくそ》、門人行昌《ぎょうしょう》に示して云く、「無常は即《すなわ》ち仏性なり、有常は即ち善悪一切諸法分別心なり」》

『眼蔵』ではこれを提示して、この一説の「無常」の意味が、仏教以外の教えや非大乗の教えとは違うのだと説き、さらにこう言う。

しかあれば、無常のみずから無常を説著、行著、証著せんは、みな無常なるべし。今以現自身得度者、即現自身而為《にい》説法《今、自身を現ずるを以て得度すべき者には、即ち自身を現じて而も為に法を説く》なり。これ仏性なり。

修行することが縁起なら、修行において実現する主体の存在の仕方も縁起であり、それは無常であるということになる。つまり、無常は、無常が、無常なるものとして、教えるのである。

このことを、『眼蔵』は『法華経』の「観世音菩薩普門品《かんぜおんぼさつふもんぼん》」になぞらえて説いている。そこでは、観世音菩薩は、解脱させるべき相手に応じて自ら姿を変え、彼が納得しやすいように説法するとされている。諸行の無常を相手に納得させることができるのは、自身が無常の存在だからなのである。そのことが仏性なのだ。ということになると、「無常」に対する「常」の概念も変更される。

常聖《じょうしょう》これ無常なり、常凡これ無常なり。常凡聖ならんは仏性なるべからず。小量の愚見なるべし、測度《しきたく》の管見なるべし。仏者小量身也《や》、性者小量作也《や》。このゆえに六祖道取す、「無常者仏性也《無常は仏性なり》」。

常者未転なり。未転というは、たとい能断と変ずとも、たとい所断と化すれども、かならずしも去来《こらい》の蹤跡《しょうせき》にかかわれず、ゆえに常なり。

大意。つねに聖者であるということ、これも無常である。つねに凡夫であること、これも無常である。つねに聖者であり凡夫であるというなら仏性ではない。もしつねに聖者は聖者であり、凡夫はいつも凡夫であることが仏性であると言うなら、それは思慮の足りない愚見であり、きわめて狭量な考えである。そんな考えでは、「仏」も愚見の計らいに見合う身となるにすぎず、「性」も狭量相応の作り物ということになろう。だから六祖大鑑慧能禅師は言ったのだ、「無常こそ仏性」だと。この場合、「常」というのは変化しないことである。その変化しないということの意味は、判断する主体(「能断」)にしても、判断される対象(「所断」)にしても、その存在は、過去(「去」)・未来(「来」)を貫く実体があって、それが時と場合に応じていろいろな様相(「蹤跡」)を呈するわけではない、ということだ。そのような、「実体」を前提として理解される「変化」はない。それが仏性の意味であり、その意味で「常」なのだ。

要するに、この論の前半では、つねに聖者や凡夫であることを規定する本質を想定し、これを仏性と考えることの愚を指摘する。そして後半では、言語機能によって構造化された我々の意識が、現象の変化を、変わらない実体についての変化としてしか認識しないことを批判し、その意味での「常」を否定する。となれば、変更された「常」の概念は「無常」と同じ意味になるだろう。したがって、およそあらゆるものの存在の仕方は無常であり、縁起する。

しかあれば、草木叢林の無常なる、すなわち仏性なり。人物身心の無常なる、これ仏性なり。国土山河《せんが》の無常なる、これ仏性なるによりてなり。阿耨多羅《あのくたら》三藐三菩提《さんみゃくさんぼだい》これ仏性なるがゆえに無常なり、大般涅槃これ無常なるがゆえに仏性なり。

もはや、解説する必要がない文章だろう。

ここまで読んでおいて、「仏性」の巻の冒頭にもどると、『眼蔵』が「仏性」という言葉で何を言いたいのかがわかってくる。多くの先達が「『眼蔵』は冒頭部分にすべての核心がある」と言うが、これは私もそう思う。

存在の存在性としての仏性

すでに述べたように、最初に『涅槃経』の一句「一切衆生、悉有仏性、如来常住、無有変易」を掲げ、以下に次のような解釈を与える。

世尊道の「一切衆生、悉有仏性」は、その宗旨《そうし》いかん。是什麼物恁麼来《ししもぶついんもらい》《是《こ》れ什麼物《なにもの》か恁麼《いんも》に来る》の道転法輪《どうてんぼうりん》なり。

ここで、『眼蔵』の「仏性」解釈は大方決着がついている。この部分は、例の六祖大鑑慧能禅師とその弟子南嶽懐譲《なんがくえじょう》禅師の問答を踏まえているので、まずその問答から考えよう。話の大概は以下である。

懐譲禅師が六祖に初めて弟子入りしたとき、六祖は「どこから来たのだ」と問うた。禅師が「嵩山《すうざん》の安国師のところから来ました」と返答すると、六祖は即座に「いったい何ものがこのようにやって来たのだ（是什麼物恁麼来《是れ什麼物か恁麼に来る》）」と問いかけた。このとき、禅師は答えに詰まり、自己の未熟を思い知るのである。

八年の修行の後、懐譲禅師はついに答える。「それを言葉で言っても、とらえられません（説似一物即不中《一物を説似《せつじ》して即ち中《あた》らず》）」。

この問答の『眼蔵』における解釈の眼目は、「いったい何ものがこのようにやって来たのだ（是什麼物恁麼来）」の一句が質問ではないという点にある。この文句は、答えに見える文句と同じことを言っている。すなわち、「説似一物即不中」の世界、言葉で言っても捉えられない次元、言語が仮設する以前、言語が関係を定型化する前の、まさに意識には「問い」として現前するしかない、縁起の次元を指示しているのである。

『眼蔵』は「恁麼《いんも》」の巻で、この解釈を提示している。

曹渓山大鑑禅師、ちなみに南嶽大慧禅師にしめすにいわく、「是什麼物恁麼来」。
この道《どう》は、恁麼はこれ不疑なり、不会《ふうい》なるがゆえに、是什麼物なるがゆえに、万物まことにかならず什麼物なると参究すべし。一物まことにかならず什麼物なると参究すべし。什麼物は疑著にはあらざるなり、恁麼来なり。

大意を示す。

概念化されて、たとえば「机」として、「コップ」として現前する以前の、ただそこにそれがそうであるようにあるという事実（＝恁麼）は、「○○とは何か」と言語化されて示される疑問の対象でも、「○○とは××である」と理解できる対象でもなく、「何（＝什麼物）」としか言いようのないものだから、およそ全存在は、まずこの「何としか言いようのないもの」として考えられるべきである。目の前のそのものは、必ず「何もの」と問われねばならない。この「何もの」は疑ってそう言っているのではない。それがそこにそのようにあるという、言語化以前の次元を言うのである。「仏性」の巻では、「一切衆生、悉有仏性」という句は、この「是什麼物恁麼来」と同じことだと言うのである。つまり、存在する一切のものは、言語による概念化の手前で、無常であり縁起するという存在の仕方をしている、と言っているのだ。

それぞれの存在はどう概念化されようとかまわない。標的は存在の仕方である。だから、『眼蔵』は言う。

あるいは衆生といい、有情といい、群生といい、群類という。

悉有の言《ごん》は衆生なり、群有也。すなわち悉有は仏性なり。悉有の一悉《いっしつ》を衆生という。正当恁麼《しょうとういんも》時《じ》は、衆生の内外すなわち仏性の悉有なり。

問題は「悉有」が「仏性」であること、すなわち無常であり、縁起しているのだという、そのことなのである。

したがって、「仏性」は概念化の結果たる「本質」「実体」ではないのだから、そういう不変かつ普遍の、唯一の「真理」として表現されて、そのままストレートに伝達されるようなこと（「単伝」）はない。それは、無常であり、縁起しているという事実を、修行という具体的な行為で実証している人間同士の、行為から行為への引継ぎという形で伝達される。それが次の句である。

単伝する皮肉骨髄のみにあらず、汝《によ》得吾皮肉骨髄なるがゆえに。

「皮肉骨髄」は仏法を象徴する言葉だが、ここで問題なのは「単伝」と「汝得吾」の対比のみである。『眼蔵』の言う「仏性」は後者の、汝と吾の具体的な関係、つまり共にする修行においてしか伝えられないのだ。

となれば、「仏性」はあらゆる概念化の埒外になる。それは人間の言葉では表現するすべがない。

しるべし、いま仏性に悉有せらるる有は、有無の有にあらず。悉有は仏語なり、仏舌なり。仏祖眼睛《がんぜい》なり、衲僧《なっそう》鼻孔《びくう》なり。

「仏性」という存在の仕方をするその存在は、人間が概念で判別する「有無」の「有」ではなく、仏の言葉（「仏語」「仏舌」）であり、修行者の認識と実践に現前する（「仏祖眼睛なり、衲僧鼻孔なり」）。だから、たとえ仏教思想の用語であろうと、「仏性」としての「有」の概念化は徹底的に拒否される。つまり、概念の意味が何であれ、「悉有とは〇〇である」式の言い方・理解が排斥されるのだ。

悉有の言、さらに始有《しう》にあらず、本有《ほんぬ》にあらず、妙有《みょうう》等にあらず。いわんや縁有《えんう》・妄有《もうう》ならんや。心・境、性・相等にかかわれず。しかあればすなわち、衆生悉有の依正《えしょう》、しかしながら業増《ごうぞう》上力《じょうりき》にあらず、妄縁起にあらず、法爾《ほうに》にあらず、神通修証《じんづうしゅうしょう》にあらず。もし衆生の悉有それ業増上力および縁起法爾等ならんには、諸聖の証道および諸仏の菩提、仏祖の眼睛も業増上力および縁起法爾なるべし。しかあらざるなり。

「悉有」と言うとき、それは全存在の起源となる存在（「始有」）のことではない。「本質」のような、本体としての存在（「本有」）のことではない。また、在るのでもなく無いのでもないという、微妙な存在（「妙有」）などとされるのでもない。いわんや、関係性において存在するもの（「縁有」）でもなく、妄想された存在（「妄有」）でもない。認識主観と認識対象（「心・境」）、本質と現象（「性・相」）などのような、二元論的に理解されるものとも関係ない。したがって、一切の存在するものの存在の仕方（「衆生悉有の依正」）は、過去の業《ごう》の力（「業増上力」）によるのでもなく、妄想された因果関係（「妄縁起」）に規定されるのでもない。そうあるべきものが、あるべきようにある（「法爾」）のでもない。神通力や修行の結果わかるもの（「神通修証」）でもない。もし、存在するものの存在の仕方が、これらの概念で理解されるものであるなら、仏教の聖者が仏道修行のうちに確証した無常・縁起の教えや、諸々の仏の悟り、そして歴代の祖師達の優れた智慧も、修行と無縁の、業の力によるもの、および自ずからありのままにあるものとして、理解されることだろう。だが、そうではないのである。

以上が大意である。ここにはたくさんの仏教語が出てくるが、大切なのは結局、それらが全部概念にすぎないなら、そうである以上は、「あらず」、つまり「そういうものではない」としか言えない、ということなのだ。

要するに、無常・縁起である仏性としての存在は、概念で理解されることではなく、体験で実感されることなのである。しかもその実感が、修行という生の様式において自覚され、確証されるとき、それを「仏法を悟る」と表現するのだ。そして、その自覚と確証から、修行者は新たに無常と縁起の教えを語らねばならないのである。

尽界はすべて客塵《かくじん》なし、直下《ちょくか》さらに第二人あらず、直截根源人未識、忙々業識幾時休《直に根源を截《せつ》るも人未だ識《し》らず、忙々たる業識《ごっしき》幾時か休せん》なるがゆえに。

ここで言う「客塵」とは、「主客二元図式」のような認識を成立させる言語機能のことであり、それが「本当の自己」「自己の本質」のような概念を生みだす。そんなものはない。現前するこの自己の在り方とは別に、隠れている「本当の自己」などない（「直下さらに第二人あらず」）。

仏法はそういう錯覚の源を切断しているのであるが、凡夫はそれを知らない。とすると、言語において激しく活動する人間の意識（「忙々業識」）は、いつになったら休息し、錯覚からさめるのか。

こう述べて、以下に再び概念による「有」の解釈を批判する。

妄縁起の有にあらず、偏界不曾蔵《へんかいふすんぞう》のゆえに。偏界不曾蔵というは、かならずしも満界是有《まんかいぜう》というにあらざるなり。偏界我有は外道《げどう》の邪見なり。

因果関係で概念化される「有」ではない。それは見えない原因が隠れていて、その結果存在するようなものではなくて、現前しているすべてのものは、そのように現前するだけ、現前している（「偏界不曾蔵」）。

しかし、このことは「すべては存在する」（「満界是有」）という概念による認識とは違う。その認識を根拠づける「実体」や「本質」を想定すること（「我有」）は、仏教の考え方ではない、誤った見解である（「外道の邪見なり」）。

続いて、概念が排斥される理由が示される。

本有の有にあらず、亘古亘今《かんここんかんこん》のゆえに。始起の有にあらず、不受一塵のゆえに。条々の有にあらず、合取《がっしゅ》のゆえに。無始有の有にあらず、是什麼物恁麼来《しもぶついんもらい》のゆえに。始起有の有にあらず、吾常心是道のゆえに。

本質を意味するような「本来の存在」という意味での「有」ではない。かつて隠れていたものが今現れた、という意味での時間的変化は超越されているからである（「亘古亘今のゆえに」）。「始め」が規定できる「有」でもない。終わりと始まりに概念的に分節する煩悩から逃れているからだ（「不受一塵のゆえに」）。個々に判別できる存在ではない。「仏性」の問題は、個々の存在するものに関わるのではなく、およそ存在するものの存在の仕方を、丸ごと一度に問うものだからだ（「合取のゆえに」）。始まりのない永遠の「実体」としての「有」ではない。「是什麼物恁麼来」としか言いようのない、無常で縁起する「有」だから。それまで無くて、それ自体で初めて現れた「有」ではない。日常の修行においてその在り方は実証され、現前するからだ（「吾常心是道のゆえに」）。

文中「吾常心是道」の語は、中国の馬祖道一《ばそどういつ》禅師の言った「平常心是道」から来ている。なぜ、『眼蔵』は「平」を「吾」に換えたか。修行する主体においてのみ、「仏性」は確証されるからである。そこで結論。

まさにしるべし、悉有中に衆生快便難逢《かいびんなんふ》なり。悉有を会取《ういしゅ》することかくのごとくなれば、悉有それ透体脱落《とうたいとつらく》なり。

まさに知るべきである。存在において「仏性」に遭遇することは、仏法を学ぶことのない衆生には困難である。このように存在を会得するなら、存在は透明化して現前し、二元的意識による概念的な分節を脱却するであろう。

『眼蔵』における仏性の解釈は、およそ以上に尽きる。その他この「仏性」の巻には、過去の祖師が遺した仏性をめぐる問答が引用され、解説されているが、すべて冒頭の仏性解釈が基盤であり、その展開である。その中から、典型的な問答を二つ紹介しておきたい。

「問い」としての現前

最初に取り上げるものは、中国における、達磨大師から四代目（大医道信禅師《だいいどうしんぜんじ》）と五代目（大満弘忍禅師《だいまんこうにんぜんじ》）の、師弟関係となる禅師の間で交わされた、風変わりな問答である。

ある日、四代目禅師に出会った五代目は、弟子入りを願うが、お前は歳を取り過ぎているから、生まれ変わって出直して来いと拒否されてしまう。すると、この問答を伝える書によれば、五代目は言われたとおり、ある女性の胎《たい》に入って、生まれ変わってくる。そして、七歳になったとき、路上で再び四代目と出遭う。

その容貌から一目で普通の子供と違うことを見抜いた四代目は、かつての五代目であるこの子供に問う。

「お前は何という名字なのだ（汝何姓）」

「名字は有るが、普通の名字ではありません（姓即有、不是常姓）」

「その名字は何だ（是何姓）」

「仏性という名字です（是仏性）」

「お前に仏性など無い（汝無仏性）」

「仏性は空だから、無いと言うのですね（仏性空故、所以言無）」

この問答で、子供が尋常な器でないことを知り、四代目は自分の後継者とした、という話である。

この問答について、『眼蔵』はこう言う。

「四祖いわく汝何姓《にょかしょう》」は、その宗旨あり。むかしは何《か》国人《こくじん》の人あり、何姓《かしょう》の姓あり。なんじは何姓と為説するなり。たとえば吾《ご》亦如是《やくにょぜ》、汝亦如是《にょやくにょぜ》と道取するがごとし。

四代目禅師は「お前の名字は何だ」と言ったが、これは質問しているのではなく、それ自体が教えである。むかし、生まれた国は何だと訊かれれば、「何国」に生まれた者だと答え、「名字は何だ」と言われれば、その名字が「何」だと答えた人がいた。つまりここでは、お前の名字は「何」という名字だろうと、教えているのだ。それは、自分の存在もそうであり、君の存在もまたそうであるような、概念化しがたい縁起の教えを説明するようなものである。

ここで「何」が教えだと言うのは、言語によって固定化され、実体と錯覚された存在を「何」という問いで解体するからである。

名前は社会関係から織りだされる存在の在り方を定型化して、それ自体として存在するかのごとく錯覚させる。これを、「何」という問いで破砕し、縁起の次元を現前させようというのである。つまり、四代目の言葉は、「お前の名字は何か」と言っているのではなく、「お前は何という存在（＝縁起としての存在）なのだ」と教えているというわけである。私と君も同様に、そのような存在なのだ。

文中の「そのようである（如是）」にも大事な意味が含意されている。それは、言語の意味はもの自体と対応しないということである。意味はもの自体ではなく、ものとの関係である。すなわち言語は決してものの「本質」を意味しない。「本質」は言語が生む錯覚である。「如是」とは、このような言語の機能を自覚して、存在を構成する縁起の次元を言い表す言葉なのである。このことは、後の章で詳述することになろう。

五祖いわく、「姓即有《しようそくう》、不是常姓《じようしよう》」。

いわゆるは、有即姓は常姓にあらず、常姓は即有に不是なり。

五代目禅師が「名字は有るが、普通の名字ではありません」と言った。その意味は、存在（「有」）がそのまま言語（「姓」）に捉えられるわけではない。その言語は不変の本質を表さない（「常姓にあらず」）。本質を表すとされる言語は、存在に一致しない（「即有に不是なり」）。縁起の考え方からすれば、そのとおりだろう。

「四祖いわく是何姓《ぜかしよう》」は、何《か》は是なり、是を何しきたれり。これ姓なり。何ならしむるは是のゆえなり。是ならしむるは何の能なり。姓は是也《ぜや》、何也《かや》なり。これを蒿湯《こうとう》にも点ず、茶湯にも点ず、家常の茶飯《さはん》ともするなり。

四代目の言う「何という名字だ」とは、この「何」という問いこそが、言語の錯覚を消去して、縁起の次元を指し示していることを教えている言葉なのである。名字で、ということは、言語で通常了解されている目の前の人間の存在を、「何」という問いに付して「何」と問われるべき存在に変換してしまうことなのだ（「これ姓なり」）。

「何」の問いに付すのは、縁起の次元を自覚させるためである。その縁起の次元を現前させるのは、「何」という問いの力である。

五祖いわく、「是仏性」。

いわくの宗旨は、是は仏性なりとなり。何のゆえに仏なるなり。是は何姓のみに究取しきたらんや、是すでに不是のとき仏姓なり。しかあればすなわち是は何なり、仏なりといえども、脱落《とつらく》しきたり、透脱《とうとつ》しきたるに、かならず姓なり。その姓すなわち周なり。しかあれども、父にうけず祖にうけず、母氏《もし》に相似ならず、傍観に斉肩ならんや。

そこで五代目は「仏性という名字です」と答えた。その意味は、「これ（是）」と指示されているのは、自己存在のことなのであり、それが仏性、つまり縁起としての存在だと言うのだ。「何」という問いに付されることによって、同一性を根拠づけられている「私」という幻想は解体され、縁起の次元を自覚した「仏」が新たな主体として現成する。この自己存在は、「何」と名づけられることによって（「何姓」）のみ解明されるのだろうか。そのとおりである。この自己は自己ではない（「是すでに不是」）。その事態を仏と名づけるのだ（「仏姓」）。

したがって、この自己が自己ではないとされる事態が「何」なのである。この「何」という縁起の次元から存在は生成される。それを自覚する仏は（「仏なりといえども」）、あらためて縁起の次元から自己を構成し直してくる。つまり、縁起の次元は、まさに縁起であるゆえに、それ自体として実体として存在するわけではないし、そこに仏がいるわけでもない。そこから具体的な自己の存在を構成し、この次元を脱けだし通り抜ける。この運動においてのみ、縁起の次元は自覚されるのだ。

こうして現成した自己存在は、必ず縁起する存在として名を持つ。その名は仮に「周」と呼ぶとして、この名は、父や祖先から受けたり、母親の家系から継いだものではない。漠然と普通に人を見ているときの、通常の名字と同じではない（「傍観に斉肩ならんや」）。

ここでは、自己を一度、縁起の次元に脱落し、そこから構成し直すという、仏教における根本的なテーマが提示されている。

四祖いわく、「汝無仏性」。

いわゆる道取は、汝はたれにあらず、汝に一任すれども、無仏性なりと開演するなり。しるべし、学すべし、いまはいかなる時節にして無仏性なるぞ。仏頭にして無仏性なるか、仏向上にして無仏性なるか。七通を逼塞《ひっそく》することなかれ、八達を摸捸《ぼさく》することなかれ。無仏性は一時の三昧《さんまい》なりと修習《しゅじゅう》することもあり。仏性成仏のとき無仏性なるか、仏性発心のとき無仏性なるかと問取すべし、道取すべし。露柱《ろしゅ》をしても問取せしむべし、露柱にも問取すべし、仏性をしても問取せしむべし。

四代目は言った、「お前に仏性は無い」。

この言葉が言わんとしているのはこういうことである。

お前が誰であろうと、お前がお前であることを根拠づけるなにものも無い。お前のことはお前に任せるとしても、お前がお前であることに根拠は無く、それが縁起する存在としてのお前の在り方なのだ。だから、ここの「無仏性」の語は「仏性が無い」という意味ではない。「無という仏性」を説いているのだ（「無仏性なりと開演するなり」）。

よく認識し、学ぶべきである。いま、どういう場合に「無仏性」になるのか。仏が無仏性か、仏をさらに超越した存在（「仏向上」）が無仏性か。「無仏性」として示されている、言語による分別を超える縁起の次元の広がりを、概念化で塞《ふさ》いではいけないし、その言語化を追求してもいけない（「七通を逼塞することなかれ、八達を摸揉することなかれ」）。

「無仏性」を、一時の坐禅が現成する境地だと学習する場合もあるかもしれない。だとしても、縁起の次元が、まさにそれを自覚した仏として現成するそのときを、「無仏性」と呼ぶのか。あるいは、縁起の次元を自覚しようと修行しはじめたときが「無仏性」なのか、問わねばならない。これを露柱にも問わせるべきである。露柱に対しても問うべきである。いや、縁起の次元たる仏性にも問わせるべきである。

つまり、「無仏性」が縁起の次元の別名である以上、あらゆる場合の、あらゆる存在は問いに付され、縁起するものとして自覚され直さなければならないのである。

五祖いわく、「仏性空故、所以言無」。

あきらかに道取す、空は無にあらず。仏性空を道取するに、半斤といわず、八両といわず、無と言取するなり。空なるゆえに空といわず、無なるゆえに無といわず、仏性空なるゆえに無という。しかあれば、無の片々は空を道取する標榜なり、空は無を道取する力量なり。いわゆるの空は、色即是空の空にあらず。色即是空というは、色を強為して空とするにあらず、空をわかちて色を作家せるにあらず。空是空の空なるべし。空是空の空というは、空裏一片石なり。しかあればすなわち、仏性無と仏性空と仏性有と、四祖五祖、問取道取。

最後に五代目はいわく、「仏性は空（縁起）なのだから、無と言うのですね」。明らかに言い表している。空とは、何も無いという意味ではないのだ。「仏性とは空である」ことを、物の同じ量を称して半斤だの八両（一斤は一六両）だのと言い合うように、理屈で説明するのではなく、ただ「無」と言う。空だから空とは言わない。無だから無と言わない。それでは空と無を概念化してしまう危険がある。仏性が空だから、無と言う。したがって、この場合、無のそれぞれは、存在するものの実体や本質の否定という意味で、縁起としての空を理解する目印である。空はまさに実体の否定としての無を発動する力なのである。

ここで言う空は、「色即是空」と言い表される空ではない。言語で表現されると、色（存在する事物）と空は別物で、色が無理やり空にさせられてしまうように思われるかもしれないし、空を分割してそれぞれの色にするのだと考えるかもしれないが、それは違う。「空とは空である」と言うときの「空」のことなのだ。「空とは空である」と言うときの「空」とは、空において存在が具体的に実現しているということである（「空裏一片石」）。と言うことは、仏性は無であり、空であり、有であるという、この縁起の教えを、四代目禅師と五代目禅師は問答していたのである。

この禅問答は『眼蔵』における仏性解釈を代表するものと言えよう。

仏性はどう現れるのか

もう一つは、仏性を見えるものと考えること、ということは、概念化して理解可能な対象に錯誤することを戒める内容の問答である。その前半はこうである。

「空」思想の大成者として有名な龍樹（ナーガールジュナ）尊者が説法をしていたら、聴衆の一人が「仏教は善い行いをして幸福な結果を得るということが教えの本義だろう。いたずらに仏性などと、ありもしないわけのわからぬことを説くものではない」と言いだした。すると龍樹尊者は「君が仏性を見たいなら、先ず須《ま》らく《すべか》その自我に執着する思い上がりを除去しなさい（汝欲見仏性、先須除我慢）」と諭し、満月のごとく輝く光に変身して見せて、仏性の存在を示し、自らこう偈《げ》（韻文の教え）を説いたというのである。

「身現円月相、以表諸仏体、説法無其形、用辯非声色（身に円月相を現じ、以て諸仏の体を表す、説法其の形無し、用辯《ようべん》は声色《しょうしき》に非《あら》ず）」。

これについて、『眼蔵』は次のように述べている。

しるべし、真箇の「用辯」は「声色」の即現にあらず。真箇の「説法」は「無其形」なり。尊者かつてひろく仏性を為説する、不可数量なり。いまはしばらく一隅を略挙《りゃくこ》するなり。

よく学ばなければならない。説法に用いる真の弁舌は、声や形として現れない。真の説法に姿形はないのだ。龍樹尊者がかつて広く仏性を説いたことは、数え切れないほどである。いましばらく、その一つのおおよそを紹介する。

こう言うものの、『眼蔵』は天からお告げが降りてくるような話をしようと言うのではない。まるで逆である。仏性を見るとは、そんな超自然的経験ではない。

「汝欲見仏性、先須除我慢」。この為説の宗旨、すごさず辦肯《はんけん》すべし。「見」はなきにあらず、その見これ「除我慢」なり。「我」もひとつにあらず、「慢」も多般なり、除法また万差《ばんしゃ》なるべし。しかあれども、これらみな見仏性なり。眼見目覩《げんけんもくと》にならうべし。

「君が仏性を見たいなら、先ず須らく自分の見解に執着する思い上がりを除去しなさい（汝欲見仏性、先須除我慢）」。この説法の意味を誤りなく受け取らなければならない。「（仏性を）見る」ということがないわけではない。その「見る」とはすなわち、「自分の見解に執着する思い上がりを除去する」ことなのだ。ここでの「我」は「我見」、つまり、自己の存在に根拠があると考え、そこから出てくる見解にも根拠があるとする錯覚の意味に解すべきである。

そうすると、我見も一つではないし、思い上がりもさまざまである。それを除く方法もまた、千差万別に違いない。そうではあるけれども、これが全部、「自分の見解に執着する思い上がりを除去する」こととして、仏性を見ることになるのだ。

なぜ、思い上がりを除去することが、それ自体仏性を見ることになるのか。それは、仏性とは無常であり縁起するということなのだから、「思い上がりを除く」ような具体的な修行においてしか、実証できないからである。こう考えて、龍樹尊者の偈を読んでみるとどう読めるだろうか。

しばらく尊者の道著《どうじゃ》する偈を聞取すべし、いわゆる「身現円月相、以表諸仏体」なり。すでに「諸仏体」を「以表」しきたれる「身現」なるがゆえに「円月相」なり。しかあれば、一切の長短方円、この身現に学習すべし。身と現とに転疎《てんそ》なるは、円月相にくらきのみにあらず、諸仏体にあらざるなり。愚者おもわく、尊者かりに化身《けしん》を現ぜるを円月相というとおもうは、仏道を相承せざる儻類《とうるい》の邪念なり。いずれのところのいずれのときか、非身の他現ならん。まさにしるべし、このとき尊者は高座せるのみなり。身現の儀は、いまのたれ人も坐せるがごとくありしなり。この身、これ円月相現なり。

さて、しばらく尊者の説いた偈を聞いてみよう。それは「身に円月相を現し、それによって諸仏の体を表す（身現円月相、以表諸仏体）」と言うのである。これは、諸仏の体をそれで表現するという、その「身の現れ」がすなわち「円月相」なのである。つまり、身体が何らかの変化を起こして満月のようになったのではない。諸仏の体を表現するという身体行為そのものを「円月相」と称しているのである。だから、この「円月相」に関する、それが長いか短いか、四角か丸かなどということは、まずその身体行為の仕方を学習することで明らかになるのだ。身体行為（「身」）とその仕方（「現」）の両方について十分に習熟していなければ、円月相が何のことだかわからないのみならず、それは諸仏の体でもない。

ところが、愚か者が思うのは、龍樹尊者が仮に変身して、円月の相を現したのだ、ということである。これは仏道を相続していない輩の邪念に他ならない。いつ、どこで、身体でないものが、何か別のものを現したと言うのか。

よくわきまえるべきである。このとき、尊者はただ高座に坐禅していただけである。「身に現す」仕方とは、いま誰もが坐禅するような姿でいることである。この身体行為が、円月相が現れるということなのだ。

仏性が空で縁起なら、その次元を開き現実化するのは、坐禅という行為以外にない。坐禅が、諸仏の体の表現そのものなのである。したがって、次のように『眼蔵』が説くのは当然である。

　身現は方円にあらず、有無にあらず、隠顕《おんけん》にあらず、八万四千蘊《うん》にあらず、ただ身現なり。円月相といふ、這裏《しゃり》是《し》甚《し》麼《も》処在《しょざい》、説細説麤月《這裏《しゃり》是れ甚麼《なに》の処在ぞ、細と説き、麤《そ》と説く月》なり。

身に現すと言っても、それは四角だの丸だのという、形あるものを出現させるのではないし、そんなものが有るとか無いとかという問題でもない。また何かが隠れていて、それが明らかになったとか、さまざまな要素が集まって何者かが現れたというのでもない。身に現すとは、身体行為がある仕方で実行された（坐禅が行われた）ということなのだ。円月相というけれど、そこに何があるというのか。細いとか太いとか言える、形ある月なのか。そうではあるまい。

　この身現は、先須除我《せんしゆじよが》慢《まん》なるがゆえに、龍樹にあらず、諸仏体なり。「以表」するがゆえに諸仏体を透脱す。しかあるがゆえに、仏辺《ぶつぺん》にかかわれず。仏性の「満月《まんがつ》」を「形如《ぎようによ》」する「虚明《こめい》」ありとも、「円月相」を排列するにあらず。

坐禅として身に現れている仏性は、まず我慢を除く修行として実現しているのであり、それは龍樹尊者個人の身体についての話ではなく、修行が現成する諸仏の体のことである。だが、それは坐禅によって表されている（＝「以表」）というのだから、我々が目に見える対象のように考えている、概念としての「諸仏の体」を脱却しているのだ。であるから、何か形あるものと考えられている仏（＝「仏辺」）は、ここでは関係ない。したがって、仏性を「満月」の「形のように（形如）」する、「空虚にして透明な何か（虚明）」があるとしても、それが円月相を造作するのではない。

いわんや「用辯」も「声色」にあらず、「身現」も色心にあらず、蘊処界《うんじよかい》にあらず。蘊処界に一似《いちじ》なりといえども「以表」なり、「諸仏体」なり。これ説法蘊なり、それ「無《む》其形《ごぎよう》」なり。無其形さらに「無相三昧」なるとき、「身現」なり。

いわんや、仏性を説く弁舌は声や姿かたちのことではなく、仏性としての縁起を「身に現す」ということも、身体と精神の問題ではなく、仏教的に分析された要素から構成されたこの世界（＝「蘊処界」）の中のことではない。たとえ仏性がこの世界の中で概念的に把握できる対象のように見えたとしても、それは坐禅によって表現されている（＝「以表」）のであり、その表現が「諸仏の体」である。これが説法する存在なのであり、偈に「其の形は無い」と言われている事態なのだ。「其の形が無い」ということが、「姿の無い禅定（無相三昧）」となるとき、それが「身に現す」ことなのだ。「無相三昧」が坐禅を意味するのは自明であろう。

一衆いま円月相を望見すといえども、「目所未見《もくしよみけん》」なるは、説法蘊の転機なり、「現自在身《げんじざいしん》」の

「非声色《ひしょうしき》」なり。即隠《そくおん》、即現は、輪相の進歩退歩なり。「復於座上現自在身《ぶおざじょうげんじざいしん》」の正当恁麼時は、「一切衆会《しゅえ》、唯聞法音《ゆいもんほうおん》」するなり、「不覩師相《ふとしそう》」なるなり。

いま、龍樹尊者が円月相を現したとき、人々は尊者の姿を見ることなく、説法の声だけを聞いたと言うが、目に何も見るところが無かった（「目所未見」）のは、説法する存在として、聞く者に対応したからである。尊者が「自由自在の身を現す」とは、「声でも姿でもない」縁起の次元を坐禅が示したということである。円月相を現した尊者の姿が見えなくなったり、また現れたりした（「即隠、即現」）というのも、その円月相としての坐禅の、見るものによってさまざまに見える姿（「進歩退歩」）のことなのだ。だから、尊者が円月相を隠して高座上に再び坐禅の姿を見せたとしても、そのときには、それを見る一切の人は、じつはただ坐禅という無音の説法の声だけ聞き（「一切衆会、唯聞法音」）、師の姿形は見ていない（「不覩師相」）。

なぜか。坐禅する龍樹尊者は仏性、すなわち縁起の次元を直接開示しているのであるから、その坐禅とは別に説法の声は無いし、対象として仏性を見ることも不可能なのだ。

このように解釈してくれれば、この円月相の話を題材に絵を描こうとして、ただの丸を描くことが、どれほどの誤解か察しがつこう。『眼蔵』も「身現円月相の相を画せんには、法座上に身現相あるべし」というとおり、坐禅の姿を描けばよいのである。

このありがちな誤解を、道元禅師のいささかユーモラスな体験談として、『眼蔵』は続けて紹介している。

絵に画いた仏性

道元禅師の若かりし中国留学時代、修行をしつつ各地の寺を行脚している途中、ある寺で、禅師は如来のさまざまな変身の様子を描いた絵を見た。ところが意味がわからない。そのときはそのままにしてしまったが、禅師はその後この寺を再訪したおりに、案内の修行僧に尋ねてみた。

「いったいこの絵は歴代のどの祖師の変身図なのですか」

すると、修行僧は、

「これは龍樹菩薩が満月に変身したときの様子です」

そこで禅師はすかさずこう言った。

「いや、これはまさに、絵に画いた餅が一つ、というようなものですな」

このとき案内の僧は爆笑したとあるが、禅師はこの大笑いに以下のような辛辣《しんらつ》な批評を加えている。

「この笑いの裏には鋭い刀は無く、絵に画いた餅だという私の評価を突き破る力は無かった」

禅師はこの僧の他にも何人か問答してみたが、すべて駄目で、最後にこの寺の住職に問おうとすると、案内係は「彼にはその力は無い。答えられまい」と即答したのだという。

この問答を見ると、道元禅師は、すでに中国留学時代に、独自の仏性解釈を持っていたことがわかる。「内在する本質としての仏性が超能力で顕現する」式に理解された「変身図」を「餅の絵」と嘲笑できたのは、このときの禅師が「修行において自覚される無常・縁起としての仏性」という解釈の、少なくとも原型を完成させていた証拠である。

以上述べてきた「仏性」の解釈は、「即心是仏」の巻では、より端的に読み取ることができる。

ここでは、仏とは、無常であるがゆえに、そのときに修行という様式に縁起している、その状態・在り方のことなのだ、という見解が提示されている。この在り方こそ、「現成公案」の巻で言われる、「ならう」べき「自己」そのものである。

②『眼蔵』「即心是仏」

『眼蔵』では、「即心是仏」の語はインド仏教にはなく、中国仏教が言いだしたアイデアだと前置きしている。そして、この語は今までずっと誤って解釈されてきたと断言し、その誤解例を示す。

否定される「心」

まず批判されるのは、我々の心がありのまま、そのまま仏であるという考えである。

いわゆる即心の話をきいて、癡人《ちにん》おもわくは、衆生の慮知念覚の未発菩提心《みほつぼだいしん》なるを、すなわち仏とすとおもえり。これはかつて正師《しょうし》にあわざるによりてなり。

読んだとおりである。愚か者は、通常の知覚や認識・思考を行う意識、すなわち仏法を学び実践する志を起こすこともない心が、そのままで仏だと考えている。正しい師匠に出会わないとそうなる、というのだ。これは本質＝現象という考え方に等しい。

これに対し、内在する本質が一定の方法によって出現するという考えが、「外道」として紹介される。これは、「仏性」の巻での、「仏性」を種と考え、「法雨」によって育ち、立派に仏という大木になる、という議論に等しい。このような「外道のたぐい」は、とにかくまず「大道はわれらがいまの身にあり」と考える。それというのも、

いわゆる苦楽をわきまえ、冷煖《りようなん》を自知し、痛癢《つうよう》を了知す。万物にさえられず、諸境にかかわれず。物は去来し境は生滅すれども、霊知はつねにありて不変なり。此霊知、ひろく周遍せり。凡聖含霊の隔異《きやくい》なし。

苦楽や冷暖、痛み痒《かゆ》みなどの知覚や認識を行う心（「霊知」）は、物体や意識作用の対象とは独立して存在している。たとえ対象物が生起・消滅を繰り返していても、つねに同一性を保ち、不変なのだ。この心（「霊知」）は誰にでもある。およそ聖者凡人、さらに多少の意識を持つ生物にいたるまで、分け隔てはない。

だから、

そのなかに、しばらく妄法《もうぼう》の空花《くうげ》ありといえども、一念相応の智慧あらわれぬれば、物も亡《もう》じ、境も滅しぬれば、霊知本性ひとり了々として鎮常なり。たとい身相はやぶれぬれども、霊知はやぶれずしていずるなり。たとえば人舎の失火にやくるに、舎主いでてさるがごとし。昭々霊々としてある、これを覚者智者の性という。これをほとけともいい、さとりとも称ず。

この心（「霊知」）は、一時煩悩に遮られて、夢幻のようなもの（「空花」）を、これは実体として存

在するのだと錯覚することはあっても、仏法を学んでそれ相応の智慧が出てくれば、その錯覚は消え、実体と思い込んでいた物体も対象も滅して、心（「霊知」）の本性それ自体がつねに明瞭に現れてくる。たとえ身体は滅しても、心（「霊知」）は滅しない。たとえば、火事で家が焼けても、家主が逃げだすようなものである。身体がどうなろうと、心（「霊知」）は、つねに明らかに同一であり続ける。それを智慧ある者、覚った者の本性と言う。また、仏とも悟りとも称するのだ。

自他おなじく具足し、迷悟ともに通達せり。万法諸境ともかくもあれ、霊知は境とともならず、物とおなじからず、歴劫《りゃくこう》に常住なり。いま現在せる諸境も、霊知の所在によらば、真実といいぬべし。本性より縁起せるゆえには実法なり。

この心（「霊知」）は自他に同じく備わり、迷いの中にも悟りの中にも区別なく存在する。およそ物的対象がどうあれ、心（「霊知」）はその対象とは別であり、物とは違って、永遠に不変である。今ここに現に存在する対象世界も、心（「霊知」）がそこに存在し、それによって認識されたものならば、真実と言ってもよかろう。それは心（「霊知」）の本性を原因として現れたものである限り、真実なる存在なのである。

たといしかありとも、霊知のごとくに常住ならず、存没《ぞんもつ》するがゆえに。明暗にかかわれず、霊知するがゆえに。これを霊知という。また真我と称じ、覚元といい、本性と称じ、本体と称ず。

だが、たとえそうは言っても、対象世界は永遠不変の存在ではない。在ったり無くなったりするからだ。対象世界がはっきり現れていようと、何かに隠れていようと関係ない。それはそういうものとして、心(「霊知」)は認識するからである。これを心(「霊知」)と言う。また真の自己と言い、覚りの根元とも言い、本性とも本体とも称する。

かくのごとくの本性をさとるを常住にかえりぬるといい、帰真の大士という。これよりのちは、さらに生死に流転せず、不生不滅の性海《しょうかい》に証入するなり。このほかは真実にあらず。この性あらわさざるほど、三界六道は競起《きんき》するというなり。これすなわち先尼外道《せんにげどう》が見なり。

このように本性を悟ることを永遠の世界に帰ると言い、真実に帰する者とも言うのだ。これ以後、彼は生死に流転せず、不生不滅の本性の海に入る。これ以外の教えは真実ではない。この本性を現すことができなければ、煩悩と迷いの世界が競って生起してくるのである。これが「先尼」と言われる外道の見解である。

以上の「外道」説が、『眼蔵』の考えと相容れないのは明白である。そこで、『眼蔵』は独自の「即心是仏」解釈を打ちだすが、これが、「即心是仏」という言葉を解体することで、この語の従来の意味概念を一挙に崩壊させるという、驚くべき手法で行われる。まず、

いわゆる仏祖の保任《ほうにん》する即心是仏は、外道二乗ゆめにも見るところにあらず。唯仏祖与仏祖のみ即心是仏しきたり、究尽《ぐうじん》しきたる聞著あり、行取《あんしゅ》あり、証著あり。

仏や歴代の祖師たちが正しい教えとして保ち伝えてきた即心是仏は、外道や非大乗仏教の信奉者には夢にも見ることがないものである。ただ、歴代の仏と祖師たちのみが即心是仏してきたのである。彼らが究めつくしてきた、教えの聴聞があり、修行があり、証明があるのである。

この解釈で注目すべきは、即心是仏が動詞になっていることである。これは決定的な概念の転換である。そのために、次では言葉そのものをバラバラに破壊する。

「仏」百草を拈却《ねんきゃ》しきたり、打失しきたる。しかあれども丈六の金身に説似せず。
「即」公案あり、見成《げんじょう》を相待せず、敗壊《はいえ》を廻避《ういひ》せず。
「是」三界あり、退出にあらず、唯心にあらず。
「心」牆壁《しょうへき》あり、いまだ泥水せず、いまだ造作せず。

一応大意を述べる。

「仏」は、さまざまな事物（「百草」）を取りだしてきては（「拈却」）打ち消し（「打失」）、その空なることを説く。仏を一丈六尺の金色の身体を持つ者などと説かない。

「即」という究明すべき課題は、「〇〇はすなわち××である」という認識の仕方を基礎づける、隠れていた本質が現れてきた式の本質／現象二元論では理解されない。この二元論を解体することを躊躇《ちゅうちょ》してはいけない。

「是」と指示される眼前の世界は、それ自体で退去したり出現するものではない。だからといって、この世界は虚妄であって、ただ心のみ実在するわけでもない。

「心」とは、目を遮る対象世界としての、その壁である。つまり、ある対象を見ているという、その行為としての事実である。いまだそれは二元論の泥水に汚されない。また、かつて心のみが実体として存在し、世界を創造したわけでもない。

ここで肝心なのは、「即心是仏」という語句が一度解体されていることである。その上で、個々の語が新たに解釈し直されているのだ。その解釈順が「即心是仏」と意味的に逆の「仏」「即」「是」「心」となっているのは、従来の解釈のパラダイムを変更していることの象徴であろう。

言語の「脱落」

このような解体と再定義は、まさに自／他、本質／現象の二元論を解体し、縁起の次元を開示することを狙って行われている。

既述のように、一定条件下の行為的諸関係の形式（机として使うこと）を音節や文字記号（「ツ・ク・エ」）に対応させて固定するのが言語の機能であり、形式が一度固定すれば、それは始めからその形式を持つべき根拠があるように錯覚される。つまり、「本質」「実体」の成立である。これがこの世の事象の全体にわたって整序され、言語体系として確立すれば、言語によって意味する側（「霊知」）と意味される側（「万物」「境」）に分割され、その双方がそれぞれ「本質」「実体」をもって存在すると考えられることになる。

このとき、言語記号はそれによって指示される対象の意味＝「本質」と正確に対応するはずである。ということは、言語体系は、それが意味する世界の「本質」的構造と結びついていることになるだろう。
「即心是仏」の巻は、以下でこの錯覚を一撃する。

あるいは「即心是仏」を参究し、「心即仏是」を参究し、「仏即是心」を参究し、「即心仏是」を参究し、「是仏心即」を参究す。かくのごとくの参究、まさしく即心是仏、これを挙して即心是仏に正伝するなり。

「即心是仏」は「仏」「即」「是」「心」と解体されてから、字の順序を入れ替えて四つの別の文句に再編される。四つの文句を一々解釈する必要は毛頭ない。大事なのは、この解体と字の並び替えによって、記号と意味の固定化された対応関係が破壊され、言語の恣意性と、それが作りだした「本質」「実体」概念の虚構性が露呈することである。そうすることが、「まさしく即心是仏」であり、この作業こそ固定した言語秩序を脱落し、縁起の次元から新たに定義し直した「即心是仏」に「正伝」するのである。

かくのごとく正伝して今日にいたれり。いわゆる正伝しきたれる心《しん》というは、一心一切法、一切法一心なり。

では「正伝」してきた「心」とは何か。それが「一心一切法、一切法一心」だと『眼蔵』は言うのだが、それはどういうことなのだろうか。ある禅問答を紹介した上で、『眼蔵』は次のように述べる。

あきらかにしりぬ、心とは山河大地《せんがだいち》なり、日月星辰《にちがちしょうしん》なり。しかあれども、この道取するところ、すすめば不足あり、しりぞくればあまれり。山河大地心は山河大地のみなり。さらに波浪なし、風煙なし。日月星辰心は日月星辰のみなり。さらにきりなし、かすみなし。生死去来心《しょうじこらいしん》は生死去来のみなり。さらに迷なし、悟なし。牆壁瓦礫心《しょうへきがりゃくしん》は牆壁瓦礫のみなり。さらに泥なし、水なし。四大五蘊心《しだいごうんしん》は四大五蘊のみなり。さらに馬なし、猿なし。椅子払子心《いすほっすしん》は椅子払子のみなり。さらに竹なし、木なし。

前半の大意を解釈する。

明らかに知ることができる。心とは山河大地であり、日月星辰である。ただし、そう言ったにしても、心と山河大地・日月星辰がそれぞれ実体を持って二元的に対峙していることを前提に考えているならば、双方の関係はどう解釈しようと（「すすめば」「しりぞくれば」）、的外れに終わるだろう（「不足あり」「あまれり」）。

後半は「山河大地心は山河大地のみなり。さらに波浪なし」と同じパターンの「〇〇心は〇〇だけ、他に××はない」という意味の文句が畳みかけられている。それが「心とは山河大地である」ということの意味なのだ。どういう意味か。

この一句の意味は、心と山河大地が別々に実体として存在し、それがイコールであると言っているのではない。そうではなくて、縁起の見方からすれば、山河大地を見ているその行為を「心」と称している、と言っているのだ。だから、いま山河大地を見ている、その見えている限りのものが山河大地であり、それ以外に山河大地は無い、という話になる。

「山河大地心」とは、見るという行為で目の前に山河大地を存在させているという、その事態のことである。と、同時に、見るという行為で山河大地を存在させている限りにおいて、そのとき「心」も現実化するのである。

かくのごとくなるがゆえに、即心是仏、不染汚《ふぜんわ》即心是仏なり。諸仏、不染汚諸仏なり。しかあればすなわち、即心是仏とは、発心《ほっしん》・修行・菩提《ぼだい》・涅槃《ねはん》の諸仏なり。いまだ発心・修行・菩提・涅槃せざるは即心是仏にあらず。たとい一刹那《せつな》に発心修証するも即心是仏なり、たとい一極微《ごくみ》中に発心修証するも即心是仏なり、たとい無量劫《むりょうこう》に発心修証するも即心是仏なり、たとい一念中に発心修証するも即心是仏なり、たとい半拳裏《はんけんり》に発心修証するも即心是仏なり。しかあるを、長劫《ちょうごう》に修行作仏するは即心是仏にあらずというは、即心是仏をいまだ見ざるなり、いまだしらざるなり、いまだ学せざるなり。即心是仏を開演する正師を見ざるなり。

ここで「不染汚」という語が出てくるが、これは、煩悩に汚染されていない、という意味である。この場合の「煩悩」とは、「本質」や「実体」の存在を錯覚し、ひいては自／他のような二元的考え方に囚われてしまうことを指す。

したがって、右文章の大意はこうなる。

そういうわけだから、即心是仏とは、「心」や「山河大地」に「本質」や「実体」を見るようなことのない、即心是仏のことなのである。諸仏は、そういう煩悩に汚染されることのない諸仏なのである。したがって、即心是仏とは発心し、修行し、菩提し、涅槃する諸仏のことなのだ。いまだ、発心し、修行し、菩提し、涅槃することがないなら、それは即心是仏ではない。たとえ一刹那発心し修証するだけにしても、そのときは即心是仏である。たとえ、一極微（仏教思想上の物質の最小単位）中に発心し修証しても、即心是仏である。たとえ、無限の時間、あるいは一念の内、または拳半分ほどに、発心し修証しても、即心是仏なのだ。そうであるのに、無限の長い時間にわたって修行し成仏していくことは即心是仏ではないなどと言うのは、即心是仏をいまだ見ていないし、知らないし、学んでいないのである。即心是仏を説き示す正しい師に出会っていないのだ。

ここで言いたいことは明白である。発心し、修行し、菩提し、涅槃するという行為において即心是仏は現実化するのであり、仏とはこの行為をするもののことだと言うのである。この行為において成仏したのが、まさに歴史上のゴータマ・ブッダなのであるから、結論はこうなる。

いわゆる諸仏とは釈迦牟尼仏なり。釈迦牟尼仏これ即心是仏なり。過去・現在・未来の諸仏、ともにほとけとなるときは、かならず釈迦牟尼仏となるなり。これ即心是仏なり。

もはや、文意を解釈するまでもない。読んだとおりである。

ここまでは、いわば、「自己」と呼ばれている存在の仕方を、「縁起」パラダイムによって考えてきたものである。次は、常識的には「自己」とは区別され、対象世界に属するものと考えられてきたもの、時間・空間について議論し、より「縁起」パラダイムの輪郭をはっきりさせてみよう。

2　縁起する世界

さて、時間・空間の存在の仕方を「縁起」パラダイムで解釈する前に、このパラダイムが「自己」と「対象世界」の関係をどう考えているかを端的に示す『眼蔵』の巻を紹介しておきたい。

その理解の便宜として、ここで一度、「縁起」の考え方が否定する「本証妙修」パラダイムが規定する「自己」／「対象世界」関係の了解を整理しておく。

「自己」と「対象世界」

その一、「本証妙修」パラダイムは、要するに本質／現象の二元論である。ところが、この二元論は、必然的に「自己」／「対象」の二元論になってしまう。つまり、「自己」とされる存在の仕方と「対象」とされる存在の仕方の決定的違いが、「本質」の違いで説明されるからである。

その二、仏教の「無常」「無我」説は原理的に二元論を許さない。である以上、二元論は一元論化されなければならない。

その三、これら二元論の克服（二元論化）は、二元論の思考パラダイムを前提にしながら、「自己」＝「心」「精神」の側に「対象」＝「体」「物質」を取り込む唯心論型言説か、逆に「対象」が「自己」を包摂する唯物論型言説によって行われる。しかしながら、これでは当然、取り込んだ側が新たな「本質」となり、取り込まれた側が「現象」となるから、本質／現象二元論は解消しない。

その四、仏教に限らず、宗教の言説としての一元論は、当然「自己」＝「心」「精神」に一元化され、「本証妙修」パラダイムも例外ではない。

ここで強調しておかなければならないのは、二元論の一元論化は、つねに二元論を前提にした考え方であるということだ。だから、本質／現象の二元論は解消しないのである。問題は、二元論に替えて一元論をつくることではない。二元論を無意味にすることである。以下では「諸法実相《しょほうじつそう》」の巻を取り上げ、「縁起」パラダイムが、二元論をどう無意味化するのかを見てみよう。

③『眼蔵』「諸法実相」

「諸法実相」の巻は、『法華経』「方便品《ほうべんぼん》」にある次の文句の解釈から始まる。

「唯仏与仏《ゆいぶつよぶつ》、乃能究尽《ないのうぐうじん》、諸法実相《しょほうじつそう》。所謂《しょい》諸法《しょほう》、如是相《にょぜそう》、如是性《にょぜしょう》、如是体《にょぜたい》、如是力《にょぜりき》、如是作《にょぜさ》、如是因《にょぜいん》、如是縁《にょぜえん》、如是果《にょぜか》、如是報《にょぜほう》、如是本末究竟等《にょぜほんまつくきょうとう》」。

この部分の解釈が、そのまま『眼蔵』の「自己」／「世界」の関係を考える基本的な構図を提供しているのだが、まず従来の解釈を示しておく。

この部分は、素直に漢文を読み下せば、こうなる――ただ仏と仏とのみ、他ならぬ仏だけが、すなわちよくさまざまな物事の存在（「諸法」）の真の姿（「実相」）を究めつくす。いわゆる諸法とは、このような様相、このような性質（本質）、このような本体、このような力、このような作用、このような原因、このような条件、このような結果、このような果報と、このように最初の「相」から最後の「報」まで、あまねく一切が究められた在り方ということなのである。

つまりこの一節は、仏・覚者は、諸存在の真の在り方を、一〇個のカテゴリーで究めるのだ、と言っているのである。したがって、この読みだけを見れば、基本的にかなり素朴な二元論の構図が使われていると言ってよいであろう。

ここで問題なのは、『法華経』のサンスクリット原典には「諸法実相」にあたる語句もなければ、一〇個の「如是」もないということなのである。これらは、『法華経』が中国に伝えられたとき、現在最も親しまれている漢訳を作った有名な渡来僧、鳩摩羅什《くまらじゅう》が挿入したものなのだ。その後、「諸法実相」は重要な思想的意味を持たされ、中国仏教の思想的展開の中で、その解釈は「諸法の実相を究《ぐう》尽《じん》する」という読みから、最終的には「諸法は実相であると究尽する」という意味に、変更されていく。「諸法は実相である」とは、諸々の存在はそのまま・ありのままで真実の姿をしている、ということになる。すると、諸存在には、その真実性を担保する何ものか（たとえば「仏性」）が備わっているという話になるだろう。要するに一元論、「本証妙修」パラダイムに収まるわけである。

「縁起パラダイム」の構図

『眼蔵』の解釈は、当然のことながら、そうはならない。冒頭からこう始まる。

> 仏祖の現成は究尽の実相なり。実相は諸法なり。諸法は如是相なり、如是性なり。如是身なり、如是心なり。如是世界なり、如是雲雨なり。如是行住坐臥なり、如是憂喜動静《どうじょう》なり。如是拄《しゅ》杖払子《じゃうほつす》なり、如是拈花《ねんげ》破《は》顔《がん》なり。如是嗣《し》法授記《ほうじゅき》なり。如是参学辨道なり。如是松操竹節なり。
>
> 釈迦牟尼仏言、「唯仏与仏、乃能究尽、諸法実相。所謂諸法、如是相、如是性、如是体、如是力、如是作、如是因、如是縁、如是果、如是報、如是本末究竟等」。

如来や祖師方が現にそこにそう存在していることが、究明されつくした世界の実相が現前しているということなのである。だから、実相とは目の前の諸存在の在り方である。諸法とは、このような様相、このような世界、このような雲や雨、このような行住坐臥、このような憂鬱や歓喜・運動や静止、このような僧が手にする杖や道具、このような拈花破顔のエピソード（釈尊からその弟子に仏法が伝えられたときの逸話）、このような嗣法授記（弟子への仏法の伝達と、仏による成仏の保証のこと）、このような修行、このような松操竹節（変わることのない修行の有様を象徴する比喩表現）なのである。

この解釈のポイントは、冒頭、如来や祖師がそこにいるということが、彼らの「究尽」による実相の現前と同じだという点である。したがって続く「如是」のつく語句の列挙は、その語句自体は何でもよいのである。問題は「如是」、つまり物事が「このように」存在するというとき、その「このように」の在り方を何が規定するか、ということだ。「本証妙修」パラダイムなら、何らかの「本質」、つまり「仏性」とでも言うところである。

それを、『眼蔵』は「究尽」だと言うのだ。すなわち、「究尽」するという行為、つまり修行に対して現前する物事の在り方、これが「如是」なのである。ということは、「諸法」の「実相」は、「究尽」という修行において生成され、その「実相」の現前が「仏祖の現成」だと言うなら、結局、「究尽」の修行が「仏祖」と「実相」を生成するのだ、という話になる。

「究尽」による存在の生成

「縁起」の縁を具体的に現実化するのが行為であるという既述の立場からすると、ここでは、「究尽」という行為が、「自己」を「仏祖」にし、「対象世界」を「実相」にするわけである。『法華経』の引用に続き、そのことを述べるのが以下である。

いわゆる如来道の「本末究竟等」は、諸法実相の自道取なり。闍梨《じゃり》自道取なり。一等の参学なり、参学は一等なるがゆえに、「唯仏与仏」は「諸法実相」なり。「諸法」「実相」は「唯仏」「与仏」なり。「唯仏」は「実相」なり、「与仏」は「諸法」なり。

ここでは、如来の言う「本末究竟等」に独特の解釈がなされている。最後の「等」の語が含意しているのは、比較考量した場合の「等しい」ということではない。この「等」は、普遍性を意味する。すると、最初の一文は、こういう意味となる。

如来が言う「本末究竟等」、つまり「本」たる「相」から「末」の「報」にいたるまで、一切に現前する「如是（このように）」の普遍性とは、「実相」ということの自称、つまり「実相」が「実相」であり、修行者（〔闍梨〕）が修行者であることの表現である。つまり、「究尽」という行為が自己と世界を「このように」「仏」や「実相」として現前させることの普遍性を言っている。

だから、続けて言う。「参学」とは換言すれば「究尽」のことである。「一等の参学」は「如是の普遍性を現成する修行」であり、その修行をする主体も、修行により必ず「如是」なる「仏祖」となるのだから、「参学は一等なり」、つまり修行自体も普遍的なのだ。

ここで「仏祖」と呼ばれているのは、『法華経』では「唯仏与仏」である。ここで注意すべきは、「ただ仏と仏のみ」と言うとき、それは歴代の如来や祖師のことのみを言っているのではないことだ。この語は、一人の修行者が刻々と如来として現前し続けることを同時に意味する。

となると、主体の生成も対象の現前も、行為の仕方いかんによる。この「縁起」パラダイムに従えば、修行主体としての「唯仏与仏」の在りようも、「諸法実相」の現れも、ひとえに「究尽」の問題、『法華経』では「乃能究尽」（乃《すなわ》ち能《よ》く究尽す）とされている問題である。

「乃能究尽」の力

そこまでわかってしまえば、後に続く「唯仏与仏」と「諸法実相」の語を、つないだり切ったりでさまざまに対照させている部分の意味は自明である。

「唯仏与仏」「諸法実相」を現成しているのが「究尽」なら、その意味で「等」であるから、「唯仏与仏は諸法実相」である。それは、「諸法」が「実相」になるのも、修行者が「唯仏」「与仏」として生成されていくのも、「究尽」によるということでもある。ならば「唯仏」が「実相」で「与仏」が「諸法」だと言っても、ことは同じであろう。

続いてきれいに二元論が否定される。


「諸法」の道《どう》を聞取して、一と参じ、多と参ずべからず。「実相」の道を聞取して、虚にあらずと学し、性にあらずと学すべからず。

「諸法」の語を聞いて、対象をそれ自体で存在するものと考え、一だの多だのと分別してはならない。また、「実相」の語を聞いて、それは現象（「虚」）ではない、これは本質（「性」）ではない、などと理解してはいけない。
そして以下で再び、「諸法」「実相」「唯仏」「与仏」の語を駆使して、それらが「乃能」「究尽」によって成立することを示す。

「実」は唯仏なり、「相」は与仏なり。「乃能」は「唯仏」なり、「究尽」は「与仏」なり。「諸法」は「唯仏」なり、「実相」は「与仏」なり。諸法のまさに諸法なるを唯仏と称ず。「諸法」のいまし「実相」なるを「与仏」と称ず。

ここで、「実相」の語をさらに「実」と「相」に分解し、さらに「乃能究尽」を「乃能」と「究尽」に分けて、「唯仏」と「与仏」に組み合わせるのは、この「乃能」「究尽」の持つ決定的な生成力の強調である。

諸存在は「乃能」において「唯仏」であり、「究尽」において「与仏」ならば、それは「諸法」が(「乃能」する)「唯仏」を根拠にすることであり、「諸法」を「実相」として現成させるのが「与仏」である。だから、諸法がまさに諸法としてあることを、(「乃能」する)「唯仏」と称し、「諸法」が今や(「究尽」されて)「実相」となることを「与仏」と称するのだ。

このように、ほとんど言葉遊びのように語句を次々と組み合わせて見せるのは、組み合わせ自体に意味があるのでなく、「乃能」「究尽」の持つ力の形容が目的だからである。そのことが、さらに詳しく述べられる。

しかあれば、「諸法」のみずから「諸法」なる、「如是相」あり、「如是性」あり。「実相」のまさしく「実相」なる、「如是相」あり、「如是性」あり。「唯仏与仏」と「出現於世《しゅつげんおせ》」するは、諸法実相の説取なり、行取《あんしゅ》なり、証取なり。その説取は、「乃能究尽」なり。「究尽」なりといえども、「乃能」なるべし。初中後にあらざるゆえに、如是相なり、如是性なり。このゆえに「初中後善」という。

そうならば、「諸法」が自ら「諸法」として成立しているということが、「乃能究尽」された「如是相」であり、「如是性」なのである。「実相」がまさに「実相」として現前しているということも、同じことだ。

修行者が「唯仏与仏」としてこの世に出現するということは、諸法実相の現前が説くところ、行ずるところ、証明するところだが、その説くところとは、(行ずるところ、証明するところも含めて)「乃能究尽」の修行のことを言っているのである。この部分を換言すれば、「唯仏与仏」の登場は「諸法」が「実相」として現れることで証明されるが、それはまさに「乃能究尽」が実行されているからであり、その限りである、というのだ。

そして「究尽」、つまり究めつくすことを実現するのは、「乃能」、「すなわちよく」という語が意味する、修行・精進の努力なのである。

この「乃能究尽」の修行は、初・中・後などの段階に概念化されて理解されるような代物ではない。もし、段階化されるなら、それに応じて、「如是」の程度も段階化して概念となり、結果として「相」も「性」もカテゴリー概念にとどまるだろう。

逆に、段階化されない究尽によって現前する如是相や如是性は、カテゴリーとしての実体を失う。「乃能究尽」によって「諸法実相」が現前したとたん、「相」を言うなら「性」を言うのも同じことになるのだ。だから、このとき、初・中・後の段階は、すべて善として無効になっているのである。

カテゴリーの解体

一〇種のカテゴリーの無効は、続く部分で明確に述べられる。

「乃能究尽」というは諸法実相なり。「諸法実相」は如是相なり。「如是相」は乃能究尽如是性なり。「如是性」は乃能究尽如是体なり。「如是体」は乃能究尽如是力なり。「如是力」は乃能究尽如是作なり。「如是作」は乃能究尽如是因なり。「如是因」は乃能究尽如是縁なり。「如是縁」は乃能究尽如是果なり。「如是果」は乃能究尽如是報なり。「如是報」は乃能究尽本末究竟等なり。

ここでは、まず、「乃能究尽」が諸法実相なのだと言う。諸法実相がそのように現前するのは、「乃能究尽」されているからである。だから、その「諸法実相」とは、まさに「乃能究尽」された「如是相」である。

そう言っておいて、『眼蔵』は、その「如是相」は「乃能究尽」された「如是性」なのだとする。以下、カテゴリーを一語ずつずらしながら文章を進め、最後「如是報」を「乃能究尽本末究竟等」で受ける。ということは、実質的に、最初の「相」と最後の「本末究竟等」における「如是」と「乃能究尽」の意味を説明できれば、一〇種のカテゴリーは事実上無用だろう。「相」についてはすでに説いているから、以下は「本末究竟等」を取り上げて説かれる。

「本末究竟等」の道取、まさに現成の如是なり。かるがゆえに、果々の果は因果の果にあらず。このゆえに、因果の果はすなわち果々の果なるべし。この果すなわち相・性・体・力をあい罣礙《けいげ》するがゆえに、諸法の相・性・体・力等、いく無量無辺も実相なり。この果すなわち相・性・体・力を罣礙せざるがゆえに、諸法の相・性・体・力等、ともに実相なり。この相・性・体・力等を、果・報・因・縁等のあい罣礙するに一任するとき、八九成《しん》の道あり。この相・性・体・力等を、果・報・因・縁等のあい罣礙せざるに一任するとき、十成の道あり。

「本末究竟等」とは、「乃能究尽」によって今まさに現成する「如是」である。この完全に現成した如是こそは、涅槃の異名である。だから、同じく涅槃を意味する「果々」の果は因果関係に概念化して説明できるようなものではない。ただし、仏法において、涅槃は修行の完成と言えようから、その意味では、因果関係にならって、修行の結果と考えることもできる。

この果たる「如是」は、諸存在を規定する相・性・体・力などのカテゴリー全体を包括するから、（如是と究尽されたあかつきには）いかなる限定もなく、「実相」が現前する。ということは、同じくこの果、「如是」は、いかなるカテゴリーの区別も維持せず無効とするから、カテゴライズされていた存在は、その区別なく一挙に「実相」となるのである。

これを言い換えれば、「実相」が現前するとき、相・性・体・力等を、果・報・因・縁等がしっかり捉えて全体をなしている（「あい罣礙する」＝捉える）と考えるのも、一つの言い方（「八九成の道あり」）であり、総じてこの区別は無効である（「あい罣礙せざる」＝互いに妨げない）と言うのも、同じことの別の言い方である（「十成の道あり」）、ということである。

右文中で「罣礙」という言葉は、「妨げる」「覆う」という意味で、『眼蔵』では文脈によって複雑に意味が変化する。

さて、そこで結論。

いわゆる如是相は一相にあらず。如是相は一如是にあらず。無量無辺、不可道不可測の如是なり。百千の量を量とすべからず、諸法の量を量とすべし、実相の量を量とすべし。そのゆえは、唯仏与仏乃能究尽諸法実相なり、唯仏与仏乃能究尽諸法実性なり、唯仏与仏乃能究尽諸法実体なり、唯仏与仏乃能究尽諸法実力なり、唯仏与仏乃能究尽諸法実作なり、唯仏与仏乃能究尽諸法実因なり、唯仏与仏乃能究尽諸法実縁なり、唯仏与仏乃能究尽諸法実果なり、唯仏与仏乃能究尽諸法実報なり、唯仏与仏乃能究尽諸法実本末究竟等なり。

したがって、「如是相」と言われている事態は、一相二相と数量化し概念化できるものではなく、一如是二如是、すなわち「このように」「あのように」などと、指示し対象化できることでもない。計量不能、無際限、概念化を超えた、数値測定不可能の「如是」である。百だの千だの数え上げられる量を如是の量としてはいけない。諸存在それ自体を明らかにする量でなければならない。つまり「実相」の量こそ「如是」の量である。

それはなぜか。如是とは、「乃能究尽」において「唯仏与仏」と「諸法実相」が生成し現前する、概念以前の事態だからである。それが、唯仏与仏乃能究尽諸法実相の意味なのだ。以下、どのカテゴリーを当てはめて唯仏与仏乃能究尽諸法実云々と言おうと、意味は同じである。むしろ、全部が形式的に羅列されているところに、このカテゴリーの無効が明瞭に読み取れるわけである。

この後、『法華経』を引用した「諸法実相」の解釈が四例ほど続くが、考え方の枠組みはみな同じである。「実相」を現前させるのは修行においてであり、その修行において、如来や菩薩は如来や菩薩として生成されるということを、例を変えて言うだけである。

むしろ、それより重要なのは、後に続く「三教一致」説批判である。これが、『眼蔵』において初めて「諸法実相」の巻に現れてくることに注目しなければならない。

「三教一致」説批判

「三教一致」説とは、儒教（孔子・孟子の教え）と道教（老子・荘子の教え）と仏教とが、三本足で器を支えるように、最終的に共通の真理で一致する、という考えである。これを、『眼蔵』はほとんど罵倒してこう言う。

しかあるを、近来大宋国杜撰《とせん》のともがら、落処をしらず、宝所をみず。実相の言《ごん》を虚説《こせつ》のごとくし、さらに老子荘子の言句を学す。これをもて、仏祖の大道に一斉なりという。また三教は一致なるべしという。あるいは三教は鼎《かなえ》の三脚のごとし、ひとつもなければくつがえるべしという。愚癡《ぐち》のはなはだしき、たといをとるに物あらず。

右は読めばそのままわかるだろう。

「杜撰」の語は、本来書物に誤りの多いことの意味で、要するにいい加減な修行僧を言う。「落処」「宝所」は仏法の教えが帰する大切なところを喩《たと》えている。

この後さらに厳しい非難の言葉が続くが、問題は、なぜここでこのような激しい批判が行われるかである。

それは「三教一致」説が「それぞれの教えを超えた究極の真理」のような実体的存在を想定する教えに他ならず、そうなれば根本的には仏教の「無常」「無我」説に背馳《はいち》するからである。さらにまた、共通する「究極の真理」は、それに到るまでの方法を一挙に相対化するから、結果的に仏教における修行という具体的な行為が持つ決定的な意味を見失わせることになる。「三教一致」説などによりかかっている者は、修行をただの「住院の稽古（住職になるための訓練）」としか思わないだろう、と『眼蔵』が言うゆえんである。

現在でも、たとえば、キリスト教と仏教は究極的には同じ真理に達する、というような妄想を公言する者がいる。が、もしこれを文字どおりに本気で言うなら、彼は自分の教えのコンテキストの中でしか「真理」を理解していないはずだから（完璧なるキリスト者にして仏教者がいるとするなら、彼は無信仰者である）、自分の「真理」を他人に押しつけるのと同じである。

仮に、そうでないとするなら、「絶対神」と「諸行無常」に共通する真理など、「丸い四角」と言うも同然の、あったとしてもまったく無意味な抽象概念だろう。

諸宗教は、さまざまな問題をそれぞれの立場で共有し、自ら可能な解決策を出し合うことで、「協働」という修行ができる。それまでであり、それで十分である。共通の真理も、究極の真理も、百害はないかもしれないが、一利もない。
この「三教一致」説批判の直後、それまで、言うならば理論的思索的な説示を続けてきた「諸法実相」の巻の文章が一転する。意外や意外、道元禅師若かりし日の思い出話、中国留学時代に恩師の道場で修行に明け暮れた日々の一場面が語られるのである。

「諸法」が「実相」になるところ

この部分の文章は、『眼蔵』全体でも白眉の美文である。少々長いが引用する。

先師天童古仏、ある夜間に方丈（住職の居室）にして普説（説法）するにいわく、
天童今夜有牛児、黄面瞿曇拈実相。要買那堪無定価、一声杜宇孤雲上。《天童今夜牛児《にうじ》有り、黄《おう》面《めん》の瞿曇《くどん》実相を拈《ねん》ず。買《あがな》はんと要するに那《なん》ぞ定価無かるべき、一声の杜宇《とう》孤雲の上》
かくのごとくあれば、尊宿の仏道に長ぜるは実相をいう。仏法をしらず、仏道の参学なきは実相をいわざるなり。

冒頭に掲げられた、道元禅師の恩師、天童如浄《てんどうにょじょう》禅師の頌《じゅ》（漢詩の教え）は、こう言っている。
今夜もこの天童山の道場には、多くの修行者が黙々と修行を続けている（禅宗では「牛」は多く修行僧のたとえ）。そこに金色に輝く釈迦如来が現れて実相の教えを説く。このような貴重な出来事に、ふさわしい価値がつけられないはずがない（しかし、それに匹敵する価値がどれほどのものか、想像もつかない）。いまホトトギスがひとひらの雲の上で一声鳴いた（この光景こそ、実相であり、釈尊の教えに

等しいものである)。

こういう次第で、諸禅師の中でも、仏道修行に優れた方には、実相についての説法がある。仏法がわからず、仏道の研究が疎《おろそ》かな者は実相を説かない。

続いて、その日の説法の様子が語られる。


この道取は、大宋宝慶《ほうきょう》二年丙戌《へいじゅつ》(一二二六年)春三月のころ、夜間やや四更(午前二時ごろ)になりなんとするに、上方に鼓声三下《くせいさんげ》(三打)きこゆ。坐具(礼拝のとき敷く法具)をとり、搭袈裟《たっけさ》して(袈裟を着けて)、雲堂(僧堂)の前門よりいずれば、入室《にっしつ》(問答のために師の部屋に入ること)牌(掛札)かかれり。まず衆にしたごうて法堂《はっとう》(説法の道場)上にいたる。法堂の西壁をへて、寂光堂の西堦をのぼる。寂光堂の西壁のまえをすぎて、大光明蔵の西堦をのぼる。大光明蔵は方丈なり。西屏風のみなみより、香台のほとりにいたりて焼香礼拝す。入室このところに雁列《がんれつ》(雁の群れが飛ぶごとく整然と居並ぶこと)すべしとおもうに、一僧もみえず。妙高台は下簾《あれん》せり、ほのかに堂頭《どうちょう》大和尚の法音きこゆ。ときに西川《せいせん》(今の四川省)の祖坤維那《そこんいの》(祖坤という名の修行僧監督役)、きたりておなじく焼香礼拝しおわりて、妙高台をひそかにのぞめば、満衆たちかさなり、東辺西辺をいわず。ときに普説あり、ひそかに衆のうしろにいりたちて聴取《ちんしゅ》す。大梅《だいばい》の法常《ほうじょう》禅師住山(山中での修行)の因縁(ここでは物語のこと)挙《こ》せらる。衣荷食松《えかじきしょう》(蓮の葉を衣とし、松の実を食とすること)のところに、衆家《しゅけ》おおくなみだをながす。霊山《りょうぜん》釈迦牟尼仏の安居《あんご》(一ヵ所にとどまり修行に集中すること)の因縁、くわしく挙せらる。きくものなみだをながすおおし。

「天童山安居ちかきにあり、如今春間、不寒不熱、好坐禅時節也。兄弟《ひんでい》如何《しゅお》不《ふ》坐《ざ》禅《ぜん》《如今春間、不寒不熱、好坐禅の時節なり。兄弟如何ぞ坐禅せざる》」。

かくのごとく普説して、いまの頌（詩）あり。頌おわりて、右手にて禅椅《ぜんい》（指導者が坐禅のときに坐る椅子）のみぎのほとりをうつこと一下《げ》していわく、「入室すべし」。

入室話（問答の端緒となる語）にいわく、「杜鵑啼《とけんめい》（ホトトギスが啼いた）、山竹裂《さんちくれつ》（山の竹が裂けた）」。

かくのごとく入室語あり、別の話なし。衆家おおしといえども下語《あぎょ》せず、ただ惶恐《こうきょう》せる（おそれいいり、かしこまる）のみなり。

ところどころに説明を補ったので邪魔になるだろうが、それを無視して文章を音読してみれば、どれほど荘厳な美文かわかるはずである。では、この美文で何が言いたいのか。

冒頭の頌にある雲の上のホトトギスの鳴き声、そして説法の最後に発せられた「杜鵑啼、山竹裂」が示す、鳴き声や裂ける音が「実相」になるのは、まさにこの道場で日々繰り返す修行によってのみである。その修行によって世界は実相に見えるのであり、そう見ることのできる者を仏と呼ぶのだ——こう言いたいのである。これは二元論の一元論化ではない。一だろうが二だろうが、「元」論は無効なのである。

以上に見てきた「縁起」パラダイムが考える自己／対象世界の関係を、空間認識の問題として見ると、「都機《つき》」の巻に好例がある。

④『眼蔵』「都機」

「都機」は万葉仮名で月を表す語である。と同時に、「都」はすべてという意味も持つから、「全機」の意味にもとれる。『眼蔵』では、この「都機」のすぐ前に「全機」の巻があるが、すでに本書では、序章に「縁起」パラダイムの最もわかりやすい例として、「全機」の中の一節を挙げておいた。そして、この「都機」にも同じようにこのパラダイムが見て取れるのである。

「如」と「猶若」の機能

冒頭は、『金光明経《こんこうみょうきょう》』にある月に関する釈尊の教えで始まる。

　諸月の円成《えんじょう》すること、前三々《ぜんさんざん》のみにあらず、後三々《ごさんざん》のみにあらず。円成の諸月なる、前三々のみにあらず、後三々のみにあらず。このゆえに、

　釈迦牟尼仏言、「仏真法身《ほっしん》、猶若虚空《ゆうにゃくこくう》。応物現形《おうもつげんぎょう》、如水中月《仏の真法身は、猶《なお》し虚空《こくう》の若《ごと》し。物に応じて形を現わす、水中の月の如し》」。

我々が折に触れ眼にする月が、見えているように隠れもなく現れているのは、日常にありふれたことではなく、そのように現れている折々の月も、当たり前のものではない。「前三々後三々」の語は、量が多くて数え切れないことを言う場合と、毎日の生活にさまざまな物事が続く様子を意味する場合があり、ここでは後者である。だから、と文章は続く。

釈尊は言う、「仏の真の姿は、なお虚空のようなものである。相手に応じて姿を変えて現れる。そ

れは水に映る月のようなものである」。

釈尊の言葉を「本証妙修」パラダイムで読めば、当然、次のようになる。お釈迦様とか阿弥陀様とか、仏の姿はさまざまだが、本質は虚空のようなもので、教えを聞く人の器量に従って、いかようにも姿を変えて現れる。それは月がどの器にある水にも映るのと同じである。

これは、虚空と月を本質と考え、姿形や映像を現象と考える二元論である。とすると、結果的に、本質としての対象自体と、ものの本質と現象を区別する能力を別の本質として持つ精神との、自／他二元論になるだろう。

これに対して『眼蔵』は、「諸法実相」の場合と同様、「如是」の語を持ちだしてきて、この二元論を破砕する。

「如」「若」とはすなわち「ごとし」、つまり「このような」「そのような」と言うときの「ような」の意味だが、この語が仏法を語る上で重要なのは、その機能が「本質」の否定にあるからである。

たとえば、「これは月だ」という判断は、対象が確かに月であることの判断根拠を、主体ないし対象自体が持っているということを含意している。

これに対して、「これは月のようである」と言えば、主体には対象が今のところ月のように見えている、という意味になる。つまり、ある条件下で、暫時、そう現前している、ということである。この条件を行為、仏法ならば修行だと考えれば、「如是相」を現前させるのは「乃能究尽」だとする、「諸法実相」の言い分と同じである。「ようである」という概念を導入する狙いはそこにあるのだ。

「如」なる月

したがって、続く文章もその筋書きで進む。

いわゆる「如水中月」の如々は水月なるべし。水如、月如、如中、中如なるべし。相似を如と道取するにあらず、如は是なり。「仏真法身」は「虚空」の「猶若」なり。この「虚空」は、「猶若」の「仏真法身」なり。仏真法身なるがゆえに、尽地尽界、尽法尽現、みずから虚空なり。現成せる百草万象《はくそうばんぞう》の「猶若」なる、しかしながら「仏真法身」なり、「如水中月」なり。

「如水中月（水の中の月のようだ）」の「如（ようだ）」の語の意味とは、「のようだ」と認識する行為が、「本質」たる夜空の月に対する虚像としての「水の中の月」ではなく、「水月」そのものを対象として現前させている、ということである。水も如、すなわちそのように見ることにおいて水として現前する。月もそうである。この「如」を生成する認識行為の中にあって（「如中」）、「中」という語の意味も規定される（「中如」）。

だから、この「如」は何かに似ている、つまり本質に対する仮の現象としてある、という意味ではない。「如」とは、認識行為において「是」が、つまり対象が、対象として現前していることを言う。

「仏の真の姿」とは、「虚空」すなわち縁起が、「そのように」存在を生成する事態のことである。「虚空」（＝縁起）は、「そのように」「仏の姿」が現前することである。それが「仏の真の姿」なのだから、全大地全世界、すべての存在とその現前は、それ自体が「虚空」である。つまり、縁起している。現成する個々のすべての存在（「百草万象」）が「そのように」あるのは、そのようでありながら、それは「仏の真の姿」として、縁起しているからであり、「如水中月」という月として、縁起するからである。

こうなると、ある対象の在り方は、一定の認識行為に条件づけられるから、条件が変われば様相は一変するだろう。

空に月の本体があり、水中に月の映像が映っているという認識を無条件で正しいと考えるなら、月は夜にでるもの、という月の「本質」的性質を疑わないだろう。しかし、そうでなければ、

月のときはかならず夜にあらず、夜かならずしも暗にあらず。ひとえに人間の小量にかかわることなかれ。日月なきところにも昼夜あるべし、日月は昼夜のためにあらず。

ということになる。これを「縁起」の立場でさらに言えば、

日月ともに如々なるがゆえに、一月両月にあらず、千月万月にあらず。月の自己、たとい一月両月の見解《けんげ》を保任《ほうにん》すというとも、これは月の見解なり、かならずしも仏道の道取にあらず、仏道の知見にあらず。しかあれば、昨夜たとい月ありというとも、今夜の月は昨月にあらず、今夜の月は初中後ともに今夜の月なりと参究すべし。月は月に相嗣するがゆえに、月ありといえども新旧にあらず。

日も月も、要は「如」としての現前だから、対象それ自体が存在すると考え、一だの二だの、百だ

の千だの、簡単に数えられるものではない。月それ自体があって、たとえ自ら月一つ月二つという認識があったとしても、それは月の問題で、仏教の実践から言えることではないし、その見解でもない。だから、たとえ昨夜に月があったとしても、今夜の月は昨夜の月ではない。その同一性を無条件に担保するものはない。今夜の月は、最初から最後まで、それを見ている者の認識に現前する、今夜の月である、と考えるべきである。月は、その認識において、月として現前し続けるのだから、月があると言っても、新しいとか旧《ふる》いとかは言えない。新旧の認識の基準となる月それ自体が存在しないからである。

「縁起」の空間意識

このパラダイムで空間認識を考えるとどうなるかが、「現成公案」の巻の舟と岸の比喩をさらに詳説する形で、以下のように展開される。まず『円覚経《えんがくきょう》』の釈尊の言葉。

> 釈迦牟尼仏、告金剛蔵菩薩言、「譬如動目能揺湛水、又如定眼猶廻転火。雲駛月運、舟行岸移、亦復如是」。《釈迦牟尼仏、金剛蔵菩薩に告げて言《のたま》わく、「譬《たと》へば動目の能く湛水《たんすい》を揺《ゆる》がすが如く、又、定眼《じょうげん》のなお火を廻転《えでん》せしむるが如し。雲駛《はし》れば月運《めぐ》り、舟行けば岸移る、亦復《またまた》是の如し」》

釈尊は金剛蔵菩薩に教示された、「たとえば眼が動けば水が揺れて見えるように、また視点が動かなくても、火を回転させれば輪のように見えるようなものである。雲が走れば月がめぐるように見え、舟が川を行けば岸が移動するように見える。そんなようなことである」。

この一節をよく注意して解釈すべきだと『眼蔵』は言う。

いま仏演説の「雲駛《うんし》月運《げつうん》、舟行岸移《しゅうこうがんい》」、あきらめ参究すべし。倉卒《そうそつ》に学すべからず、凡情に順ずべからず。しかあるに、この仏説を仏説のごとく見聞するものまれなり。もしよく仏説のごとく学習するといふは、円覚かならずしも身心にあらず、菩提涅槃にあらず。菩提涅槃かならずしも円覚にあらず、身心にあらざるなり。

いま釈尊が説く「雲が走れば月がめぐるように見え、舟が川を行けば岸が移動するように見える」の教えをよく明らかにし、研究すべきである。簡単に考えてはならない。にもかかわらず、この教えを教えどおりに受け止める者は実にまれである。もし教えどおりによく学習していると言うなら、そのときの「円覚」、すなわち完全なる覚りとは、必ずしもこの身心に起こることではなく、それは菩提涅槃というような究極の境地を意味しているのでもない。菩提涅槃は必ずしも円覚ではないし、身心も円覚ではない。

ここで言いたいことは何か。釈尊の言葉をまともに解釈するなら、『円覚経』にあるからと言って、この一節は、我々の日常を規定している身体と心において起こりうる覚りの一例を述べているのでもなく、如来究極の境地を言うのでもない。ここで如来が説いているのは、通常の我々のものの見方を転換せよ、というだけのことである。

いま如来道の「雲駛月運、舟行岸移」は、「雲駛」のとき、「月運」なり。「舟行」のとき、「岸移」なり。いう宗旨《そうし》は、雲と月と、同時同道して同歩同運すること、始終にあらず、前後にあらず。舟と岸と、同時同道して同歩同運すること、起止にあらず、流転にあらず。

釈尊の言う「雲駛月運、舟行岸移」は、「雲が走れば月がめぐり、舟が行けば岸が移動する」ではない。そうではなくて、「雲が走る」とき、「月はめぐる」、そして「舟が行く」とき、「岸は移動する」、である。その主旨は、雲と月は、それぞれ同時に運動し、どちらかの運動を基準にして、運動の始めや終わり、前と後を判断できるわけではない。その判断に根拠はない。

「雲が走れば月がめぐる（ように見える）」の判断は、じつは地上にいる人間の身体を基準にして、その身体に対して月が静止している、という考えを根拠に成り立っている。『眼蔵』はその根拠は視点を観察者の身体に限定するという条件でしか通用しないと言っているのである。その前提条件を解除すれば、すべてのものは同時に動く。ということは、別の条件下では、月が動いて雲が静止するという見方が成り立ちうる。

舟と岸も同じである。物体の起動・静止、流動・転回などの運動は、つねに特定の視点に限定した結果言いえることなのだから、それを解除してしまえば、運動するものはただ運動するだけであり、その意味ですべて同時に動いていると言えるだろう。とすれば、運動を言語に分節して言い表すことは、一種の仮説にしかならず、起きている事態そのものは起動・静止、流動・転回のいずれでもない。

たとい人の「行《こう》」を学すとも、人の行は起止にあらず、起止の行は人にあらざるなり。起止を挙揚して人の行に比量することなかれ。「雲の駛」も「月の運」も、「舟の行」も「岸の移」も、みなかくのごとし。おろかに少量の見に局量《こくりょう》することなかれ。

人が「行く」と言うにしても同じこと。人の運動は、静止した地面を基準に起動や静止を言っても正しい理解にならない。起動や静止の運動は、こうした地面に対して位置づけられた人の存在に属していない。運動を人の運動と考えてはならない。「雲は走る」「月はめぐる」「舟は行く」「岸は移動する」、みなそうである。おろかにも、事態をみるとき、通常の狭い認識に限っていてはならない。

ここまでくれば、後は自明である。

「雲の駛」は東西南北をとわず、「月の運」は昼夜古今に休息なき宗旨、わすれざるべし。「舟の行」および「岸の移」、ともに三世にかかわれず、よく三世を使用するものなり。このゆえに、直至《じきし》如今飽不飢《直に如今《いま》に至るまで飽いて飢えず》なり。

「雲が走る」と言えば、それは東西南北など関係ない。東西南北の区別自体に根拠はないからである。「月がめぐる」とき、その運動が昼夜古今の区別に収まらないことを忘れてはならない。「舟が行く」「岸が移動する」のも、過去・現在・未来の区別に関係はない。それ自体には根拠がないからである。その区別は、人間が運動を言語において認識するとき、枠組みとして使用されるだけのものである。

だから、「そのまま今に至るまで、飽きるほど満足して飢えていない」と言うのである。つまり、認識の条件を解除してしまえば、運動はただの運動にすぎず、それ以上どう言おうと「正しい」認識には至らない。運動状態を言語で分節しても仕方がないのだ。それなら、もう認識に飽きるだろうし、飽きれば飢えまい。したがって、

しかあるを、愚人おもわくは、くものはしるによりて、うごかざる月をうごくとみる、舟のゆくによりて、うつらざる岸をうつるとみゆると見解せり。もし愚人のいうがごとくならんは、いかでか如来の道ならん。仏法の宗旨、いまだ人天の少量にあらず。ただ不可量なりといえども、随機の修行あるのみなり。たれか舟岸を再三撈摝せざらん、たれか雲月を急著眼看せざらん。

にもかかわらず、仏法を学ばぬ愚者は、雲が走るから動かない月が動くように見えると言い、舟が行くから移動しない岸が移動するように見えるとだけ考える。これだけのことなら、どうして如来の説く教えと言えようか。仏法の要所とは、人間や天人の狭量に収まらない。ただし、思考の及ぶところではないと言うなら、その場の修行が教えるだけである。これは要するに、縁起の教えを具体的な行為において考えることの重要性の指摘だろう。そういう修行をする者のうち、誰が舟と岸の関係を何度も熟考しないことがあろうか。誰が雲と月の関係に注目しないですますだろうか。

ここまで読めば、『眼蔵』の空間認識の基本構図が「縁起」パラダイムであることは明白だろう。その縁起が行為である以上、そこに時間の要素が介在するのは見やすい道理で、こういうことを言うのは無粋ではあるが、ときに言われるところの「相対性理論の先取り」という我田引水的な賛辞も、あながちまったく見当はずれとも言いがたい。

では、その時間を『眼蔵』がどう考えたのか。次はそこに言及する段取りである。

⑤『眼蔵』「有時」

思うに、旅行と放浪、航海と漂流の違いはどこにあるのだろうか。まず旅行・航海には目的地がある。その目的地に対して交通手段や航路が決まる。そして旅行日程が決まるだろう。

ところが、放浪・漂流にはそのすべてがない。すべてないから、「放浪」「漂流」と言うのである。では、このとき、旅行者と放浪者との時間意識ないし認識はどう違うか。

前者は旅日記や航海日誌を書けるだろう。だが、後者は放浪や漂流が続くうち、時間の認識は消失していくに違いない。

ということは、我々の日常を支配している、過去・現在・未来、昨日・今日・明日などのように、時間が直線状に「流れている」という意識ないし認識は、一定の行為様式に規定されていることになる。

だとすると、この「直線的時間」は、行為を目的と手段に分節する意識がはっきりし、かつ目的への到達を競うような状況下で、最も強力に意識されるだろう。つまり、競争と取引の世界である。

資本市場に支配される社会はまさにそのような場である。資本運動の最も純粋な形式であろう金融市場とは、要するに未来と現在の時間差に利潤を求めるシステムであるから、文字どおり「時は金なり」である。

そうなると、時間は人間の行為を規制し秩序づけるものとして実体視され（時計の登場）、流れる時間の上なり中なりを、物事が流れていくようなイメージが形成されていくだろう。

さらに、この社会の中で損得の取引をしようと言うなら、すべてを商品価値に還元し、ということはそれを「本質」と考え、一切の他の属性を無視して、自他を峻別《しゅんべつ》する態度が必要である。これが市場社会の「自由」で「平等」な「個人」を原理的に担保しているのだ。

　では、こういうライフスタイルを解除すると、時間意識はどうなるか。じつは、『眼蔵』の「有時《ゆうじ》」の巻が考えているのはそこのところである。我々の日常的な時間意識の手前、過去・現在・未来に分節する手前の時間意識、これをあえて「原時間性」と呼べば、「有時」の巻では、それを「而今《しきん》」と言い、「而今」の運動様式を「経歴《きょうりゃく》」と言うのである。

存在と時間

「有時」の巻は、いきなりことの核心を突いてくる。

　古仏言《のたまわく》、有時高々峰頂立、有時深々海底行。有時三頭八臂《さんとうはっぴ》、有時丈六八尺。有時拄杖払子《しゅじょうほっす》、有時露柱燈籠《ろしゅとうろう》。有時張三李四、有時大地虚空。

古仏というのは、中国の昔の高名な禅師のことである。その師が説法して言うには、ある時は高い頂の上に立ち、ある時は深海の底を行き、ある時は、三つの頭・八本の腕を持つような、人間離れした活躍をし、ある時は立って一丈六尺、坐って八尺といわれる仏身に変じ、ある時は禅僧の杖や法具（「拄杖払子」）、露柱や燈籠、さらにはごく普通の人（「張三李四」）、大地や虚空となる。

右は要するに、如来や菩薩が時と場合、人の器量に応じて臨機応変、さまざまな手段で仏法を説き、相手を救済する力のあることを示したものであろう。「有時」の語は、あくまで「ある時」とか「時には」という意味で用いられている。ところが、『眼蔵』にあっては、まったく違う。

いわゆる有時《ゆうじ》は、時すでにこれ有《ゆう》なり、有はみな時なり。丈六金身これ時なり、時なるがゆえに時の荘厳光明あり。いまの十二時に習学すべし。三頭八臂これ時なり、時なるがゆえにいまの十二時に一如なるべし。

ここで言う「有時」とは、時間それ自体がすでに存在である。存在はすべて時間である。仏身もこれは時間であり、時間だから時間の荘厳な輝きがある。いま我々が経験している時間のことをよく考えるべきだ。三頭八臂のような大活躍も、これは時間である。時間なのだから、我々の経験する時間と同じことなのだ。

この最初の一文はどういうことか。これは「縁起」パラダイムで考えれば、きわめて明瞭な話である。すでに述べたように、この縁起を具体的に担うのは行為である。行為の仕方が対象と自己の存在の仕方を決める。ということは、あるもの（たとえば机）がそのものであるのは、そういうものとして扱われている限り、そう認識されている限りであるにすぎない。それが時の存在を生成する力、「荘厳光明」なのである。

「時すでにこれ有なり、有はみな時なり」、この鮮烈な一文に触れた人は、たいていハイデガーの『存在と時間』を思いだす。道元禅師とハイデガーを並べて論ずるのはきわめて誘惑的で、百家争鳴、さまざまな議論があろう。しかし、ここで一言しておくならば、両者の決定的な違いは、見てのとおり、「と」が有るか無いかである。

ハイデガーは『存在と時間』をテーマとしたがゆえに、「存在」概念と「時間」概念を別物として、あらためて両者の関係を理論化しなければならなかった。これは必ず挫折する。『存在と時間』が未完に終わったのは当然なのだ。概念として分けて始めた話が、概念でつながるわけがない。両者の一致は、体験されるだけのことである。

したがって、「有時」の巻に「と」がないのは、これまた当然である。こちらには坐禅が開く体験があるからだ。坐禅という行為において自意識が融解すれば、言語機能はほぼ停止し、「○○が存在する」という形式での認識は無効になる。そうなると、残るのは意識とも対象とも言いがたい何ものか、あえて言えば、単なる感覚の持続と明滅である。「存在」にしろ「時間」にしろ、言うも無意味である。行為様式を変えれば、存在の仕方も一変するのだ。ということは時間意識ないし認識も変容するわけである。

行為としての時間

ならば、存在が時間だということは、『眼蔵』においては、日常の生活時間の中で簡単に納得できる話ではない。坐禅という行為が開く次元から言われることなのであり、そのときの「有時」における「時」は、独特の在り方をしているのである。だから、あらためて日常の生活時間を再検討して、その虚構性を自覚する必要があるのだ。『眼蔵』は以下にそれを言う。

十二時の長遠短促《じょうおんたんそく》、いまだ度量《たくりょう》せずといえども、これを十二時という。去来《こらい》の方跡あきらかなるによりて、人これを疑著《ぎじゃ》せず、疑著せざれどもしれるにあらず。衆生もとよりしらざる毎物《まいもつ》毎事を疑著すること一定《いちじょう》せざるがゆえに、疑著する前程、かならずしもいまの疑著に符合することなし。ただ疑著しばらく時なるのみなり。

日常生活を規制する時間の長短や緩急の実際を、人々は日常いちいち計測しなくても、これを一二時と決め、そう呼んでいる。過去から未来へ流れていく、あるいは未来から過去へと流れてくる、均質で一様な明らかな流れとして、人はまったく疑わない。しかし、疑っていないのだが、時間の何たるかを知っているわけではない。我々はもともと知らない物事に向かい合うたび、疑うにしても一定の疑い方があるわけではない。だから、疑う以前には、必ずしも今疑っている時と同じように対象が見えるわけでもない。ただ、疑うという行為も時間である。

ここで疑う行為が時間であるというのは、その行為に応じて対象はそれなりの存在の仕方をする、そのことが「時」＝「有時」なのだ、という意味である。ということは、『眼蔵』のいう時間は、あくまでも行為において自覚されるもので、それから独立した抽象的かつ実体的な流動体ではない。ならば、「縁起」パラダイムの理屈として、それは自己と対象の関係性を直接意味することになる。

われを排列しおきて尽界とせり、この尽界の頭々物々《とうとうもつもつ》を、時々なりと覰見《しょけん》すべし。物々の相礙《そうげ》せざるは、時々の相礙せざるがごとし。このゆえに同時発心あり、同心発時なり。および修行成道もかくのごとし。

このとき、行為は時間であり、すなわち存在ならば、これを一定の様式で秩序づけ、首尾一貫した連関に構成するところに「われ」は現成する。「われを排列」するとは、まさに行為＝時間における自己の編成の意味なのだ。そしてその編成が同時に対象世界の成立である。自己を一定の様式で秩序づければ、それに応じた世界が現前する。だから、その世界のそれぞれのもの（「頭々物々」）は、みな時間なのだと見るべきである。対象がそれぞれ実体を持たない（「相礙せざる」）のは、時間に実体がないようなものである。

だから、自己が発心（仏道に志す心を起こすこと）すれば、それに応じた世界が見えてくる。行為、つまり時間が自己と対象を一挙に現成するのだ。また、自己と対象がともに現成するのは、その志を起こすという行為（＝「時」）においてである。修行する、成道するというのも、発心と同じことである。

時間と「而今」

こう言っておいて、続いていよいよ、通常の直線的に流れる時間意識と、それと次元を異にする、あるいは日常時間が構成される手前の、「原時間性」と本書で仮称する事態が主題化される。

しかあるを、仏法をならわざる凡夫の時節にあらゆる見解《けんげ》は、有時のことばをきくにおもわく、あるときは三頭八臂となれりき、あるときは丈六八尺となれりき。たとえば、河をすぎ、山をすぎしがごとくなりと。いまはその山河《せんが》、たといあるらめども、われすぎきたりて、いま玉殿朱楼に処せり、山河とわれと、天と地となりとおもう。

にもかかわらず、仏法を学ばない凡人の場合、彼の見解としては、「有時」の語を聞けば、あるときは三頭八臂となり、あるときは丈六八尺となる、という意味だと考える。たとえば歩いていくと、川を過ぎ山を過ぎて行くようなものである、と。今も山川はもとの所にあるだろうし、自分はそこを過ぎてきて、今度は立派な御殿や楼閣にいるのだ。山や川と自分、そして天と地、それぞれに存在するのだ——こう凡人は考える。

この凡人の考えは、強大な透明な箱のごとき不動の空間がそれ自体として存在し、そこを風か大河のような時間そのものが一定の速度で流れていて、その空間と時間の中に、物体なり事件なりがそれ自体で存在している、という了解が前提となっている。

しかし、この了解は特定の形式での時間しか認識していない。それは、一定の目的に向けて前後に秩序づけられた行為を実施する場合の時間である。それだけが時間ではない。

しかあれども、道理この一条のみにあらず。いわゆる山をのぼり河をわたりし時にわれありき、われに時あるべし。われすでにあり、時さるべからず。時もし去来の相にあらずは、上山の時は有時の而今《しきん》なり。時もし去来の相を保任《ほうにん》せば、われに有時の而今ある、これ有時なり。かの上山渡河の時、この玉殿朱楼の時を呑却《たんきゃ》せざらんや、吐却《つうきゃ》せざらんや。

行為の仕方で時間のスタイルが自覚され、その行為が自己と対象を生成するなら、まず、山に登り河を渡る行為（＝「時」）において、自己である。ということは、自己において時間が存在するのだ。自己がここにすでに存在するのだから、時間が自己と別に流れ去るわけがない。

時間がもし去ったり来たりという様相を呈さないなら、つまり、そういう直線型に時間を認識しないと言うなら、その場合の山に登る行為のその「時」は、存在と時間の一致を自覚する体験である「而今」である。

時間がもし去ったり来たりという様相を持つなら、自己が、行為における生成という意味で、存在かつ時間(「而今」)なのだから、その去ったり来たりという認識も行為(=「時」)の仕方に規定される。それが「有時」ということの意味である。

ならば、山に登り河を渡るという行為が、この玉殿朱楼を現前させるに違いない。「上山渡河の時」が「玉殿朱楼の時」を呑んだり吐いたりするというのは、行為が存在を生成するということの比喩であり、「有時」の事態を象徴する表現なのである。

ここで重要なのは「而今」という語だ。これは「有時」、すなわち存在と時間が一致したものとして明瞭に自覚されている事態を指して言う言葉である。その最も純粋な状態が坐禅中に起きる「感覚」だが、必ずしもそれだけに限定されない。その要件は、目的に向けて行為や体験を前後に整序する意識を解除することなのである。つまり、「而今」は旅行・航海ではなく、放浪・漂流的な行為様式に発現する事態なのだ。

いま「而今」を「時間」と言わず「事態」と言うのは、これが直線状の時間を微分して得られる点的瞬間としての「今」と異なるからである。その意味で、「今」は時間の一種だが、「而今」は違う。体験の持つ「原時間性」の様態を意味する。

であるから、「而今」は前後の秩序を持たない。過去・現在・未来の構造を持たない。何か実体あるものが、それとは別の時間に「流される」ことはない。それを『眼蔵』はこう述べる。

三頭八臂はきのうの時なり、丈六八尺はきょうの時なり。しかあれども、その昨今の道理、ただこれ山のなかに直入《じきにゅう》して、千峰万峰をみわたす時節なり、すぎぬるにあらず。三頭八臂もすなわちわが有時にて一経《いっきょう》す、彼方《ひほう》にあるににたれども而今なり。丈六八尺もすなわちわが有時にて一経す、彼処《ひしょ》にあるににたれども而今なり。

「三頭八臂」の存在は昨日の「時」なり、「丈六八尺」の存在は今日の「時」なり。しかし、存在とは時間だという前提で、昨日今日を言う理屈は、その手前の「而今」から考え直され、解体されなければならない。それはただ、山に入って、その高みから千峰万峰を見渡す場合と同じことで、その「時」は流れ去るように過ぎるのではない。

これは何を言いたいのかというと、目的を意識して行為や行為の記憶を整序することが行われない限り、「流れる」「過ぎる」時間は現前しない、ということである。

目的地に急ぐ必要のある人間が電車に乗れば、彼は駅ごとに「今ここだ、次はあそこだ、もうすぐだ」という意識になるだろう。この意識上を車窓に映る景色が「流れる」「過ぎる」のである。

しかし、特に目的もなく漠然と乗っている者、あるいは放浪している者にとっては、いつどこに着くかはまったく問題ではない。ならば、車窓の景色は、単に窓枠内で移り変わっているにすぎない。その景色を後から思いだしたとしても、記憶に明確な前後の秩序はなく、あれこれ見えたなあ、程度の話になるだけであろう。これが「千峰万峰をみわたす時節」であり、「すぎぬるにあらず」と言われる事態なのだ。頂上に立った登山者は、一息ついて山の峰々を見渡しているとき、登ってきた順番に見るわけではあるまい。

「三頭八臂」ということも、これを自己の「有時」として体験する。それは自己と別の存在に見えるだろうが、じつは「而今」という、縁起における事態なのだ。「丈六八尺」も同じである。

「経歴」する「而今」

「有時」の体験としての「而今」は、それ自体過ぎ去る「時間」ではない。では、「時間が過ぎる、流れる」という表現に対応する「運動」はないのか。あるいは、存在と時間が一致すると言うなら、「存在する」という言葉があるのと同じように、「時間する」という意味の動詞になる言葉があるのか。『眼蔵』はそれを「経歴《きょうりゃく》」と言う。

> 有時に経歴の功徳あり。いわゆる今日より明日へ経歴す、今日より昨日に経歴す、昨日より今日へ経歴す。今日より今日に経歴す、明日より明日に経歴す。経歴はそれ時の功徳なるがゆえに。
>
> 古今の時、かさなれるにあらず、ならびつもれるにあらざれども、青原《せいげん》も時なり、黄檗《おうばく》も時なり、江西《こうぜい》も石頭《せきとう》も時なり。自他すでに時なるがゆえに、修証は諸時なり。入泥入水《にゅうでいにっすい》おなじく時なり。

「有時」には「経歴する」という運動がある。これは「而今」の体験でもある。したがって、「経歴」は前後関係の秩序を持つ運動ではない。だから、今日から明日へ経歴するとも言えようし、今日から昨日に経歴することもあろうし、昨日より今日へ経歴したり、あるいは今日より今日に経歴し、明日より明日に経歴することもある。それもこれも経歴は「時」（＝「有時」）の運動であり、「而今」の体験だからである。

であるから、「経歴」においてあえて「古今」を言うにしても、それは積み重なるものでもなく、並び積もるものでもない。なぜなら、重なるにしろ並ぶにしろ、その順番が言える以上、前後関係を持つわけで、直線運動と基本的な構造が同じだからである。

これらとは異なる運動が「経歴」なのだから、それは「而今」のことであり、そこにおいては、青原や黄檗、江西、石頭というような高名な中国の禅師たちもみな「時」（＝「有時」）である。自他もすでにそうなのだから、修証という修行も同じように「時」、泥に入り水に入るというような衆生済度も「時」なのだ。この「経歴」する「有時」たる「而今」から、取引や競争などの目的に向かう行為によって、通常我々が意識する時間が構成される。

いまの凡夫の見、および見の因縁、これ凡夫のみるところなりといえども、凡夫の法にあらず、法しばらく凡夫を因縁せるのみなり。この時、この有は、法にあらずと学するがゆえに、丈六金身はわれにあらずと認ずるなり。われを丈六金身にあらずとのがれんとする、またすなわち有時の片々なり、未証拠者の看々《かんかん》なり。

いま、凡人が普通に持つ時間認識、およびその認識が生まれてくる理由は、これ凡人の認識であるにしても、凡夫それ自体がそういう見方しかできないと決まっているものでもない。あるものの見方・考え方(「法」)が、しばらく凡夫を拘束しているだけである。この考え方に拘束されているうちは、この時間この存在はそれ自体であるものだと考え、しばらく一定の在り方を保持しているにすぎないものとは見ない(「法にあらずと学する」)から、如来は自分ではない、本質的に別なもの、という認識も出てくるのである。ところが、如来と自分とは別物と錯誤するのも、これまた「有時」のうちである。まだ仏法の確証をつかまぬ者の暫時の考え方にすぎない。

「経歴」する世界

したがって、日常の時間を「而今」から考え直せば、次のようになる。

いま世界に排列せるうま・ひつじをあらしむるも、住法位の恁麼《いんも》なる昇降上下なり。ねずみも時なり、とらも時なり、生も時なり、仏も時なり。この時、三頭八臂にて尽界を証し、丈六金身にて尽界を証す。それ尽界をもて尽界を界尽《かいじん》するを、究尽《ぐうじん》するとはいうなり。

いま我々の日常世界を規制している一二時・二四時間という時間秩序を成立させているのも、諸存在を生成する縁起の仕方が、一定の条件の下に、そうなるように段取りしているからにすぎない(「昇降上下」)。

その条件とは、「時は金なり」のごとき、時間秩序を必要とする行為様式である。一二時中、ねずみの刻も「時」から構成され、とらの刻もそうである。同じように衆生も如来もみな「時」において現前する。だから、この「有時」の「時」は、「三頭八臂」や「丈六金身」がいまここに現前しているという事実一つで、自ら全存在を生成するものであることを証明している。これは、存在するものが存在するものの存在の仕方を証明することであり、つまりそれが「究め尽くす」ということなのである。

この後、存在と時間の一致という事態をさらに説明して、次に最終的に「経歴」を説明し直す。

経歴というは、風雨の東西するがごとく学しきたるべからず。尽界は不動転なるにあらず、不進退なるにあらず、経歴なり。経歴は、たとえば春のごとし。春に許多般《こたはん》の様子あり、これを経歴という。外物《げもつ》なきに経歴すると参学すべし。たとえば、春の経歴はかならず春を経歴するなり。経歴は春にあらざれども、春の経歴なるがゆえに、経歴いま春の時に成道せり。審細に参来参去すべし。経歴をいうに、境は外頭《げとう》にして、能経歴の法は東にむきて百千世界をゆきすぎて、百千万劫をふるとおもうは、仏道の参学、これのみを専一にせざるなり。

「経歴」とは、風雨が東西に往来するようなものと考えてはならない。全存在は動転もせず、進退もせず、いかなる運動をもしないわけではない。「時」としての全存在の運動は「経歴」である。「経歴」は、たとえば春のようなものである。春にはさまざまな景色がある。これが「経歴」である。その景色とは別に流れている時間など無いものとして、「経歴」を考えるべきである。

たとえば「而今」における春の移り変わり（＝「経歴」）は、必ず春を現成させている移り変わりなのである。移り変わることそれ自体が春ではないが、ここでは春の移り変わりなのだから、この移り変わりこそは、春の「時」としての完全な現成である。ここのところをよくよく繰り返し研究すべきである。

「経歴」と言うときに、対象世界はそれ自体で存在するものと考え、それと別に「経歴」する主体が一定方向に流れ行き、百千の世界を過ぎて、無限の時間を経過するというように考えるなら、それは仏法を学ぶにあたって、これ一つにかけて真剣という態度（「専一」）でないからである。

以上で、「有時」の巻の要旨を終わる。ただ、この後、この巻の最後には、大変ユニークな言語論が展開されている。本書で後段に言語論を扱う便宜からも、ここで一応の検討を加えておくことは好都合なので、紹介しておく。

言葉と意味

時間論の中で言語論というのも妙なものだが、それは従来の概念秩序の中で考えればそう思うだけのことで、時間と存在を一致させる体験の中で考えれば、事の次第は違ってくる。

たとえば、日常時間を析出するのに必要不可欠なのは経験の前後関係のような秩序意識である。これは、不可逆的な前後関係を確定する因果概念の成立と相即するはずだろうから、それだけを見ても、言語は時間にとって決定的に作用する。

ならば、「而今」の中では、通常とは別の言語の振る舞いがあってしかるべきである。そのことが以下に語られる。

有時意到句不到、有時句到意不到。有時意句両倶到《りょうくとう》、有時意句倶不到。《有る時は意到りて句到

らず、有る時は句到りて意到らず。有る時は意句両《ふた》つ倶《とも》に到る、有る時は意句倶に到らず》

冒頭、ここでも「有時」の語があって、これは「而今」の観点からの議論であることを予告する。そして言葉（「句」）と意味（「意」）との関係を主題にするのである。

そこで引用されているのは、ある禅師の言葉として、言葉と意味の四つの関係である。ある時は、意味を言葉が十分捉えていない。または言葉は尽くされるのだが、意味ははっきりわからない。またある時は言葉の表現も適切で意味もよくわかる。そうでないときは、言葉も足りないし、意味もわからない。

この四つの関係は、じつは根底に一つのパラダイムを置いている。それは、対象には本質があり、それが自己の感覚器官に現象として受容され、精神がその現象から本質を判断する、という二元論である。この場合、本質が意味＝「意」で、感覚器に受容されるのは現象である音節や文字の「句」になる。これは基本的に、一対一の対応があらかじめ言語秩序の全体系から保証されている、という考え方である。しかし、「而今」の観点はこの考え方を覆す。

「意」「句」ともに有時なり、「到」「不到」ともに有時なり。到時未了なりといえども不到時来なり。意は驢《ろ》なり、句は馬《ば》なり。馬を句とし、驢を意とせり。「到」それ来にあらず、「不到」これ未にあらず。有時かくのごとくなり。

意味も言葉も同じく「有時」としての存在である。ならば、対象や本質、現象や判断する自己をおのおの別の存在と考える二元論を前提に、「到」(=「達している、十分だ」)「不到」(=「達していない、十分ではない」)を言っても、その「到」「不到」もまた「有時」の存在である。

これは、意味と言葉が正確に対応している言語秩序が、それ自体で存在することを前提に、我々の言語活動が行われているという考えの否定である。そうではなくて、意味が言葉に達しようが達しまいが、言葉が意味を十分に伝えようが伝えまいが、言い表すという、「到」「不到」の行為こそが、言語を生成するということである。到ろうと到るまいと、何かを言おうとする行為が、そのたびに言葉と意味を産出するのだ。「有時」の現実としての言語行為、それがこの場合の「到」「不到」なのである。けだし、詩的な言語が産出されるのは、まさに「有時」においてだろう。

だから、「到」がいまだ完全に終わらないうちに「不到」が来てしまうことがある。「到」「不到」を判断する基準となるものが、それ自体として存在しないからである。意味と言葉の一対一対応の具合を確定する基準が何かあれば、「到」「不到」の程度を判断できるだろうが、それがなければ、「到」と言い「不到」と言っても、言語活動のあれこれにすぎない。

驢馬が去らないうちに馬が来てしまったという禅僧の言葉がある。物事を二元論的に分別することへの批判を意味するが、この場合、意味は驢馬に、言葉は馬に当たる。来てしまった馬を言葉とすれば、まだ去らない驢馬が意味である。意味と言葉を分割し、その一対一対応を前提に、二元論の枠組みの中で「到」「不到」を言っても始まらない。

「到」と言っても、それは来たということではない。「不到」と言っても、まだ来ていないということでもない。そういうことが言えるのは、それを判断する基準となる何かがあるということである。「本質」を捉える確立した意味がそれ自体で存在し、あらかじめそれに対応する言語があって、その上で言語活動が行われるのではない。意味がわかってもわからなくても、言葉が見つかっても見つからなくても、あえて何かを言う行為が、言葉と意味を生成する。ならば、言葉が意味を作りだし、意味が言葉を引きだすこともあるだろう。これが「有時」としての言語である。だから、

到は到に罣礙《けいげ》せられて不到に罣礙せられず。不到は不到に罣礙せられて到に罣礙せられず。意は意をさえ、意をみる。句は句をさえ、句をみる。礙は礙をさえ、礙をみる。礙は礙を礙するなり、これ時なり。

右文中で覆う・妨げるという意味の「罣礙」という言葉は、ここでは「捉える」「そういうものとしておく」くらいの意味に読んでおく。

いま「到」と言うなら、「不到」との対比で考えてはならない。「到」はあくまで「到」という言語行為、「不到」もただ「不到」として現成する言語行為である。だから、この行為から意味は意味として生成し、言葉は言葉として生成する。同じように、妨げること（ここでは、そういうものとして成立すること）も自ら妨げ、それを認識する。妨げることは妨げることを妨げる。これが時である。「そういうものとして成立すること」こそ、「縁起」パラダイムが意味する存在だから、結局「妨げることは妨げることを妨げる」とは、存在するものはそれが存在するように存在しているということである。これが「有時」の言うところであることは、もはや自明であろう。

礙は他法に使得《すて》せらるといえども、他法を礙する礙いまだあらざるなり。我逢人《がふにん》なり、人逢人

なり、我逢我なり、出逢出《しゅつふしゅつ》なり。これらもし時をえざるには、恁麼ならざるなり。又、意は現成公案の時なり、句は向上関棙《かんれい》の時なり。到は脱体《とったい》の時なり、不到は即此離此《そくしりし》の時なり。かくのごとく辨肯《はんけん》すべし、有時すべし。

ここでの「妨げ」は、他の存在の生成に使用される行為であるが、存在と別に考えられた行為を言うのではない。そういう二元論的行為ではないのだ。

同じように、私が人に逢うと言うなら、人が人に逢うとも、私が私に逢うとも、出る行為が出る行為に逢うとも言えるだろう。これらの言い方はすべて、二元論的思考からは出てこない。しかし、「有時」の観点からすれば違う。たとえば、「我逢我」とは、自己は行為において自己であり続けなければならない、ということである。自己とは自己の生成なのだ。その自覚を「我逢我」と言う。

もし「時」という考え方を心得なければ、こうした言い方はできないはずだ。また、意味は「存在への問い」が明らかにした「時」（＝行為である「時」）において生成する。言葉は、常識的な言語秩序（「関棙」）を超えていく、その「時」として現成する。「関棙」は「仕組み」という程度の意味である。いずれにしろ、「時」という行為が生成するのであって、それ自体で存在すると想定された意味や言葉の問題ではない。

だから、先の「到」も何か基準を持つものに保証されて言われているのではない。それ自体で存在するもの、という二元論的考え方を脱却（「脱体」）している、そういう「時」においての事態である。「不到」も何かに即した／離れたの二元思考に拘束されない、そういう「時」である。このように考えるべきである。そう「有時」すべきである。

この末尾の一文、「有時すべし」が本巻すべての結論である。「有時」は動詞なのだ。それは行為が存在を生成するという、「縁起」の考えを端的に言い切るものなのである。

　では、これまで述べてきた「縁起」パラダイムを実際の認識の仕方に即して考えるとどうなるか、次にそれを見てみよう。

第四章

縁起する認識、縁起する言語

これまでは、我々になじみの二元図式によると、各々それ自体で存在しているとされる「自己」と「世界」が、縁起の見方からすればどのような存在と考えられるかを議論してきた。

そこで次は、ある存在をそのようなものとして認識する、その認識の仕方を論じる段取りである。すでに述べたように、存在を本質／現象、自己／世界に分ける考え方は、それ自体が認識する自己と認識される対象世界の二元図式を枠組みとして前提している。

では存在を縁起として把握する認識は、どういう構造を持っているか。それを明確に示すのが、「恁麼《いんも》」の巻である。

⑥『眼蔵』「恁麼」

巻の題名である「恁麼」とは、「このように」「そのように」という意味の語、つまり「諸法実相」の巻で論じた「如是」と同じ意味の言葉である。しかも、これと意味が同じ語をめぐる議論は、その他の巻にもしばしば出てきており、縁起の立場で存在するものの存在の仕方を問うとすれば不可欠のキー・タームである。

「このように」という現前

「諸法実相」の巻から本論が読み取ったのは、あるものが、他のどのようにでもなく、まさに「このように」現前するとき、その「このように」を何が規定するのか、ということであった。本質／現象の図式で考えれば、それは当然、本質のしからしめるところとなろうが、縁起の観点では、それが具体的な関係性、すなわち行為であるとする。「諸法実相」の巻では、その行為を「乃能究尽」という言葉で表していた。

何度も繰り返すが、この場合の「行為」とは、「対象」がそれ自体で存在し、そこに向かって、これまた独立自存する「自己」が行為を発動する、ということではない。先立つのは行為であり、その行為によって自己と対象が構成されるのである（最も端的に言うなら、生誕、最初の根源的行為である）。

行為の仕方こそが、在るものの在り方、つまり「このように」を規定する。それが縁起の立場における「如是」の解釈であった。

これを我々の認識の仕方に即して言い直せば、「このように」現前するものの背後に、その根拠となる「本質」はない。「このように」とは、正にそのとおり認識する自己に対しての現前である。このとき、もし認識する自己にそれ自体として存在する根拠を設定すれば、一種の「独我論」になるだろう。だが、この自己にも根拠を認めないとすれば、「このように」は、自己と世界の存在を構成する土台としての縁起の次元を、認識の局面から表現する語となる。

「このように」をさらに根拠づける「本質」のごとき何ものもない。あえて後論を先取りして言ってしまえば、「このように」という認識の次元、つまり縁起の次元を開くのは、「本質」ではなく「行為」であり、その根底においては、坐禅という行為である。

「恁麼」の巻は、縁起の次元を認識という局面から語る。その話は、ある禅師の修行僧への説法の言葉を掲げるところから始まる。

一日示衆云、「欲得恁麼事《いんもじ》、須是《しゅぜ》恁麼人《いんもじん》。既是《きぜ》恁麼人、何愁《がしゅう》恁麼事」。

いわゆるは、「恁麼事をえんとおもうは、すべからくこれ恁麼人なるべし。すでにこれ恁麼人なり、なんぞ恁麼事をうれえん」。

これを現代語で言い直せば、「このような事を会得しようとすれば、このような人でなくてはならない。すでにこのような人なのだから、どうしてこのような事を会得しようとして思い煩う必要があろう」、という意味になるであろう。が、しかし、こう訳しても何のことだかわからない。そこで意味の解釈が続く。

この宗旨《そうし》は、直趣無上菩《じきしゅむじょうぼ》提《だい》、しばらくこれを恁麼という。この無上菩提のていたらくは、すなわち尽十方界も無上菩提の少許《しょうこ》なり。さらに菩提の尽界よりもあまるべし。われらもかの尽十方界の中にあらゆる調度なり。なにによりてか恁麼あるとしる。いわゆる身心《しんじん》ともに尽界にあらわれて、われにあらざるゆえにしかありとしるなり。

言いたいことは、「このように」が直接に「無上菩提」、すなわち「覚り」、本論においては「縁起」の考え方を意味しているということである。

その「縁起」の考え方がどういうものかと言えば（「ていたらくは」）、この世界の存在も、縁起という在り方の一部（「少許」）であり、さらに言えば、「縁起」とは存在の仕方を言うのだから、「世界」という特定の存在を超えて、存在することそのものを規定している。したがって、我々の存在も、この世界の中に位置づけられているもの（「調度」）なのである。どうして、そのように存在しているとわかるのか。それは、いわゆる自己の在り方（「身心」）が、この世界に現成するとき、それ自体に何らかの根拠を持って現れるのではないということからして（「われにあらざるゆえに」）、縁起するものとして、そのように存在すると知るのだ。

「無常」としての「恁麼」

ここまでは、「縁起」の次元における存在を「恁麼」として認識するという考え方の、要領のよい解説である。次には、自己が根拠を持たない「無常」の存在であることを述べて、この考え方が「独我論」ではないことを明確にして、主張をさらに補強する。

> 身すでにわたくしにあらず、いのちは光陰にうつされてしばらくもとどめがたし。紅顔いずくへかさりにし、たずねんとするに蹤跡《しょうせき》なし。つらつら観ずるところに、往事のふたたびあうべからざるおおし。赤心もとどまらず、片々として往来す。たといまことありというとも、吾我のほとりにとどこおるものにあらず。恁麼なるに、無端に発心するものあり。

身体は自己の根拠とならず、命も時間とともに変化して止めることはできない。若いころの容姿はどこに消えてしまったのか、さがそうとしても跡形も無い。ざっと見渡してみても、過ぎたことに再び出会うことはないものだ。真実の心（「赤心」）というのも同じことで、あちこちに往来して留まらない。たとえそれが真実のものだとしても、それは自己の根拠として引き止められるものでもない。こういう無常のものだから、それを自覚するとき、いつということもなく、仏道に志を起こす者が出てくるのである。では、この志が起きると、どうなるか。

この心《しん》おこるより、向来《きょうらい》もてあそぶところをなげすてて、所未聞をきかんとねがい、所未証を証せんともとむる、ひとえにわたくしの所為にあらず。しるべし、恁麼人なるゆえにしかあるなり。なにをもってか恁麼人にてありとしる、すなわち恁麼事をえんとおもうによりて恁麼人なりとしるなり。すでに恁麼人の面目あり、いまの恁麼事をうれうべからず。うれうるもこれ恁麼事なるがゆえに、うれえにあらざるなり。

この志が起きてくれば、これまで振り回していた見解を捨てて、今まで聞くことのなかった教えを聞こうと願い、いまだ正しい教えだと自分で証明していなかった考え方を、証明したいと思うだろう。しかしそれは、自己が、その存在の仕方とは無縁な、「縁起」という別の次元を理解しようとするのではない。そうではなくて、自己がそもそも「このような人」、つまり縁起する存在だから、自覚し認識することが可能なのである。では、なぜ「このような人」の自覚が可能なのか。

それは「このように存在するということ」、つまり「存在が縁起するものであること」を知りたいと思うからだ。そのときこそ、自己は「このような人」、つまり縁起を自覚した者として現前する（「恁麼人の面目あり」）。だとしたら、「このように存在するということ」を、いたずらに二元図式で思い悩んではいけない。その思い悩みも、縁起する（「恁麼事なる」）のであり、そうとわかれば、もはや悩みとも言えない。

すなわち、思うことも悩むことも行為なのであり、その悩むという行為において、悩み相応のものとして、「そのように」現前する世界があるのだ。

「縁起」の次元

以上のように、『眼蔵』では「恁麼」を、縁起する存在を認識しているときの、その様態を表す語として使っている。であるならば、何がどういう様式で現前しようと、これを概念的な判断で割り切ることはできない。

又恁麼事の恁麼あるにも、おどろくべからず。たといおどろきあやしまるる恁麼ありとも、さらにこれ恁麼なり。おどろくべからずという恁麼あるなり。

「このようなこと」が「このように」現前するのを驚いてはいけない。なぜなら、在るものが驚くような在り方をしているとするなら、それは、「このように」現前しているのとは別の、「本来の」「正常な」在り方を我々が想定しているからだ。しかし、その想定の根拠となるべき「本質」は、「縁起」の考え方では否定されねばならない。

したがって、たとえ驚き怪しむという行為において何ものかが「このように」現前しているとしても、それはまさに「驚く」という行為＝縁起において「このように」あるのだという、仏法の考え方を実証しているにすぎない。だから、ここで「驚いてはいけない」とされる「このように」とは、まさに本質／現象の二元図式を脱却した、縁起の在り方として認識された「このように」なのである。

したがって、

これただ仏量にて量ずべからず、心量にて量ずべからず、法界量にて量ずべからず、尽界量にて量ずべからず。ただまさに「既是恁麼人、何愁恁麼事」なるべし。

たとえ仏の智慧によってでも、「このように」現前している在り方を概念化して判断してはならない。人の心で判断してもいけない。仏法の世界を、あるいは全世界の在り方を基準にして判断してもいけない。およそ、それは概念化し判断する手前、概念化や判断を可能にする土台の次元である。それが、「すでにこのような人なのだから、このようにあることを思い悩む必要があろうか」と言われる事態なのである。

ここで議論されていることを簡単に言うと、こういうことである。

目の前の出来事に思い悩んだりするのは、その出来事に思い悩むべき「本質」が内在しているからではない。そうではなくて、思い悩むから、事態は思い悩んだように、つまり「このように」現前するのである。いま「このようにある」思い悩むべき事態とは、思い悩む行為から切り離されて、それ自体で存在し、「自己」の思い悩む行為の「対象」になるものではない。そうではなくて、「自己」も「対象」も思い悩むことによって「このように」生成された事態なのだ。なぜなら、思い悩みは行為であり、行為こそ縁起の実質だからである。したがって、

このゆえに、声色《しょうしき》の恁麼は恁麼なるべし、身心の恁麼は恁麼なるべし、諸仏の恁麼は恁麼なるべきなり。たとえば、因地《いんじ》倒者《とうしゃ》《地に因りて倒るる者》のときを恁麼なりと恁麼会《いんもうい》なるに、必因

地起《必ず地に因りて起く》の恁麼のとき、因地倒をあやしまざるなり。

認識の対象（「声色」）が認識されるように現前するのは（「恁麼」）、それが縁起しているからである（「恁麼なるべし」）。また、認識する自己（「身心」）が、自己として認識されるとおりに現前するのは（「恁麼」）、それが縁起する存在だからである（「恁麼なるべし」）。諸仏の現前もまた同じなのだ。

それは、たとえば、このように言い得る。すなわち、「地面に躓《つまず》いて倒れる者」がいた場合、それをそのとおりに認識しているのに、「必ず同じ地面の上に再び立ち上がるのだ」ということが、そのように現前するとき、「地面に躓いて倒れた」ことを怪しんだりしない。

この「倒れる」「起きる」のたとえ話は、そのまま読んでも何のことかわかるまい。大切なのは、ある現象を「倒れる」「起きる」と概念化して認識することが、縁起の次元を土台にしているという理解なのである。文中の「地」とは縁起の次元を指しているのだ。

普通、「倒れる」と言えば、倒れる行為自体を意味していると考えるだろう。ところが、「倒れる」行為とは、地面とその上を歩く者とそれを見ている者との関係性において言えることである。彼が「倒れた」のか「寝た」のかは、この関係性のいかんによって決まるだろう。ある現象がそのような現象として認識されるのは、その現象が縁起による現前だからである。それが「倒れる」という概念で理解されようと、「起きる」という概念で理解されようと、縁起の次元という「地」においての出来事であることに変わりはない。だから、怪しんだりしないのである。

驚くべきことに、『眼蔵』では「恁麼」が概念化の手前の事態であることを徹底して示すため、これに引き続く文章で、ここで語られる「恁麼」や「地」（＝縁起の次元）という言葉も相対化されている。

　そこでは「恁麼会のみにして、さらに不恁麼会なきは、このことばを参究せざるがごとし」と説かれ、また「いわゆる『地によりてたおるるものは、かならず空によりておき、空によりてたおるるものは、かならず地によりておくるなり』。もし恁麼あらざらんは、ついにおくることあるべからず。諸仏諸祖、みなかくのごとくありしなり」とされる。

「このようである」という判断が可能であるためには、「そのようではない」と認識しえる事態の存在を前提しなければならない。それがわからなければ、「このように」という認識の意味がわかったことにはならないというのだ。

　同様に、諸存在を生成する土台としての縁起の次元を、存在するものの「実体」としての「根拠」「根源」のように誤解してはいけない。縁起の次元は、事実存在するものが存在するように存在するという、「このように」の認識において自覚される。家が建っているから「土台」と認識されるのである。「土台」それ自体など存在しない。右文中で「地」に対して「空」をぶつけて見せるのは、この事情を説明するためである。

風鈴問答

　ここまで説明して、『眼蔵』は以下に二つの問答を挙げて、縁起の次元における認識の在りようを示す。

　第十七代の祖師、僧伽難提《そうぎゃなんだい》尊者、ちなみに伽耶舎多《かやしゃた》、これ法嗣《はっす》なり。あるとき、殿にかけてある鈴鐸《れいたく》の、風にふかれてなるをききて、伽耶舎多にとう、「風のなるとやせん、鈴のなるとやせん」。伽耶舎多もうさく、「風の鳴にあらず、鈴の鳴にあらず、我心の鳴なり」。僧伽難提尊者いわく、「心はまたなにぞや」。伽耶舎多もうさく、「倶《とも》に寂静なるがゆえに」。僧伽難提尊者いわく、「善哉《ぜんざい》々々、わが道を次《つ》ぐべきこと、子《なんじ》にあらずよりはたれぞや」。ついに正法眼蔵を伝付す。

これは風鈴の鳴る音を聞いた師と弟子の問答である。師は弟子に問う。

「さて、風が鳴るのか、鈴が鳴るのか」

弟子は答える。

「風が鳴るのでもなく、鈴が鳴るのでもありません。私の心が鳴るのです」

「その心とは何かね」

「皆ともに静寂です」

それを聞き、師は弟子に言った。

「見事だ。私の仏道を継ぐのは君以外にはいない」

ついに師は弟子に仏法の真髄を伝えた。

この話はまず、風鈴が鳴って、その音を我々が聞いているという、常識的な二元図式での認識を疑う。音を出す実体として風鈴があり、そこから音が発生するわけではないだろう、と。あるいは風が音の実体で、鈴を条件として音を発生させたのでもあるまい。

そうではなくて、その音を聞く「我心」が鳴るのだ。鈴が鳴ろうが風が鳴ろうが、それを聞く意識作用・意識主体がない限り、「鳴る」とは言えない。だから、「心が鳴る」と言うわけである。

ここまでざっと読むと、いかにも禅問答らしい禅問答である。が、以上で終わるなら、これは「我心」を実体として認めることになる。そこで、師は詰めの問いを発する。

「(鳴っている)その心とは何か」

これに対して弟子は答える。

「倶寂静《くじやくじよう》」

この言葉の解釈が問題なのである。『眼蔵』は次のように述べる。

これは、風の鳴にあらざるところに、我心鳴《がしんめい》を学す。鈴のなるにあらざるとき、我心鳴を学す。我心の鳴はたとい恁麼なりといえども、「倶寂静《くじやくじよう》」なり。

鈴も風も鳴らないという場合、「我が心が鳴る」事態を「恁麼」に解釈すれば、すなわち縁起の考え方で解釈すれば、「倶寂静」(=何も鳴らない)という鳴り方になるというのだ。

この後、「我心」を実体視する考え方をあっさり否定して、『眼蔵』は言う。

しかあるを、仏道の嫡嗣《ちやくし》に学しきたれるには、無上菩提正法眼蔵、これを寂静といい、無為といい、三昧《さんまい》といい、陀羅尼《だらに》という道理は、一法わずかに寂静なれば、万法ともに寂静なり。風吹寂静なれば鈴鳴寂静なり。このゆえに「倶寂静」というなり。心鳴は風鳴にあらず、心鳴は鈴鳴にあらず、心鳴は心鳴にあらずと道取するなり。

仏教を真っ当に学んでいれば、完全なる覚り＝縁起の自覚を、静寂と言い、無為と言い、三昧（完全な禅定の境地）と言い、陀羅尼（仏教の真理を語る言葉）と言う意味がわかるであろう。あるものが静寂であるなら、すべてのものが静寂なのだ。風が吹くという静寂があり、鈴が鳴るという静寂がある。だから、皆ともに静寂だと言うのだ。心が鳴るとは風が鳴るのではない、心が鳴るのは鈴が鳴るのでもない。そして心が鳴るのは、心が鳴るのでもないと言わねばならない。

それはなぜか。なぜ、すべてを静寂だというのか。それは「恁麼」の立場で考えれば、そもそも「○○が鳴る」という了解が、実際の事態を捉えそこなうからである。

「鳴る」とか「聞く」と言う場合、事実として与えられているのは、「チリリーン」などのような音のみである。「鳴る」「聞く」以前に、「チリリーン」はそのように（＝「恁麼」）現前している。それを言語が「鈴がチリリーンと鳴る」「私がチリリーンを聞く」というように、二元図式の枠組みにしたがって言語で分節し、了解しているわけである。ところが実際には、あらかじめ音と無関係に鈴だの風だのが実在し、それが相互に関係して音が発生しているのではなく、音の発生という事態がまずあって、その相関項として、鈴や風や心が言語によって括《くく》りだされているのだ。仮にこの事態を直接無理やり言語化するなら、「鳴るものが鳴る」としか言いようがないだろう。

ここでもう一度、縁起の考え方を確認する。

説明するために以前、「歩いている彼は歩かない」という例を出したことがある。

我々は普通「彼が歩いている」と言うが、そう言う以上、彼はその時点で「歩いている彼」のはずである。すでに「歩いている彼」なら、さらにまた歩くことはない。だから、「歩いている彼は歩かない」。

とすれば、同じことが「鈴が鳴る」にも言えるだろう。「鳴っている鈴は鳴らない」。「鳴っている風は鳴らない」。「鳴っている何も鳴らない」。だから「倶寂静」なのだ。それが「鳴るように鳴る」という「恁麽」な事態、縁起の次元の現前なのである。

ここまで言えれば、

親切の恁麽なるを究辨《きゆうはん》せんよりは、さらにただいうべし、「風鳴なり」、「鈴鳴なり」、「吹鳴なり」、「鳴々なり」ともいうべし。「何愁恁麽事」のゆえに恁麽あるにあらず、何関《がかん》恁麽事なるによりて恁麽なるなり。

事態が「恁麽」であることを、このように究明してきた上は、縁起の観点を踏まえて、ただ単純に「風が鳴る」、「鈴が鳴る」、「吹くことが鳴る」、「鳴ることが鳴る」と言えばよい。何と言っても、それはしょせん「倶寂静」という「恁麽」だからである。

それは何も、「恁麽」な事態をあれこれ考えても始まらないから、「風が鳴る」「鈴が鳴る」ということは、単純にそのまま、「恁麽」のまま了解しておけ、ということではない。

かといって、考える対象となるような「恁麽」の事態それ自体など存在しない。そういうものとして、事態に関与することはできない。そうではなくて、事態を「恁麽」のように考えることにおいて、ということはすなわち、縁起の考え方をすることにおいて、我々は物事がそのようにあるという「恁麽」な事態を、正しく認識できるのだ。

風幡問答

この問答に続き、今度は幡《ばん》（旗の一種）と風をめぐる問答が出てくる。

第三十三祖大鑑《だいかん》禅師、未剃髪のとき、広州《こうしゅう》法性寺《ほっしょうじ》に宿するに、二僧ありて相論するに、一僧いわく、「幡の動ずるなり」。一僧いわく、「風の動ずるなり」。かくのごとく相論往来して休歇《きゅうけつ》せざるに、六祖いわく、「風動にあらず、幡動にあらず、仁者心動《じんしゃしんどう》なり」。二僧きてすみやかに信受す。


後に中国禅の祖とされる禅師がまだ出家する前に、ある寺で二人の僧の議論を聞いていた。

一人が言った。

「あれは幡が動いているのだ」

別の僧は言った。

「いや、風が動いているのだ」

この議論が果てしなく続くので、禅師は言った。

「風が動くのでも、幡が動くのでもない。お前様の心が動くのだ」

話は風と鈴の問答と同じパターンである。

そこで『眼蔵』は抜かりなく、心が動くという禅師の言葉に注意を促してから、次のように言う。

いわゆる「仁者心動」の道をききて、すなわち仁者心動といわんとしては、「仁者心動」と道取するは、六祖をみず、六祖をしらず、六祖の法孫にあらざるなり。いま六祖の児孫として、六祖の道を道取し、六祖の身体髪膚をえて道取するには、恁麼いうべきなり。いわゆる「仁者心動」はさもあらばあれ、さらに「仁者動」というべし。為甚麼《いじんも》恁麼《いんも》道《どう》。

ここで言う「仁者心動」という言葉を聞いて、文字どおり、お前様の心が動くのだと言おうとして、「仁者心動」と（我々が）言うならば、それは禅師の教えに出会ったことにならず、真意を知ったことにならず、禅師の弟子の系譜に連なる者でもない。いま、禅師の後継者として、禅師の言葉をその真意どおり言い、禅師の身体髪膚を得た者のごとくに言うなら、このように言うべきだ。その「お前様の心が動くのだ」はともかくとして、さらに「お前様が動くのだ」と言うべきだ。どうしてこう言うべきなのか。それは、

いわゆる動者動なるがゆえに、仁者仁者なるによりてなり。「既是恁麼人」なるがゆえに恁麼道なり。

動くものが動くことによって、お前様はお前様になるからである。「動者動」の理屈は「鳴々」に同じ。

この「動」の相関項としてのみ「仁者」は「仁者」として現成する。『眼蔵』の解釈では、「何が鳴るのか」「何が動くのか」という問いの仕方と、それに対する「○○が鳴る」「××が動く」という答え方そのものが無効にされている。これらは、すべてに二元図式を枠

組みとする認識の仕方だからである。

とすると、二元図式によらない場合、つまり縁起パラダイムを用いる場合、我々の言語表現は、それまでの常識的な言葉の使い方から大きく逸脱していく可能性があろう。次にはこの問題を扱う。

⑦『眼蔵』「山水経」

この巻では、真っ向から人間の言語表現が問題にされる。

我々は通常、言葉と意味の関係をこう考える。

この世には、「机」なら机という、個々の机に共通する「机」という意味それ自体が存在する。その意味と、音声や文字の記号である言葉が結びつく。その記号は場合によっていろいろである。「ツクエ」だったり「デスク」だったり。世界のどこかにこれを「ハニャレ」と呼ぶ人々がいても、一向に不思議ではない。記号と意味の結びつきに必然性は何もない。

この記号を人間の眼や耳が知覚して、精神が「机」であると判断して、意味を了解する。

これは二元図式による認識の了解とまったく同じパターンでの言語の考え方である。

変わらない意味＝本質が、人間の知覚において記号＝現象として現実化し、それを精神が判断する結果、意味を理解する。

このとき、意味＝本質はあくまでも記号以前にそれ自体として存在し、お互いの関係も確定していて（因果律、矛盾律等）、一つの秩序を持った体系＝世界として完成している。

これに対して、言語は貼りつけられたレッテルのごとく、意味に一対一で対応しつつ、全体を「ありのままに」写し取るものとしてあるというわけだ。

「山水経《さんすいきょう》」の巻はこうした言語に関する了解を一撃する。

山は歩く

冒頭から、ある禅僧の常識外の言葉が出てくる。

大陽山楷和尚示衆云《たいようざんかいおしょうじしゅにいわく》、「青山常運歩、石女夜生児《せきじょやしょうじ》」。

緑の山はつねに歩いている。石の女が夜、子を産んだ。「石女」は、石造りの女性像のこと。この言葉について『眼蔵』は言う。

山はそなわるべき功徳の虧闕《きけつ》することなし。このゆえに常安住なり、常運歩なり。その運歩の功徳、まさに審細に参学すべし。山の運歩は人の運歩のごとくなるべきがゆえに、人間の行歩におなじくみえざればとて、山の運歩をうたがうことなかれ。

山には備わっているべき作用（「功徳」）に欠けるところはない。だから、山はつねにそこに動かずに安住しているのであるし、またつねに歩いているのである。この山の歩く作用をよくよく研究してみるべきである。山の歩行を人の歩行と同じはずだと考えて、人間の歩くようには見えないという理由だけで、山の歩行を疑うべきではないのだ。

すでに何度か述べたとおり、我々は言語を習得する（＝他者に刷り込まれる）過程で自己と対象世界を区別し、それ自体で存在するものと錯覚する。そうして出来上がった自己認識や対象認識は、今度はそれを表現する言語の使用方法を固定する。人が歩くのは当たり前だが、山が歩くと言えば怪しむのである。しかし、それは自己と対象の二元図式を枠組みとする認識の仕方や言語の用法においての話である。

これを、自己も世界も縁起するのだと考えれば、つまり関係が存在を生成するのだと言うなら、この言語の了解はひっくり返る。

言語の意味があらかじめそれ自体で存在する実体ではなく、ある関係の仕方・形式を言うのだとすれば、言語記号はその関係の仕方を表現している。「ツクエ」という語が表しているのは、ある物体の使い方、つまりその物への関係の仕方なのである。

このことは、言語が単純な意味の運搬役だという考えを否定する。言語は関係の形式を担って、それを確定することにおいて、自己と世界の在り方を決めているのだ。

ということは、二元図式に拘束された認識と言語用法から脱却すれば、山と人の関係において、「山が歩く」と言える関係の仕方がありえるということなのだ。それは縁起の考え方においてのみ理解されることである。これは何もむずかしく考えることではない。

「山は動かない」という認識と表現は、地上の人間に視点を固定し、それと関係なく実体として存在する山を前提にしている。

しかし、舟に乗って川を下れば、そこから見る山は「歩く」だろう。人と山の関係の仕方が変われば、対象世界の在り方は一変し、そのときの人の在り方も一変する（陸上静止における存在から水上進行における存在へ）。

そこで『眼蔵』は続けて、

いま仏祖の説道、すでに運歩を指示す、これその得本なり。「常運歩」の示衆を究辨《きゅうはん》すべし。運歩のゆえに常なり。青山の運歩は其疾如風《ごしつにょふう》よりもすみやかなれども、山中人は不覚不知なり、山中とは世界裏の花開《けかい》なり。山外人《さんげにん》は不覚不知なり、山をみる眼目あらざる人は、不覚不知、不見不聞、這箇《しゃこ》道理《どうり》なり。

いま如来や祖師方が説く教えは、すでに（山の）歩みを指摘している。ここが根本のところである。「つねに歩いている」という教えをよく研究すべきである。歩いていることにおいて、山のつねの在り方が現成しているのだ。青山の歩みの速さは風よりもなお速い。しかし、山中の人は自覚もなければ知りもしない。山中というのは、世界において花が開くことである。山外の人も同じく自覚せず、知らない。山を見る眼のない人は、自覚せず、知らず、見ず、聞かない。それはこのような道理による。

言語表現における縁起

右の文章で、山が歩くという言語表現が意味しているのは、山とそれを見ている人が、縁起において現実化しているということである。「山中人」とは、この関係における存在の生成という事態が見えない人なのだ。山中にいるだけでは、いま自己と山がどのような関係にあるか自覚することは困難である。縁起の観点からすれば、山の中に人がいるとは、その人との関係において、山が現成しているということだ。山が山たりえているのは、そこにその人がいるからである。そこにそのように山があるのは、そのように山を見ている人がそこにいるからであり、同時にその人はそこで山を見ている限りにおいて、今そこに現成しているわけである。

世界において花が開くという。それは花が開くことによって、そこに正しく、花開く世界が現成していることなのである。

他方、山の外に出てしまって、山を自分とは切り離された、それ自体独立してあるものだと考える人にも、この縁起の考え方を理解できない。ならば、山中にいようと、山外であろうと、こういう縁起の見方のできない人が、山の歩みを理解できないのは当たり前であろう。

ということは、

> もし山の運歩を疑著《ぎじゃ》するは、自己の運歩をもいまだしらざるなり、自己の運歩なきにはあらず、自己の運歩いまだしられざるなり、あきらめざるなり。自己の運歩をしらんがごとき、まさに青山の運歩をもしるべきなり。

もし山の歩みを疑うなら、自分の歩行もわかっていないのだ。歩行しないのではない。自分の歩みの何たるかを知らないし、わかっていないのである。縁起の考え方をわきまえた上で、自分が歩くことの意味がわかっているなら、まさに山の歩みだって知っているべきである。

> 青山すでに有情にあらず、非情にあらず。自己すでに有情にあらず、非情にあらず。いま青山

の運歩を疑著せんことうべからず。いく法界を量局《りょうこく》として青山を照鑑すべしとしらず。青山の運歩および自己の運歩、あきらかに撿点《けんてん》すべきなり。退歩歩退、ともに撿点あるべし。

こうなればもう、青山は生き物でも物体でもない。自己もまたそうである。二元図式に基づく常識的な言語による分け方は無意味である。いまや、青山が歩くことは疑いようがない。山を見るなら、これまでの狭量な常識で見てはいけない。その常識は、縁起の世界の無限の大きさを物差しとして、青山を眺めるということを知らないのだ。青山の歩みと自己の歩みとを、よくよく検証すべきである。歩みを進める、あるいは退くということも、この縁起の観点から検証しなければならない。

未朕兆《みちんちょう》の正当時、および空王那畔《くうおうなはん》より、進歩退歩に運歩しばらくもやまざること、撿点すべし。運歩もし休することあらば、仏祖不出現なり。運歩もし窮極あらば、仏法不到今日ならん。進歩いまだやまず、退歩いまだやまず。進歩のとき退歩に乖向《けこう》せず、退歩のとき進歩を乖向せず。この功徳を山流とし、流山とす。

「未朕兆の正当時、および空王那畔」とは、この宇宙が成立する以前を言う仏教語だが、ここであえて言うなら、言語による存在の分節が始まる前のことである。そのときから、進んだり退いたりの歩みが一時も止まないことを検証すべきである。我々が日常の常識で言う「歩む」「進む」「退く」などの表現は、きわめて限定された条件の下で有効であるにすぎない。この常識では捉えられない「歩み」もあるのである。歩みが常識以外の意味を持てないものなら（「運歩もし休することあらば」）、仏も祖師もこの世に出現しないだろう。あるいは、歩みが常識で限定された意味しか持てないというなら（「運歩もし窮極あらば」）、仏の教えも今日まで至らないはずだ。進むことも止まらず、退くことも止まらない。このとき、進むことは退くことと逆向きではない。退くことも進むことと逆行しない。「進」と「退」を相反する意味として固定するのは、我々の常識が立脚する二元図式でものを考える場合のみである。

　この意味から言えば、山は流れるし、流れる山もあるのである。

意味と言葉

　同じように石造りの女人が児を産むなどといえば、普通はまともに聞こえる話ではない。しかし、言語使用の枠組みを変えれば、ことは別である。

　「石女夜生児」は、「石女」の「生児」するときを「夜」という。おおよそ男石女石《なんせきにょせき》あり、非男女石あり。これよく天を補《ふ》し、地を補す。天石あり、地石あり。俗のいうところなりといえども、人のしるところまれなるなり。生児の道理しるべし。生児のときは親子並化《しんしひんか》するか。児《じ》の親《しん》となるを生児現成と参学するのみならんや、親《しん》の児《じ》となるときを生児現成の修証なりと参学すべし、究徹《きゅうてつ》すべし。

「石造りの女人が夜子供を産んだ」ということは、縁起の観点からは、こう考えるべきなのだ。すなわち、「夜」がそれ自体存在して、その中で石の女が児を産んだのではない。石女が児を産んだ時間を「夜」と呼ぶのである。そういう「夜」を出現させる女が「石女」なのだ。すなわち、この「産む」という語は、我々が普通了解している語と全然違う意味を持たされているのである。

石女が児を産んだと聞いて、そんな馬鹿げた話、と思うのは従来の言語使用法に規定された意味でしか理解しないからにすぎず、使用法のパラダイムを換えて、石女が児を「産める」ように、「産む」という語の意味を仕立て直してしまえばよいのである。

とすれば、石が子を産むのだから、そこに男石女石があるかもしれないし、ないかもしれない。天を補い地を補う石、天石地石もあるだろう。

子を産むと言う言葉の意味も、よく考えるべきである。子が生まれたときには、二人の人間は同時に親子となるのか。かつて子供だった人間が親になることを、子が生まれることだとばかり考えてはならない。仏法から言えば、親が子になってしまうときこそが、子が生まれることの意味を修行し証明していると、学び究めるべきである。

こういう言い方は何も異常なことではない。「心の虹」などという表現は、物理現象の科学的な記述としても精神科医による心理現象の報告としても無意味だが、パラダイムの違う文芸の文脈なら、月並みな比喩として了解される。だから、理解のパラダイムが仏法であるならば、この言い方の意味を縁起の立場で考え尽くさねばならないわけで、「無理会話《むりういわ》（理解しがたい話）」などと言ってすましているのは、怠慢以外の何ものでもないことになろう。

結局、言語を何らかの実体的意味＝本質の存在を前提に、それをそのまま伝達するものと考えてはならないのである。

そこで『眼蔵』は、縁起の考え方による言葉と意味の関係を明瞭にする問答を出してくる。

雲門匡真大師《うんもんきょうしんだいし》いわく、「東山水上行」。

この道現成の宗旨は、諸山は「東山」なり、一切の東山は「水上行」なり。このゆえに、九山《くせん》迷盧《めいろ》等現成せり、修証せり。これを東山という。しかあれども、雲門いかでか東山の皮肉骨髄、修証活計《しゅうしょうかっけ》に透脱《とうとつ》ならん。

ある禅師は「東山が水の上を行く」と言った。言おうとしているのは、この一句では、すべての山を「東山」と呼んでいるということである。その全「東山」は「水の上を行く」のだ。だから、こういうことが起こる世界、すなわち縁起による世界＝仏教の世界には、須弥山《しゅみせん》など九つの山、さらに八つの海、そういう仏教の宇宙観に説かれる山や海が現成するし、その現成とは、これら山海による仏法の修行と証明なのである。すなわち、縁起において現成する山、これを全部「東山」と呼ぶのだ。しかしながら、この文句を口にした禅師はどうやって、今述べたような東山の語の持つ、縁起の観点から規定された意味（「皮肉骨髄」）を、自ら修行して体得する努力工夫（「修証活計」）において、常識的理解から脱却して理解できたと言うのだろうか。

要するに、東の山が水の上を行くという表現が成り立つような認識のパラダイムがあるというのだ。それは仏教の縁起の考え方が可能にする言語表現の方法なのだから、この考え方を修行して体得していない者には、一切通じないのである。

したがって、いつまでも二元図式による言語体系に拘束されている者は、次のようなことを言いだす。

いま現在大宋国に、杜撰《とせん》のやから一類あり、いまは群をなせり。小実の撃不能《ぎゃくふのう》なるところなり。かれらいわく、「いまの東山水上行話、および南泉の鎌子話《れんすわ》ごときは、無理会話《むりういわ》なり。その意旨は、もろもろの念慮にかかわれる語話は仏祖の禅話にあらず。無理会話、これ仏祖の語話なり。かるがゆえに、黄蘗《おうばく》の行棒および臨済《りんざい》の挙喝《こかつ》、これら理会およびがたく、念慮にかかわれず、これを朕兆未萌《ちんちょうみぼう》以前の大悟とするなり。先徳の方便、おおく葛藤《かっとう》断句をもちいるというは無理会なり」。

今の宋の国（道元禅師留学当時の中国王朝）に、いい加減なことを言う禅僧の類が群れをなしている。少々真っ当な教えを説いたところで、言い負かせないほどだ。

彼らが言うには、「今の東山が水の上を行くだの、南泉和尚の鎌の話だのは、考えて理解するのが無理な話（「無理会話」）なのだ。というのは、さまざまに意味を思考して理解するような話は、仏や偉大な祖師方がする禅の重要な問答ではない。思考を超える、理解するのが無理な話、これこそ、仏祖の語であり話である。だからこそ、弟子を育てるのに黄蘗和尚が棒を振り回し、臨済和尚が拳で殴ったり怒鳴ったりした話が伝わっているわけだ。これらは、理解が及ばない、思考を超えた、知的分別以前の、大いなる悟りと言うのである。過去の偉大な老師が弟子を導く方法、すべての迷いを断ち切る言葉とは、そういう思考と理解を超えた話である」。

このように「杜撰のやから」の説を紹介した後、『眼蔵』はこれを一刀両断する。

かくのごとくいうやから、かつていまだ正師をみず、参学眼《さんがくげん》（仏教を学ぶにたる眼）なし。いうにたらざる小獃子《しょうがいし》（おろかもの）なり。

訳す必要はあるまい。さらに罵倒は続く。

俗にあらず僧にあらず、人にあらず天にあらず、学仏道の畜生よりもおろかなり。禿子《とくし》がいう無理会話、なんじのみ無理会なり、仏祖はしかあらず。

「仏道を学ぶ畜生」よりも愚かだと言うのはすごい言い方だが、こんなことを言う僧侶をただの「はげ頭」と呼び捨て、理解できないのはお前だけだと言い切ってしまう。尋常ならざる批判である。これほど激しい批判がされるのは、ここに縁起の思想を語る上での核心の一つがあるからだろう。

なんじに理会《りうい》せられざればとて、仏祖の理会路《りういろ》を参学せざるべからず。たとい畢竟《ひっきょう》じて無理会なるべくは、なんじがいまいう理会もあたるべからず。しかのごときのたぐい、宋朝の諸方におおし。まのあたり見聞せしところなり。あわれむべし、かれら念慮の語句なることをしらず、語句の念慮を透脱することをしらず。在宋のとき、かれらをわらうに、かれら所陳《しょちん》なし、無語なりしのみなり。かれらがいまの無理会の邪計《じゃけ》なるのみなり。たれかなんじにおしうる、天真の師範なしといえども、自然《じねん》の外道児《げどうじ》なり。

二元図式の常識にはまり込んだ杜撰な者に理解できないからと言って、我々は仏祖が開く理解の筋道を研究することをためらってはならない。しょせん理解できない話だと言うなら、そう言う者が「理解している」と言っていることも、じつは理解していないのだ。

今、この類の者が宋の国には方々にいる。これは（留学した道元禅師が）目の当たりに見聞きしたことである。気の毒にも、彼らは意味（「念慮」）が言葉（「語句」）であることを知らないし、言葉が意味を離脱することを知らない。

ここに、『眼蔵』の持つ言語観が明確に提出されている。

では、意味とは言葉＝言語記号であり、言葉は意味を離脱するとはどういうことだろうか。

我々が認識する世界は「いろいろなもの」でできている。このとき、それが「机」であるということは、すなわち「机」でないものとの違いから規定される。立方体の使用法から「椅子」「踏み台」などでありうる可能性を排除して、はじめてその立方体は「机」として確定する。この確定こそが「机」という意味を持つ言語記号の成立、命名なのだ。つまり意味と言葉の成立は同時であり、先に意味があって、そこに言語記号が貼りつくわけではない。「念慮の語句なる」とは、これを言うのである。

とすると、Aであるということは、「非Aではないもの」という差異から滲《にじ》みだした示差的諸関係の凝固体ということになる。このとき、差異の認識、つまり意味を担保するための原基的な役割を果たしているのが、身体行為であろう。『眼蔵』が「ふねをふねならしむ」と言い、我々が「わかったならわかったようにやれ」と命令し、「体で覚えろ」と訓示できるのは、対象が何であるかを区別し規定する際、それに対応する行動パターンこそが、意味を基礎づけているからである。

この事実の原基性は、動物、のみならず単細胞生物にまで遡っても通用するだろう。彼らにとっての世界の意味、すなわち差異は、最低限、「食べられるもの／食べられないもの」、あるいは「近づいても安全なもの／危ないもの」のレベルで生じているはずである。この「食べる」「近づく」の実践的行為が彼らにとっての世界、差異＝意味の体系を編成しているのだ。人間の場合、行為で担保されたこの差異（＝意味）を定式化する記号（＝言葉）の機能が他の生物とくらべて段違いに発達しているのである。

したがって差異＝意味を産出する行為パターンが変われば、その行為に対して構築される世界は、当然様相を異とする。人間の場合、行為パターンが変更されれば、それを表現する言語体系は当然、動揺する。従来の言葉と意味の関係は、新語を造ったり、同じ言葉に新たな意味を持たせたり、それまでの統辞法や文法を無視した表現を許容したりという、大きな変化を余儀なくされるだろう。これを「語句の念慮を透脱すること」と言うのである。

「一水四見」のたとえ

このことが理解できれば、「東山水上行」もわかるというものであろう。

しるべし、この「東山水上行」は仏祖の骨髄なり。諸水は東山の脚下に現成せり。このゆえに、諸山くもにのり、天をあゆむ。諸水の頂𩕳《ちんにん》は諸山なり。向上《こうじょう》直下《ちょっか》の行歩、ともに水上なり。諸山の脚尖《きゃくせん》よく諸水を行歩し、諸水を趯出《ちっしゅつ》せしむるゆえに、運歩七縦八横なり、修証即不無なり。

行動パターンの変更とそれにともなう見方の転換によっては、水が山の足元に現れ、諸山が雲に乗って天を歩いたりもするだろうし、水の頂上が山だと言ってもよいのである。上に向かおうが真下に下ろうが、その歩みはみな水上である。山の足はよく水を歩み、その歩みで水をほとばしらせる。だから、歩みは縦横無尽であり、このように言語を理解できることが、修行による縁起の教えの証明なのだ（「修証は即ち無きにあらず」）。

ということは、それを見る者の立場や方法によって、水の在り方は変わるのである。これまでの見方による水の認識は、相対化されていく。

水は強弱《こうにゃく》にあらず、湿乾《しっかん》にあらず、動静《どうじょう》にあらず、冷煖《りょうなん》にあらず、有無にあらず、迷悟にあらざるなり。こりては金剛よりもかたし、たれかこれをやぶらん。融じては乳水よりもやわらかなり、たれかこれをやぶらん。しかあればすなわち、現成所有の功徳をあやしむことあたわず。

水は強弱ではなく、湿乾でも、動静でも、冷暖でも、有無でも、迷悟でもない。これまでの常識による水についての認識が正しいことを根拠づけるいかなる「本質」も持たない。固まったらダイヤモンドよりも硬く、誰がこれを壊すことができよう。溶けたら乳水よりもやわらかく、誰がこれをやぶることができよう。だから、行動パターンが変化したことによって現成してきた水の在り方の表現を怪しんではならない。

しばらく十方の水を十方にして著眼看《じゃげんかん》すべき時節を参学すべし。人天《にんでん》の水をみるときのみの参学にあらず、水の水をみる参学あり、水の水を修証するゆえに。水の水を道著《どうじゃ》する参究あり、自己の自己に相逢《そうふ》する通路を現成せしむべし。他己の他己を参徹する活路を進退すべし、跳出《ちょうしゅつ》すべし。

しばらくあらゆる水をあらゆる見方で見る場合を研究すべきだ。人間や天人が水を見る場合だけのことを考えるのではない。そもそも水が水を見る研究がある。縁起の教えとは、水が水であるとはどういうことかを、修行において証明するからである。水が水であると自身で言うことがあると、学ぶのだ。自己が自己に逢う道筋を現成するべきであり、他者が他者であることを徹見する道を進み退き、超越すべきである。

ここで言いたいことは簡単である。「○○が○○であること」は、根底において行動パターンが拘束する一定の条件においてのみ、意味のある言い方なのだ。この事実をはっきり理解しなければならない。そう言いたいのだ。縁起の教えの研究とはこのことである。

おおよそ山水をみること、種類にしたがいて不同あり。いわゆる水をみるに瓔珞《ようらく》とみるものあり。しかあれども瓔珞を水とみるにはあらず。われらがなにとみるかたちを、かれが水とすらん。かれが瓔珞はわれ水とみる。水を妙華《みょうけ》とみるあり。しかあれど、花を水ともちいるにあらず。鬼《き》は水をもて猛火《みょうか》とみる、膿血とみる。龍魚は宮殿《ぐうでん》とみる、楼台《ろうたい》とみる。あるいは七宝摩尼《しっぽうまに》珠《じゅ》とみる、あるいは樹林牆壁《じゅりんしょうへき》とみる、あるいは清浄解脱《しょうじょうげだつ》の法性《ほっしょう》とみる、あるいは真実人体とみる。あるいは身相心性《しんそうしんしょう》とみる。人間これを水とみる、殺活《しゃつかつ》の因縁なり。すでに随類の所見不同なり、しばらくこれを疑著《ぎじゃ》すべし。

訳す必要はあるまい。このように水も行動パターンに基づく見方によって在り方が一変することを、「一水四見《いっすいしけん》」と言う。こう考えれば、

一境をみるに諸見しなじななりとやせん、諸象を一境なりと誤錯《ごさく》せりとやせん、功夫の頂𩕳《ちんにん》にさらに功夫すべし。しかあればすなわち、修証辦道も一般両般なるべからず、究竟《くきょう》の境界《きょうがい》も千万般《ばんぱん》なるべきなり。さらにこの宗旨《そうし》を憶想するに、諸類の水たといおおしといえども、本水なきがごとし、諸類の水なきがごとし。しかあれども、随類の諸水、それ心《しん》によらず身《しん》によらず、業《ごう》より生ぜず、依自《えじ》にあらず依他にあらず、依水の透脱あり。

ある対象を見るのに見方はさまざまなのだろうかとか、見方に応じて現れる様相が一つの対象に帰結すると誤って考えるのだろうかとか、研究の上にも研究すべきである。ならば、仏法の修行と悟りも、一つや二つではあるまい。究極の境地も数知れぬ種類があるだろう。この考え方をさらに進めれば、水の種類は多いとは言えても、「本物の水」など無いようなものである。そうは言っても、さまざまな水の在り方は、見る者の心によるのでも身によるのでも、過去の行い（「業」）から生じるのでもなく、自己によるのでも対象そのものによるのでもない。その在り方にはそれ自体を根拠づける何ものもない（「依水の透脱あり」）。言語を縁起で考えれば、まさにそうであろう。

ここまで考えてきたとき、もう一つの疑問が出てくる。では、言葉で言い表せないことは、仏教はどう位置づけるのか。仏教に限らずおよそ宗教は論理で割り切れないものを前提にしている。意味と言葉の関係は、より根本的に、言葉と言葉では言い得ないものとの関係から問い直されなければならない。

⑧『眼蔵』「道得」

この巻の題名にある「道」は「言う」の意味であり、「道得《どうて》」とは「言い得る」「言うことができる」という意味になる。これを一章の題名に掲げて論じているところに、『眼蔵』の言語に対する強い関心を見ることができよう。

言えることと言えないこと

すでに「山水経」に見たように、縁起の考え方からすれば、言語は単なる記号ではない。それ自体で存在する意味がまずあって、その意味に貼りつけられたのが言葉であり、人間はその記号を感覚器官で受容し、精神（理性）が意味を判断する、このような自己／対象二元パラダイムの言語観は棄却される。

言葉の意味は、何よりもまず、人間の行為において産出される。意味とは、行為が具体化する関係の形式なのであり、その確定が言語記号の成立である。ということはすなわち、言語化することが世界を構成することなのであり、この構成において、構成する主体として、自己が生成されていくのである。

したがって、言語秩序の転換は世界と自己の構造変換であり、それは根底において行為パターンの変化、縁起の仕方の変化が起こっているということである。その最も簡単な比喩が、「一水四見」であろう。

「道得」の巻は、この事情を再び問題とする。

> 諸仏諸祖は道得なり。このゆえに、仏祖の仏祖を選するには、かならず「道得也未《どうてやみ》」と問取するなり。この問取、こころにても問取す、身にても問取す。拄杖払子《しゅじょうほっす》にても問取す、露柱燈籠《ろしゅとうろう》にても問取するなり。仏祖にあらざれば問取なし、道得なし、そのところなきがゆえに。

冒頭に、核心の文句がある。諸仏であり諸祖師であるということは、「言い得る」ということなのだ。では何を言うのか。それは仏法、すなわち縁起の教えである。すなわち、縁起の教えについて何事か「言い得る」ことにおいて、諸仏諸祖師の存在は現成するというわけなのだ。

このとき注意しなければいけないのは、縁起の次元は、そのものとしては言語化されないということである。言語化は関係の定式化とその確定を行い、在るものの存在をそのものとして成立させることなのであって、縁起の次元はあくまでも言語の手前にある。

ここを誤解して、「悟り」という観念で縁起の次元を実体化するように、この「手前」の領域を「言葉で言い表すことのできない真理」などと括り込んでしまうと、「言えない真理」という観念が、人間の認識を超えた「絶対の真理」と同義になって、議論のコンテクストに入ってくることになる。

そうすると、この「真理」はそれ自体として「絶対に」存在するものであるがゆえに、そのものとして言語化されなくても、部分的には言語化できるし、言語化とは異なる形で認識されることもある、ということになる。たとえば、我々の日常生活や自然の美しさの中に、「真理」はありのままに現れている。だから、修行をして「言葉を超えた真理」を悟らなければならない、という話になりやすい。

『眼蔵』が拒否するのは、このような考え方である。

言語の更新という挑戦

結論を先取りして言ってしまえば、『眼蔵』が主張するのは、「言葉にできない真理」なるものがあったにしても、それは、「言い得る」という可能性に賭けて、言い切り・言い直し・言い続ける不断の意志と努力に対する、抵抗・圧力としてしか現前しない、ということである。縁起の次元は決して言語に定式化されない。しかし、それは言語化の土台として自らを指し示す。ならば、言語化の連続、つまり縁起の次元についてなされた言説を不断に裏切り、更新することにおいて、言語化の「手前」の領域を我々は受け止めなければならないのである。「道得」の巻の主題はこれなのだ。

そこで、仏祖が自分と同じ仏祖を選びだすとするなら、「言うことができるか、まだだめか」(「道得也未」)と問いただすのである。縁起の次元を自覚しているなら、それ相応の言語化があるはずなのであり、その言語化において、如来として祖師として現成するからである。

この問いは、当然、言語化の手前の次元から発せられる。「こころ」「身」「杖」「柱」などを列挙し、それによって問うのだと言っているのは、これらのものを今現成させている土台の次元を見て、そこから問いを発せよ、ということである。いま「柱」と言われているものの在り方を、縁起の次元まで解体して言い直してみろ、と迫っているのだ。

それがわからない者ならば（「仏祖にあらざれば」）、この問いを発することも、またこの問いを受けて何かを「道得」することもできないだろう。そもそも、問題の所在を知らないからである。

その道得は、他人にしたがいてうるにあらず、わがちからの能にあらず、ただまさに仏祖の究《きゅう》辨《はん》あれば、仏祖の道得あるなり。かの道得のなかに、むかしも修行し証究す、いまも功夫し辨道《はんどう》す。仏祖の仏祖を功夫して、仏祖の道得を辨肯《はんけん》するとき、この道得、おのずから三年、八年、三十年、四十年の功夫となりて、尽力道得するなり。

「道得」がこのような意味なら、他人を当てにして言い得るわけはなく、自らの言語能力によって言えるわけでもない。事は言語能力の問題ではなく、縁起としての存在を「実体」化することを本質的機能とする言語能力が、縁起の次元へと開かれているかどうかなのである。「仏祖」がそれを徹底して究明（「究辨」）するならば、そこに「道得」がありうるはずなのだ。

言語化としての修行

したがって、「道得」は言語によってそれ自体で存在するかのごとく構築された世界を、行為において担われる縁起の次元まで解体し、この次元から生成し直そうという営みであり、それは言語の更新による世界の再編成の過程でもある。まさにこの過程が、仏教の修行としてプログラムされているのだ。つまり、「道得」において、「修行」や「証究」、「功夫」「辨道」はそのものとして実現していくのである。

ならば、仏祖（縁起の教えを体得する者）がそれに先立つ仏祖の修行に取り組み、その「道得」を納得（「辦肯」）したなら、この先輩の「道得」はさらにその後の修行（「三年、八年、三十年、四十年の功夫」）として展開し、結果、ここに新たな「仏祖の道得」が可能になる。

とすると、縁起の次元の認識は、その言語化を不可避的にともなうことになる。というよりも、修行者が縁起の次元を自覚することと、彼にその自覚があることを第三者が知ることは、「道得」において明確に実現するのである。

このことが以下に説かれる。

このときは、その何十年の間も、道得の間隙《けんぎゃく》なかりけるなり。しかあればすなわち、証究のときの見得《けんて》、それまことなるべし。かのときの見得をまこととするがゆえに、いまの道得なることは不疑なり。ゆえに、いまの道得、かのときの見得をそなえたるなり。かのときの見得、いまの道得をそなえたり。このゆえにいま道得あり、いま見得あり。いまの道得とかのときの見得と、一条なり、万里《ばんり》なり。いまの功夫すなわち道得と見得とに功夫せられゆくなり。

何十年という修行の間、「道得」が途切れることはない。不断の言い直し、言語化の更新が修行そのものだからである。それはこういうことである。

縁起の次元を修行において実証し・究明するときに得られる認識（「見得」）は、正しいはずである。ならば、そのときの認識が正しいと考えるのだから、当然、いまそれが言語化されていることは疑いない（「不疑」）。だから、いまなされた言語化は、あのときの縁起の次元の認識を備えているし、あのときの認識は今の言語化を備えている。

こういうわけだから、いま認識がなされているということは、同時に言語化が遂行されていることなのである。今の言語化とあのときの認識は、一貫しているのだ（「一条なり、万里なり」＝万里の隔たりを切れ目ない鉄で貫くという意味の、教えや志の一貫性を表す禅語に由来する語句）。我々の修行のさまざまな仕方や試み（「功夫」）は、この認識や言語化の仕方や試みに規定されているのである。

この言語化の更新の必要性は、次のように述べられている。

この功夫の把定《はちん》の、月ふかく年おおくかさなりて、さらに従来の年月の功夫を脱落《とつらく》するなり。脱落せんとするとき、皮肉骨髄おなじく脱落を辨肯《はんけん》す、国土山河《せんが》ともに脱落を辨肯するなり。

このような修行において縁起の次元の認識と言語化を実現すること（「把定」）は、歳月を経て努力を積み重ねることによって、これまでの認識と言語化の方法や試みを脱却していくことである。これを脱却しようとするときには、それはすなわち、それまでの認識や言語化が仮設した主体の在り方（「皮肉骨髄」）を脱却しようということなのであり、同時に対象の在り方（「国土山河」）からも脱却しようとすることなのである。

このとき、脱落を究竟《くきょう》の宝所として、いたらんと擬しゆくところに、この擬到はすなわち現出にてあるゆえに、正当脱落《しんとうとつらく》のとき、またざるに現成する道得あり。心のちからにあらず、身のちからにあらずといえども、おのずから道得あり。すでに道得せらるるに、めずらしくあやしくおぼえざるなり。

このとき、繰り返しなされる脱却こそが、究極的な縁起の次元の現前なのであり、そこに向かって修行に努力することにおいて、修行の仕方（「擬到」）に応じて、自己と対象が新たに構成され直していく。まさに脱落がなされたそのときは、そこには必ず、脱落の自覚として、新たな「道得」が現成する。

ことさら努力して何か言おうとしなくても、精神の力でも身体の力によるのでもなく、脱落という体験とその自覚の帰結として、自ずからそれが言語化されていくのである。そのようにして新たな言葉が得られたとしても、その言葉を発した当人にしてみれば、特別奇特なことにも不思議なことにも思わないだろう。当然のことなのである。

「道得」の弁証法

事情がこうだとすると、縁起の次元は「言葉を超えた真理」などと安直な言葉で実体化してはならないのは、自明である。この次元は、まさに言語化の絶えざる試みと、その不可避的な失敗によってのみ、現前する。

しかあれども、この道得を道得するとき、不道得を不道するなり。道得に道得すると認得《にんて》せるも、いまだ不《ふ》道得《どうて》底《ち》を不道得底と証究せざるは、なほ仏祖の面目にあらず、仏祖の骨髄にあらず。

自ずから「道得」するとは言うものの、それは、言い得ることを言えるだけ言うとき、言い得ないことを言わないことになるのだ、という意味である。これはつまり、言語の手前の領域であり、完全な言語化が不可能な縁起の次元は、それでもなお、あえて言語化を遂行する修行に対してのみ、リアルに現前するというのである。

この一節こそが「道得」の巻の結論なのだ。言語化の遂行が言語化不可能な領域を現前させるという、究極の弁証法。これが『正法眼蔵』という、自らの言説を自ら裏切りつつ展開していく、一種異様な言語運動を可能にするダイナミクスである。

言えるだけのことは言ったと自認したとしても、その言語化を通じて、言い得ない縁起の次元を、言い得ない次元として実証し究明しなくては、それは仏祖としての面目は立たず、その真髄にも達していないということになる。

しかあれば、三拝依位而立《えいにりゅう》の道得底《どうてち》、いかにしてか皮肉骨髄のやからの道得底とひとしからん。皮肉骨髄のやからの道得底、さらに三拝依位而立の道得に接するにあらず、そなわれるにあらず。

この部分は肝要である。「三拝依位而立」とは、弟子が師に三拝し、しかるべき位置に戻って立つことで、これは中国禅宗の祖とされる達磨大師から二祖慧可《えか》大師に仏法が伝えられたときの故事にちなむ。

それによると、ある日、達磨大師が四人の弟子たちに、修行の結果自分たちの納得したところを述べるように命じた。

彼らが順番に見解を述べると、大師はそれぞれに、お前は皮を得た、肉を得た、骨を得たと評し、最後の慧可大師が何も言わずに三拝して立ったところ、これを「髄を得た」と評して、大師は彼を後継者とした、というのである。

ここで注意すべきは、「髄」と評したのが言葉で言った見解ではなく、三拝して立つという行為だったということである。仮に、「絶対の真理」を標榜する者ならば、この「真理」はしょせん言語化できないのだから、修行者の行為においてこそ直接表現されるのだ、という理解になるだろう。言葉による見解は「皮」「肉」「骨」止まりだが、三拝こそは真「髄」だというわけである。

ところが、これは見当を外れている。なぜなら、本文中『眼蔵』は、「三拝依位而立」に対して「皮肉骨髄のやから」と一括りに批判していて、この中に「髄」、つまり三拝して立つ行為が入っているからである。では、どう解釈するべきか。

本文中の「三拝依位而立の道得底」とは、この場合、修行において自覚される縁起の次元を指示している。ただし、この次元それ自体の表現は、おこなったとしても、決して完遂されない「道得」である。いかなる言葉をもってしても、あるいは礼拝などの非言語的な手段によるにしても、直接かつ完全に表現することはできない。「皮肉骨髄のやからの道得底」の及ぶところではないのだ。これが本意である。達磨大師と弟子の問答を直接扱った『眼蔵』「葛藤《かつとう》」の巻で、「門人ただ四員あるがゆえに、しばらく皮肉骨髄の四道取ありとも、のこりていまだ道取せず、道取すべき道取おおし」と言うゆえんである。

非言語的「道得」があるにしても、それは言語化に対する相対的優位を主張できる場合があるというにすぎず、さらに新たな「道得」によって更新されなければならない。三拝して立つという行為が「髄」の「道得」として成り立つのは、それがあくまで不断の言語化の脈絡に位置づけられているからなのである。その前に「皮」「肉」「骨」と評された三つの言説があって、それを更新したからこそ、最後の三拝は意味を持ち得たのだ。「三拝依位而立」という行為による表現が、縁起の次元それ自体を、言語表現と質的に異なる直接性や完全性で「道得」するわけではない。

したがって、「三拝依位而立」が指示する縁起の次元の言語化がありえたとしても、それは「皮肉骨髄」いずれの「道得」にも等しくならない。それらは縁起の次元に近似しているのでも、それを含んでいるのでもない（「接するにあらず、そなわれるにあらず」）。なぜなら、繰り返すが、この次元は、言語だろうが行為だろうが、何らかの表現で「道得」され切って完結するのではなく、修行と言語化を繰り返し更新し続けることにおいてしか現前しないからである。「三拝依位而立」という道得がさらに更新されるとき、そこにこそ、「三拝依位而立」が示す縁起の次元の「道得底」が現成する。

ならば縁起の次元の自覚は師弟の間でどう了解され、伝えられていくのか。

いまわれと他と、異類中行《いるいちゅうぎょう》と相見《しょうけん》するは、いまかれと他と、異類中行と相見するなり。われに道得底あり、不道得底あり。かれに道得底あり、不道得底あり。道底に自他あり、不道底に自他あり。

「異類中行」とは、まったく別なものの中に入っていくことで、如来が迷いの中にある凡夫の世界にあえて身を投ずるような、慈悲行を意味する。しかし、この場合の「異類中行」の意味は、「道得」を「道得」することで、自らの「異類」たる「不道得」に挑戦し続けることをいう。言語化が不可能な縁起の次元における、修行としての言語化の遂行である。

したがって、いま自己と他者が、言語化の不可能な次元で、なお言語化を遂行する努力を通じて、縁起の教えを互いに理解しあうこと（「相見」）があるなら、それはすでに、「かれ」（＝縁起の教えを体得した者たる自己＝師）と他者（弟子）が理解しあっているということなのである。

自分に言い得ることがあり、その言語化によって言い得ないことが自覚されるなら、それは、縁起の教えを体得する者（「師」）に言い得ることと言い得ないことがあるのと同じなのだ。この言語化によって、出会う師と弟子（「自他」）があり、言い得ないことによって出会う師と弟子がいるのである。

したがって、この考え方は、先述した「絶対の真理」を設定するような言語観とは完全に背反する。

「絶対の真理」を考えるなら、それは言葉で「言い得る」こともあるし、「言い得ない」こともある、という話になる。そして、「言い得ない」ことは日々の修行や世界の現れ方として表現されているのだから、結局「言い得ること」も「言い得ないこと」も、等しく「絶対の真理」を表現している、というオチになるだろう。『眼蔵』が言いたいのはそんなことではない。だから、この直後に、『眼蔵』はある禅師の言葉を提示する。

禅師が言うには、「君が一生修行道場を離れることなく、ひたすら坐禅して一〇年、一五年、何も言わなくても、人は君を話ができない者（「啞漢《おかん》」）とは呼ばないだろう。以後、如来もまた君に及ばないだろう」。

この話は、言葉で言わなくても、道場を離れずひたすら坐禅するという真理の表現もある、表現という意味では、これも言葉を超える「道得」なのだ……、などという安直な理屈を述べているわけではない。

「一生修行道場を離れることなく、ひたすら坐禅」する修行が行われているなら、そこには必ず「道得」があるというのが、言いたいことなのだ。言葉を発しないにしても、仏法の修行があるなら、そこには言語化が行われているのである。他人に聞こえる言葉でなくても、少なくとも修行者自身において言語化はなされている。三拝の「髄」が「皮」「肉」「骨」の文脈の中にあるごとく、沈黙は言語化の過程に組み込まれている。修行をするとはそういうことなのだ。

言語化のない修行はあり得ない。自ら問い、考えることのない修行など修行ではない。修行における沈黙と、単なる思考停止による言葉の欠落とは、意味が違うのである。修行者の沈黙は、いつか時が来れば、まさに聞こえる「道得」として爆発する。したがって、爆発以前の、修行という沈黙の言葉を聞き取ることができるのは、同じ修行に徹底した者、「道得」という修行プロセスを共有した者ということになろう。

以上に述べてきた「道得」と「不道得」の関係を、『眼蔵』は最後にある禅問答で鮮やかに示す。

師は頭を剃った

ある禅師の門下に、山奥にこもって姿を見せなくなった弟子がいた。かすかに伝わってくる消息では、髪を剃らず伸ばし放題で、どんな暮らしをしているかもわからない。

しかし、どうやら、ある境地にまで達している様子なので、禅師はその弟子がどれほどのものか試してみようと、侍従の僧侶に剃刀《かみそり》を持たせて、山奥の庵まで出かけていった。

庵に着くと、蓬髪《ほうはつ》の弟子を見たとたん、禅師は言った。

「言い得るならばお前の頭は剃らないよ（「道得ならばなんじが頭をそらじ」）」

この問答を紹介して、以下に『眼蔵』は言う。


この問、こころうべし。「道得不剃汝頭《どうてふとうにょとう》」とは、「不剃頭は道得なり」ときこゆ。いかん。この道得もし道得ならんには、畢竟じて不剃ならん。この道得、きくちからありてきくべし。きくべきちからあるもののために開演すべし。


この問いはよくわきまえないといけない。

「言い得るなら剃らないよ」とは、逆に「剃らないなら、それが言い得たということだよ」と聞こえる。弟子が本当に言い得たとするなら、結局のところ、剃らないということでなければならない。

この念押しは重要である。なぜなら、この問答の焦点は、剃る・剃らないを媒介に道得・不道得の関係を論じることにあるからなのだ。だから、この「言い得る」という言葉は、聞く力のある者が聞くべきだと言うのである。そうでないと、致命的な誤解に陥るから、これから聞く力のある者のためにのみ解釈を述べようというのである。

ときに庵主、かしらをあらいて雪峰《せっぽう》のまえにきたれり。これも道得にてきたれるか、不道得にてきたれるか。

禅師（雪峰義存禅師《せっぽうぎそんぜんじ》）がやってきたことを知って、弟子は頭を洗って禅師の前に出てきた。どうぞ剃って下さいというわけである。

もしこれが、「絶対の真理」の語り口ならば、言葉で「道得」される真理もあり、さらに頭を洗って差しだす行為によって直接表現される真理もある。どれもこれも真理の現れだ、という話になるだろう。

実際、後の文章を見ると『眼蔵』の解釈は、禅師の「言い得るならばお前の頭は剃らないよ（「道得不剃汝頭」）」という言葉を「もし言い得ているなら……」という仮定文だと考えていない。これは、禅師の見解だというのである。つまり、出てきた弟子の様子を見て、すでに山中の修行において縁起の教えを体得していることを直感し、「お前は道得しているから、頭は剃らずにおくよ」と言ったのだと、考えるのである。

とするなら、差しだされた弟子の頭を、禅師は剃らないはずである。洗って差しだす行為に非言語的「道得」を認め、剃刀は納めるはずだろう。問答の冒頭で念が押されているとおりである。

ところが、事態は違った。

雪峰すなわち庵主のかみをそる。

剃ってしまったのである。では、禅師は弟子の境地を認めなかったのか。そうではないだろう。『眼蔵』は引き続く文章で、禅師のやり方を激賞する。

この一段の因縁、まことに優曇《うどん》の一現のごとし。あいがたきのみにあらず、ききがたかるべし。

この逸話（「一段の因縁」）は、まことに三〇〇〇年に一度咲くという優曇波羅華《うどんばらげ》の開花のように、貴重な教訓である。このような出来事には遭遇しがたいだけでなく、そもそも聞きがたいだろう。さらに褒め言葉は続くが、割愛する。そして解説である。

しばらく雪峰のいう「道得不剃汝頭」、いかにあるべきぞ。未《み》道得《どうて》の人これをききて、ちからあらんは驚疑すべし、ちからあらざらんは茫然ならん。仏と問著《もんじゃ》せず、道といわず、三昧と問著せず、陀羅尼といわず、かくのごとく問著する、問に相似なりといえども、道に相似なり。審細に参学すべきなり。しかあるに、庵主まことあるによりて、道得に助発《じょほつ》せらるるに茫然ならざるなり。家風かくれず、洗頭してきたる。これ仏自《ぶつじ》智恵《ちえ》、不《ふ》得其《とくご》辺《へん》《仏自らの智恵、其の辺を得ず》の法度《はっと》なり。現身なるべし、説法なるべし、度生なるべし、洗頭来なるべし。

とりあえず、禅師が言った「道得不剃汝頭」とは、どう解釈するべきか。

いまだ修行が足りず縁起の次元を言い得ない人はこの言葉を聞いて、もともと力量のある修行者なら、驚き怪しむだろうし、力のない者なら、茫然自失するだろう。

これは仏教の問答らしくない。仏の何たるかを問うでもなく、修行の在りよう（「道」）を問うのでも、三昧や陀羅尼の意味を問うのでもなく、頭を剃るか剃らないかなどと言っている。未熟な者なら驚いて当たり前である。

しかし、この禅師の質問（「問著」）は、質問に似ていて質問ではなく、むしろ見解表明に近い。よく研究すべきである。

庵の主である弟子は、縁起の教えをすでに体得しているから（「まことあるによりて」）、修行による「道得」に助けられ、呆然とはならない。彼の表現方法（「家風」）は、頭を洗ってくるという行為である。これは如来から自ずと発する智慧であり、まさに計り知れないほど偉大な模範（「法度」）である。まさに縁起の教えをその身によって示すことであり（「現身なるべし」）、説法であり、衆生済度であり、それが頭を洗って来る、その行為なのである。

ここまで言うのだったら、次の行為は「剃らない」になるはずだろう。剃らないことで、「洗頭来」を「道得」としなければならない。

では、なぜそうならず、頭を剃ったのか。問題の所在が、剃っても剃らなくても真理なのだ、という考え方の却下にあるからである。

ここで整理してみよう。
①禅師は「道得」ならば「不剃」と言っている。②弟子は剃ってくれと出てきたのだから、本来ならばこれは「不道得」を意味する。
言葉で言おうが行為で表そうが真理だという考え方からすれば、③「不剃」が「道得」になるはず

である。しかし、禅師はそうせず、④剃ることで「道得」としたのだ。これらを図式化してみると、

①「道得」→「不剃」②「剃」→「不道得」③「不剃」→「道得」④「剃」→「道得」

この四つのうち、②と③は禅師によって否定される。そこで、残った①と④から論理的に帰結するこうなる。

⑤「不道得」→「剃」⑥「不剃」→「不道得」を付け加えて、「道得」と「不道得」の関係を見ると

⑦「道得」→「不剃」→「不道得」

⑧「不道得」→「剃」→「道得」

つまり、④の禅師の行為が、「剃」「不剃」の行為を媒介に、「道得」→「不道得」、「不道得」→「道得」という図式を完成させるのだ。

これはどういうことか。

まさしく、「道得」において「不道得」が現前し、「不道得」もまた、「道得」され続けることでリアルに自らを示すということに他ならない。「この道得を道得するとき、不道得を不道するなり」である。

これが問答の核心的意味だからこそ、禅師は④のとおり、剃ることにおいて道得としたのである。もし、禅師が縁起の次元を体得しない「絶対真理」派の人間なら、剃らなかったはずなのである。だから、『眼蔵』は抜かりなくこう言っている。

ときに雪峰もしその人にあらずは、剃刀《ていとう》を放下して呵々大咲《かかたいしょう》せん。しかあれども、雪峰そのちからあり、その人なるによりて、すなわち庵主のかみをそる。まことにこれ雪峰と庵主と、唯仏

与仏にあらずよりは、かくのごとくならじ。

説明も不要だろうが、一応述べる。そのとき禅師が縁起の次元を体得しない凡人なら（「その人にあらずは」）、剃刀を放り投げて、剃らずに大笑いしたろう。しかし、禅師はまさに仏教者だったので、弟子の頭を剃って道得としたのだ。じつに、この次元を体得する者同士の、仏と仏の出会いでなければ、こうはならなかったであろう。以下さらに賛辞は続くが、略す。

見たとおり、この巻には、縁起の次元で作動する言語運動がどのようなものかが、見事に説かれている。

では、こうした言語運動の土台である縁起の次元はどうすれば体得できるのか。そして、その土台の上に、いかに自己と世界を再構成しようというのか。次章はそれを主題にしなければならない。まずは、坐禅である。

第五章
実践するとはどういうことか

1　坐禅、縁起への身投げ

『眼蔵』で坐禅について語っているのは、第十一「坐禅儀《ざぜんぎ》」の巻と第十二「坐禅箴《ざぜんしん》」の巻の二つである。「坐禅儀」は坐禅の方法について述べた非常に簡潔なもので、『眼蔵』中、最も短い文章でできている（本書においては、坐禅の具体的な作法については割愛する）。

それに対して、「坐禅箴」の巻では、坐禅の思想的意義について、きわめて独創的な議論が展開されている。

「坐禅儀」の巻の意味

しかしながら、「坐禅儀」の巻の重要性は、「坐禅箴」の巻にいささかもおとらない。というよりも、「坐禅儀」冒頭の一句が、『眼蔵』における坐禅の意味づけを決定づける。それは、こういう語句である。

参禅は坐禅なり。

参禅するとは坐禅することである。この当たり前のことが、なぜ冒頭で断言され、その後、坐禅する場所には座布団を厚く敷けだの、夏涼しく冬暖かくするように工夫せよなどと、およそ「厳しい修行」のイメージからかけ離れた懇切丁寧な言葉が続くのか。

この一句は、中国において独自に形成された「禅」の考え方、あるいは「禅宗」の持つ修行方法に対して、強烈なアンチテーゼを突きつけているのだ。

「禅」の考え方は、「さとり」と称される、ある特殊な境地を「真理」「真実」と認定する。この境地は、それ以外の状態と存在論的に区別され、絶対視される。

また、「さとり」には、坐禅だけでは達することができない。さまざまな問答のやり取り、さらに過去の禅問答（「公案」）の研究・習得が課せられ、その結果「さとり」が認定される。ということは、この考え方では、坐禅は「禅宗」において二義的意味しか持ち得ないことになる。

冒頭の一句は、その否定である。だからこそ、『眼蔵』には「見性《けんしょう》」（真理を見る、あるいは真理と合一すること）という観念や、「禅宗」という呼称への厳しい拒否があるのだ。

『眼蔵』はあくまで、仏教の根幹である縁起の教えに坐禅を位置づけようとする。その立場において、禅を学ぶとは坐禅をするという行為なのだと、言い切るわけである。

坐禅が開く次元

ならば、坐禅という行為は、どういう行為なのか。この点に関して、本書においては以下のように考える。

坐禅に関して確実に言いえるのは、坐禅という一定の身体技法を用いると、それによって、身心状態が大きく変化することである。特に、通常の生活における意識状態や行為様式を規定している、自己／他者、内部／外部などの区別、さらに上下左右や遠近の方向感覚などが崩壊する。さらに進むと、視覚・聴覚などの感覚が融合してきて、自意識が無効の状態になる。要するに、言語によって分節され・秩序づけられた自己や世界に対する了解を喪失するのだ。

ここまでは体験として言えるし、指導者が正しく教え、修行者が丁寧に学べば、大抵の人間はこの状態に入ることができるだろう。

問題は、坐禅が開いたこのような身心状態、境地をどのような語り口で論じるのか、ということである。これを「真実」の境地とか、「真理」の世界と考えることを拒否するとすれば、それをどう扱うか。

存在は縁起し、その縁起を具体的に実現するのは行為であるとすでに述べた。つまり行為の在りようが、存在の仕方を規定する。ならば、その行為をぎりぎりに絞り込んだら、存在は解体するだろう。

現代の我々の自己や世界の存在の仕方を強力に拘束しているのは、取引や競争といった行為である。坐禅はまさに、その対極にある行為——眼が目標を狙い、それを摑もうと手を伸ばし、前傾姿勢で息せき切って走っていくような行動とは正反対な行いだ。

つまり、坐禅は身体行為と言語に基づく思考を限りなく停止へと導くテクニックである。停止ではない。停止は睡眠か死かであろう。坐禅は、停止状態に直面する行為である。それは睡眠でも死でもなく、いわば完全に休息することなのだ。「坐禅儀」にいわく、

諸縁を放捨《ほうしゃ》し、万事《ばんじ》を休息すべし。

そこには、存在が解体した後の土台が、存在が生成してくる縁起のゼロポイントが現成する。誤解を恐れず言うなら、坐禅は存在を初期化するのである。しかし、物事は初期状態が「真実」であるとは誰にも言えない。物事は全体として評価されるべきなのだ。したがって、坐禅の開く境域を「真理」と名づける根拠は何もない。

しかし、初期状態は重要である。なぜなら、言語において存在する人間は、自らの土台である初期状態を簡単に忘却し、それを思いだす方法を知らないからである。どんな建物でも土台の状態への無頓着は危険だろう。

通常の人間は、「完全な休息」などできない。方法を知らないし、その意味もわからない。だから、休みと称して遊ぶのである。『眼蔵』が坐禅修行を強調するのは、繰り返し思いださない限り、忘れるからである。つねに土台を意識して家を建て、そこに住むことはむずかしい。その困難に対する処方なのである。

ここまで前置きして、以下から「坐禅箴」の巻を通じて『眼蔵』の説く坐禅の意義を検討する。

⑨『眼蔵』「坐禅箴」

題名中「箴」の字義は、もともと鍼灸治療《しんきゅう》に用いる鍼《はり》、裁縫の縫い針の意味（竹製）で、転じて「誡《いまし》め」という意味にも使われる。「箴言《しんげん》」がその例だ。

したがって、「坐禅箴」とは「坐禅についての誡め」の意味になる。ということはつまり、坐禅に対する間違った理解を排除し、正しい意味づけを述べることが主題だということだろう。

その冒頭にくるのが、次のような問答である。

薬山弘道大師《やくさんくどうだいし》、坐次《ざし》有僧問《薬山弘道大師、坐次に、有る僧問う》、「兀々地《ごつごつち》思量《しりょう》什麼《しも》」。

師云、「思量箇不思量底《ふしりょうち》《箇の不思量底を思量す》」。

僧云、「不思量底如何《しゅお》思量《しりょう》」。

師云、「非思量」。


ある禅師が坐禅していると、そこへ一人の修行僧がやってきて尋ねた。

「動かざること山の如しの坐禅だが、それで何を思量（思考）しているのか？」（「兀々地」は険しい山の形容で、坐禅の意）

禅師が答えた。

「思量の及ばないところ（「不思量底」）を思量しているのだ」

「思量の及ばないところを、どうやって（「如何」）思量するのか？」

「非思量するのだ」


大師のかくのごとくなるを証して、兀坐《ごつざ》を参学すべし、兀坐正伝すべし。兀坐の仏道につたわれる参究なり。兀々地の思量ひとりにあらずといえども、薬山の道《どう》は其《その》一なり。いわゆる「思量箇不思量底」なり。思量の皮肉骨髄なるあり、不思量の皮肉骨髄なるあり。

禅師の答えがこのようであったことを、自分の修行で実践し納得し、この「兀々地」の坐禅を工夫・研究するべきであり、またこの坐禅を正しく受け継いでいくべきである。「兀々地」の坐禅は、ただ一人の者にしかできないことはないが、禅師の答えは、坐禅の意味を解釈するものとしては、第一である。それが「思量の及ばないところを思量する」という言葉である。思量によって理解できる縁起の教え（「皮肉骨髄」）もあれば、思量の及ばない教えもある。

ここで大切なのは、「道得」の巻で論じたことと同じである。「不道得」が「道得」の追求に対してのみ現成するように、「不思量底」はある「思量」に対してのみ現前する、ということである。思量も不思量も「絶対的真理」の現れだ、などという話でない。そのことは、次の文章ですぐにわかる。

僧のいう、「不思量底如何思量」。
まことに不思量底たといふるくとも、さらにこれ如何《しゆお》思量《しりよう》なり。兀々地に思量なからんや、兀々地の向上なににによりてか通ぜざる。賤近の愚にあらずは、兀々地を問著《もんじや》する力量あるべし、思量あるべし。

さて、修行僧の言う「思量の及ばないところを、どうやって思量するのか」という質問についてだが、「思量の及ばないところ」という考え方は、昔からある。しかし、さらにここでは、「どうやって思量するのか」と言うのである。

この部分で発揮される『眼蔵』解釈の際立つ独創性は、「如何思量」を疑問文だと考えていないことにある。これは「如何」という「思量」だというのだ。

坐禅が開く縁起の次元という、言語による思考では捉えきれない境域は、「どうやって考えようか」という態度、つまり通常の言語的思考を無効にしながら、なおそれに直面する行為、もはや思考とは言えない思考の様式に対して現前する。これが「如何思量」の意味である。

とすれば、坐禅に思量がないということがあろうか。坐禅の開く縁起の次元（「向上」）に達しないということが、どうしてあろうか。

通常の思考に拘束されている者（「賤近の愚」）でなければ、この坐禅の境域を問う力があり、それを思量する方法があるだろう。

だから、禅師は即座に答える。

大師いわく、「非思量」。

この「非思量」には二つの意味がある。一つは、「如何思量」は通常の思量には非ず、という意味。もう一つは、通常の思量とは質的に異なる思考様式という意味で、「非なる思量」だとするのである。

いわゆる非思量を使用すること玲瓏《れいろう》なりといえども、不思量底を思量するには、かならず非思量をもちいるなり。非思量にたれあり、たれ我《われ》を保任《ほうにん》す。兀々地たとい我なりとも、思量のみにあらず、兀々地を挙頭《ことう》するなり。兀々地たとい兀々地なりとも、兀々地いかでか兀々地を思量せん。しかあればすなわち、兀々地は仏量にあらず、法量にあらず、悟量にあらず、会量《ういりょう》にあらざるなり。

「非思量」を使用することは、つまり坐禅をすることは、何も特別な目的に限られず自由自在であってよいのだが（「玲瓏なりといえども」）、「不思量底」を思量するには、「非思量」する以外にない。

普通に思考する場合、当然思考の主体が存在するが、この「非思量」の場合、その主体は言語によって概念化されない。したがって、概念化されがたい主体を、あえて名づければ、「たれ（誰）」ということにしかならない。「彼は誰にも非ず」という主体、非主体という主体なのである。その非主体こそ、土台として自己を生成し担保している（「たれ我を保任す」）縁起の次元である。

坐禅の開く境域（「兀々地」）を、自分を支えている意味で、自己なのだと考えるにしても、その考えだけでは的外れである。問題は、その境域自体を明らかにする（「挙頭する」）ことなのだ。

坐禅が開く縁起の次元がまさにそのとおりのものだとしても、その次元自体が思量して自らの全体を認識することはできない。この次元は、如来の思考だろうと、教えにかなった思考だろうと、悟りだろうと、言語による理解（「会量」）だろうと、要するに、一切の概念による認識の対象とは異なるのである。

以上のような坐禅の了解は、非常にユニークであり、たとえば、それ以前の坐禅理解や、今日なお根強く存続している坐禅観と著しく異なる。『眼蔵』が否定する坐禅観とは、たとえば次のようなものである。

しかあるに、近年おろかなる杜《と》撰《せん》いわく、「功夫《くふう》坐禅、得胸襟無《てきょうきんぶ》事了《すりよう》、便是《びんし》平《ひ》穏地《いんち》也《や》《功夫坐禅は、胸襟無事《きょうきんぶじ》なることを得了《おわ》りぬれば、便《すなわ》ち是れ平穏地《へいおんち》なり》」。この見解《けんげ》、なお小乗の学者におよばず、人天乗よりも劣なり。いかでか学仏法の漢といわん。見在《げんざい》大宋国に恁麼《いんも》の功夫《くうふ》人《じん》おおし、祖道の荒蕪《こうぶ》かなしむべし。

又一類の漢あり、「坐禅辦道はこれ初心晩学の要機なり、かならずしも仏祖の行履《あんり》にあらず。行亦禅、坐亦禅、語黙動静体安然《行もまた禅、坐もまた禅、語黙動静《ごもくどうじょう》に体安然《たいあんねん》》なり。ただいまの功夫のみにかかわることなかれ」。臨済の余流と称ずるともがら、おおくこの見解なり。仏法の正命《しょうみょう》つたわれることおろそかなるによりて恁麼道《いんもどう》するなり。なにかこれ初心、いずれか初心にあらざる、初心いずれのところにかおく。

今述べたように坐禅を考えるべきなのに、最近のものをわきまえない愚者は、こういうことを言う。

「坐禅修行は、心境に何事も起こらなくなれば、それは平穏無事のさとりの境地なのである」

この見解は、大乗仏教以前の小乗仏教（現在は上座部仏教と呼称する）の修行者に及ばず、仏教にあらざる人間界や天界の教えよりも低劣である。

また別の一群の者たちは言う。

「坐禅修行は初心の修行者や年老いた修行者にとって大切な修行方法だが、如来や祖師など、仏法を会得した覚者が修行するようなことではない。坐禅ではない修行をするのも禅、坐るのも禅、話をしていても黙っていても、動いていても静かにしていても、覚者の心身は平安である。いま行っている坐禅にばかりこだわってはならない」

臨済義玄《りんざいぎげん》禅師門下の傍系に連なると称する修行者どもは、ほとんどがこういう見解である。仏法の正しい命脈がまともに伝わらないから、こんなことを言うのである。いったい、何が初心なのか、初心でないものとは何か。そもそも、どこに初心を位置づけるのか。

これらの批判は、すでに述べた「禅」「禅宗」批判そのものである。特定の意識状態を設定し、その状態に入ることだけを目的と考えること、また「悟る」ためのいくつかの方法のうちの一つ、しかも二義的な方法として坐禅を位置づけていること、それは縁起の次元を開く、開き続ける坐禅とはまったく異なるものだろう。

だから、『眼蔵』は断言する。

しるべし、学道のさだまれる参究には、坐禅辨道するなり。その榜様《ぼうよう》の宗旨《そうし》は、作仏《さぶつ》をもとめざる行仏《ぎょうぶつ》あり。行仏さらに作仏にあらざるがゆえに、公案見成《こうあんげんじょう》なり。身仏さらに作仏にあらず、籮籠打破《らろうたあは》すれば坐仏さらに作仏をさえず。正当恁麼《しょうとういんも》のとき、千古《せんこ》万古《ばんこ》、ともにもとよりほとけにいり魔にいるちからあり。進歩退歩、したしく溝《みぞ》にみち壑《たに》にみつ量あるなり。

よく心得よ。仏法を学んでいく上で、しなければならないと決まり切っている研究方法とは、坐禅修行である。その示すところは、坐禅によって特別の境地に達した結果として如来になること（「作仏」）を目指すのではなく、坐禅修行が縁起の次元を現成することにおいて如来として存在すること（「行仏」）である。坐禅によって現成する仏は、作仏を目的として修行した結果そうなった仏ではない。この「行仏」の坐禅は、如来となることを目的として修行するのではないから、そこに問いが現れる（「公案見成」）。

先に本書は、坐禅は初期化だと述べた。このとき、初期化は、初期状態に戻すがゆえに、ただちに、「次はどうする」という問いとして現前するだろう。縁起の次元を存在が生成される「土台」に喩えたが、ならば土台の出現は、それ自体「この上に何を建てるのか」という問いかけであろう。つまり、縁起の次元を開く坐禅は、この問いを開くのである。

いま我が身において坐禅が現成する如来は、作仏を目的とする修行の結果としての如来ではない。しかし、仏になるための坐禅という固定観念にとらわれなければ（「籮」は漁の網、「籠」は鳥籠）、坐禅が現成する如来は、結果として、なろうと修行してなった如来と別ものではない。

なぜなら、「作仏」は「坐仏」を土台にしてのみ、可能だからである。つまり、「坐仏」が「行仏」することを「作仏」と称するのだ。

まさにこのとき、千年万年の昔から、「行仏」も「作仏」もともに、如来と悪魔のような概念的な区別を無効にする自在な境地を開く力を持つのである。進むも退くも、その境地は、大小を超越した無辺の普遍性を持つのである（「溝」は側溝、「壑」は渓谷）。

「目的」という幻想

次に続く禅問答は、師匠と弟子にあたる二人の禅師が坐禅について交わすものである。ここでも、『眼蔵』は従来の解釈とはまるで異なる解釈を提示する。便宜のため、問答の概要を先に提示する。

ある禅師が、若き日、師匠の禅師のもとで、もっぱら坐禅修行に励んでいたところ、師匠がやってきて問うた。

「君、坐禅して何を目指そうというのか?」

弟子は答えた。

「仏になることを目指しているのです」

すると、師匠はその辺に落ちていた瓦を拾って、そこにあった石の上で磨きだした。

弟子はいぶかしく思って言った。

「師匠、何をしているのですか？」

「瓦を磨いて鏡にするのだ」

「瓦を磨いてどうして鏡になどできるでしょうか」

これを聞いて即座に師匠は言った。

「坐禅してどうして仏になれようか」

弟子は思わず言った。

「では、どうしたらよいのでしょう」

師匠はこう答えた。

「人が牛車に乗って行くとき、それが進まなかったら、車を打つのがよいのか、牛を打つのがよいのか」

弟子は絶句した。

以上が問答の大意である。これを読めば、仏になるにはやみくもに坐禅ばかりしていてもダメなのであって、目的にふさわしい修行方法をよく考えなければならない、という内容の話だと、普通は思うはずである。

とすれば、『眼蔵』がこの解釈を採用しないことは、これまでの議論の運びから言って当然だろう。なぜか。それは、作仏という目的を設定して、その手段に坐禅を位置づける思考方法そのものが、仏法の根本である縁起の教えを裏切るからである。

「目的」は、つねに概念としてしか認識されない。いまここで経験していない事柄だから、「目的」に成り得るのである。つまり、具体的な経験として知られないという意味で、概念なのだ。

「なろう」という行為

ところが、『眼蔵』の立場では、坐禅が開こうとするのは、具体的な存在の土台である。この土台たる縁起の次元は、身体行為が時々刻々と織り成す関係の次元である。概念とはわけが違う。作仏という目的概念に坐禅を位置づけても見当外れにしかならない。だから、『眼蔵』の解釈は百八十度違うと言ってもよいのである。

南嶽《なんがく》あるとき大寂《だいじゃく》のところにゆきてとう、「大徳《だいとく》、坐禅図箇什麼《ざぜんずこしも》」。この問、しずかに功夫参究すべし。そのゆえは、坐禅より向上にあるべき図《ず》のあるか、坐禅より格外に図すべき道《どう》のいまだしきか、すべて図すべからざるか。当時坐禅せるに、いかなる図か現成すると問著するか。審細に功夫すべし。

南嶽禅師が、あるとき大寂禅師に質問した。「君（「大徳」）、坐禅して何（「箇什麼」）を目指す（「図」）のか」

この質問を落ち着いてよく研究するべきである。それというのも、坐禅のその先に、目指すべき何かがあるのか、坐禅のはるか埒外に目指すべき道があって、いまだそこに達しないということなのか、それとも、すべてひっくるめて、何も目指すべきではないのか、どうなのかということが問題なのである。弟子が坐禅している正にそのときに、師匠はどのような目指し方があると考えて問うているのか。詳細に検討すべきである。

ここですでに、目的に対する手段としての坐禅が否定されていることは見やすい道理であろう。

彫龍《ちょうりゅう》を愛するより、すすみて真龍を愛すべし。彫龍・真龍ともに雲雨の能あること学習すべし。遠《おん》を貴することなかれ、遠を賤することなかれ、遠に慣熟《かんじゅく》なるべし。近《きん》を賤することなかれ、近を貴することなかれ、近に慣熟なるべし。目をかろくすることなかれ、目をおもくすることなかれ。耳をおもくすることなかれ、耳をかろくすることなかれ、耳目《じぼく》をして聡明ならしむべし。

この部分は、読めば言っていることはすぐに理解できるだろう。その意味するところは、既成概念による解釈や思い込みによる解釈を離れて、よくよく事態を研究せよという教訓である。「彫龍（彫り物の、偽物の龍）」ではなく、「真龍（本物の龍）」を愛すべきだと言った直後に、「彫龍」も「真龍」もともに雲をよび雨を降らせることができるなどと言うのは、提示された禅問答を従来の解釈で読んではならない、という宣告なのである。「遠」「近」の区別も同じ。既成概念を見直せというのだ。だから、耳目をあらためて聡明にしろと迫るわけである。

江西いはく、「図作仏《ずさぶつ》」。

この道、あきらめ達すべし。作仏と道取するは、いかにあるべきぞ。ほとけに作仏せらるるを作仏と道取するか、ほとけを作仏するを作仏と道取するか、ほとけの一面出、両面出するを作仏と道取するか。図作仏は脱落《とつらく》にして、脱落なる図作仏か。作仏たとい万般なりとも、この図に葛藤しもてゆくを図作仏と道取するか。

弟子は答えた。

「仏になろう（「図」）と思います」

この言葉を明らかにし、その真意に到達しなければならない。仏になるというのは、どうすべきだということか。仏に仏としてもらうことを仏になるというのか。仏を仏にすることを仏になるというのか。仏が時に応じてあちこちに出現することを、仏になるというのか。「仏になろうとする」とは解脱することであり、その解脱としての仏になるということか。仏になるということにいろいろの解釈があるとしても、この「なろう（「図」）」の意味を課題として修行し研究していく（「葛藤」）こと自体が、「仏になろう」ということなのか。

このように既な概念を挟まず、「仏になる」ということを問い直した結果、『眼蔵』の見解は最後の一節にある。つまり、なろうと志して修行すること自体に仏は現成している、と言うのである。つまり、ここでは「なろう」は意志ではなく行為と考えられているのである。この「なろう（「図」）」が行為として実現しているものが坐禅なのであり、それが直接縁起の次元を開いているのだ。いまここに存在しない、概念で設定された仏めがけて修行しているわけではない。

しるべし、大寂の道《どう》は、坐禅かならず図作仏なり、坐禅かならず作仏の図なり。図は作仏より前なるべし、作仏より後なるべし、作仏の正当恁麼時なるべし。且問《しゃもん》すらくは、この一図、いくそばくの作仏を葛藤すとかせん。この葛藤、さらに葛藤をまつふべし。このとき、尽作仏の条々なる葛藤、かならず尽作仏の端的なる、みなともに条々の図なり。一図を廻避《ういひ》すべからず。一図を廻避するときは、喪身失命するなり。喪身失命するとき、一図の葛藤なり。

正しく理解しなければならない。弟子が言っていることの意味は、坐禅とは必ず「仏になろうとする」そのこと自体である。坐禅は必ず「仏になる」ことを「目指す（「図」）」その行為である。この「なろう」は「仏になる」より前の行為なのか、その後の行為なのか。あるいは、まさに「仏になる」その時なのか。

さらに問うべきは、この一回の「なろう」の行為（「一図」）、すなわち坐禅が、どれほど「仏になる」を修行・研究したことになるのか。この研究は、さらなる研究に続いていく。このとき、「ことごとく仏になる」という修行・研究が、それ自体かならず「ことごとく仏になる」ということの端的な意味であり、それはすなわちそれぞれの坐禅（「条々の図」）なのである。

この一回の「なろう」、すなわち坐禅を回避してはならない。回避するときは、仏法そのものを失う（「喪身失命」）。しかし、作仏を目的に坐禅を手段とするような仏法なら、それを喪失するというのも、一回の坐禅修行による研究というものである。

南嶽ときに一塼《せん》をとりて石上にあててとぐ。

大寂ついにとうにいわく、「師、作什麼《そしも》《師、什麼《なに》をか作《な》す》」。

まことに、たれかこれを磨《ま》塼《せん》とみざらん、たれかこれを磨塼とみん。しかあれども、磨塼はかくのごとく「作什麼」と問せられきたるなり。


すると師匠は一つの瓦を拾って石の上で磨きだした。しばらく見ていた弟子は質問した。

「師匠、何（「什麼」）をしているのですか?」

実際、誰が瓦を磨いているのを見てわからないことがあろうか。それなのに、この瓦磨きはこのように「何をしているのか」と問われたのである。つまり、弟子の問いは問いではないのだ。

坐禅は「何」をする

この場合の「何」とは、言語によって概念化されがたい縁起の次元を意味している。「非思量」の主体を「誰」と称するのと同様である。したがって、

「作什麼」なるは、かならず磨塼なり。此《し》土《ど》他《た》界《かい》ことなりというとも、磨塼いまだやまざる宗旨あるべし。自己の所見を自己の所見と決定《けつじょう》せざるのみにあらず、万般の作業《さごう》に参学すべき宗旨あることを一定《いちじょう》するなり。しるべし、仏をみるに仏をしらず、会《うい》せざるがごとく、水をみるをもしらず、山をみるをもしらざるなり。眼前の法、さらに通路あるべからずと倉卒《そうそつ》なるは、仏学にあらざるなり。

「何をしているのか」というのは疑問文ではなく、縁起の次元（何）を現前させる（作）行為という意味なのであり、それは必ず瓦を磨くことに喩えられる坐禅なのだ。この人間世界とその他の世界は違うとは言え、違いを超えて、この瓦磨きがいまだに止むことがないという教えがあってしかるべきである。

坐禅に関して、自分の見解をこれが自分の見解だと簡単に割り切ることをしないだけでなく、既成概念を離れて、さまざまな見方によって行う研究作業（「万般の作業」）に値する教えがあることに、修行者は思いを定めるべきである。

よく心得よ。既成概念にとらわれたまま仏を見ても、仏を知らず、理解もできないように、水を見ても知らず、山を見ても理解できない。目の前の教えに到達するのに、もはや別の道はありえないと軽率に判断するのでは、仏教を学ぶことにならない。

南嶽いわく、「磨作鏡《まそきん》《磨して鏡と作す》」。

この道旨、あきらむべし。磨作鏡は、道理かならずあり。見成《げんじょう》の公案あり、虚設《こせつ》なるべからず。塼《せん》はたとい塼なりとも、鏡《きん》はたとい鏡なりとも、磨の道理を力究《りききゅう》するに、許多《こた》の榜様《ぼうよう》あることをしるべし。古鏡も明鏡も、磨塼より作鏡をうるなるべし、もし諸鏡は磨塼よりきたるとしらざれば、仏祖の道得なし、仏祖の開口《かいく》なし、仏祖の出気《すいき》を見聞せず。

師匠は言った。

「磨いて鏡にするのだ」

この言葉の意味を明らかにしなければならない。「磨いて鏡にする」ことには、しかるべき道理があるのである。今ここに現前した研究すべき課題（「公案」）である。つまらぬ虚構の話をしているのではない。瓦が瓦であり、鏡は鏡で変わらないにしても、問題は「磨く」ことの意味を全力で究めることである。そこには、幾多の事例（「榜様」）があることを知らなければならない。由緒ある鏡も明るく輝く鏡も、瓦を磨くことで鏡に成ったのである。もしいろいろな鏡が瓦を磨くことから作られたと知らないなら、如来や祖師の言葉もなく、説法（「開口」）もなく、その息吹を見聞することもないのである。

右の言い分は簡単である。坐禅修行（「瓦磨き」）が縁起の次元（「鏡」）を現成するということなのだ。

大寂いわく、「磨《ま》塼《せん》豈《き》得《て》成鏡《しんきん》耶《や》《磨塼豈《あ》に鏡を成すことを得んや》」。

まことに磨塼の鉄漢なる、他の力量をからざれども、磨塼は成鏡《しんきん》にあらず、成鏡たとい聻《にい》なりとも、すみやかなるべし。

それを聞いて弟子は言った。

「瓦を磨いてどうして鏡になどできるでしょうか」

まことに瓦を磨くような坐禅に専心する修行者の場合は、他の修行の力を借りなくても、坐禅（「磨塼」）を手段にして成仏（「成鏡」）しようなどということをせず、縁起の次元を体得することである成仏それ自体（「聻」は強調の助字）は、坐禅がただちに現成するであろう。


南嶽いわく、「坐《ざ》禅《ぜん》豈《き》得《て》作《さ》仏耶《ぶつや》《坐禅豈に作仏を得んや》」。

あきらかにしりぬ、坐禅の作仏をまつにあらざる道理あり、作仏の坐禅にかかわれざる宗旨かくれず。


師匠が即座に言った。

「坐禅してどうして仏になれるというのか」

この言葉で明らかにわかる。坐禅は仏になることを期待してする修行ではないという道理があるのだ。仏になるという目的と坐禅が無関係であるとする主旨は見落としようがない。

進まぬ車をどうするか

さて、ここからさらにユニークな師弟の議論が展開する。


大寂いわく、「如何《しゆお》即是《そくし》」。

いまの道取、ひとすじに這頭《しやとう》の問著に相似せりといえども、那頭《なとう》の即是《そくし》をも問著するなり。たとえば、親友の親友に相見《しようけん》する時節をしるべし。われに親友なるはかれに親友なり。「如何、即是」すなわち一時の出現なり。

そこで弟子は問うた。

「ではどうすれば（「如何」）、よい（「即是」）のでしょうか」

この質問は、ただそのとおり（「這頭」）弟子が師匠に質問しているように聞こえるが、そればかりではなく、自ら正しいと考える見解を師匠に披露しているのだ。これも質問ではないと『眼蔵』は考えているのである。

たとえば、親友が親友に会うときのことを思えばよい。この親友とは、坐禅についての見解のことである。もし互いに親友なら、つまり同じ見解を持つ同士なら、自分の見解は彼の見解のはずである。

「どうするか」この問いが、すなわち坐禅の意味そのものである（「即是」）。それが問答により、師弟の間に一時に出現するのだ。

「如何」はまさに「非思量」を意味する。つまり縁起の次元の現前であり、それこそが坐禅である。


南嶽いわく、「如人駕車《がしや》、車若不行《しやにやくふあん》、打《た》車即是《しやそくし》、打牛即是《たぎゆうそくし》《人の車を駕するが如き、車若し行かずは、車を打つが即ち是か、牛を打つが即ち是か》」。

しばらく、「車若不行」というは、いかならんかこれ車行、いかならんかこれ車不行。たとえば、水流は車行なるか、水不流は車行なるか。流は水の不行というつべし、水の行は流にあらざるにもあるべきなり。しかあれば、「車若不行」の道を参究せんには、不行ありとも参ずべし、不行なしとも参ずべし、時なるべきがゆえに。「若不行」の道、ひとえに不行と道取せるにあらず。

師匠は答えた。

「人が牛車に乗っているとき、その車が進まないなら、車を打つのが正しいか、牛を打つのが正しいか、よく考えよ」

つまり、仏になる手段として、坐禅ばかりが正しいのかどうか考えないといけない。それは牛車を進めようとして牛ではなく車を打つような勘違いをしているのと同じではないか。そう師匠は諭していると考えるのが、常識的な理解である。

もちろん、『眼蔵』は異なる考えを示す。ここでもまず、既成概念を厳しく問い直すのである。「車が進まなければ」と言うが、そもそも「車が進む」とは、すなわち「仏になる」とはどういうことか。また、「車が進まない」、「仏になれない」とは、どういうことか。

たとえば、水が流れるということは、車が進むことにはならないのか。水が流れないとは車が進むことではないか。流れるとは、水が進まないことだと言うべきだ。水が進むと言うときに、流れではないこともあるはずだ。とすれば、「車がもし進まなければ」の言葉を研究するには、進まないこともあると、あるいはないと、学ぶべきである。

ここで「車」と「水」、「進む」と「流れる」が、言葉を換えて執拗に問われているのは、論じられている主題が、「仏になる」と言うとき、「仏」を何だと考えるのか（「車」「水」）、「なる」とはどういうことか（「行」「流」）、だからである。

ならば、考え方によって、そのときの解釈が決まるはずである（「時なるべきがゆえに」）。「もし進まないなら」という言葉が文字どおり「進まない」ことを言っているのではない。

こう考えてくると、車を打つのは間違いで、牛を打つのが正しいというだけの話にならない。言葉の意味が問い直されているからである。

「打車即是、打牛即是」という、打車もあり、打牛もあるべきか。打車と打牛とひとしかるべきか、ひとしからざるべきか。世間に打車の法なし、凡夫《ぼんぷ》に打車の法なくとも、仏道に打車の法あることをしりぬ、参学の眼目なり。たとい打車の法あることを学すとも、打牛と一等なるべからず、審細に功夫すべし。

「車を打つのが正しいか、牛を打つのが正しいか」と言うのは、質問ではない。車を打つのもよし、牛を打つ方法もある、ということではないか。打車と打牛は同じことか違うのか。世間一般の理解では車を打つという方法はあり得ない。しかし、凡人に打車という手段がないと言っても、仏道には打車という方法があることを知る、これが修行の眼目である。ここで打車が坐禅を意味することは言うまでもない。

たとえ打車という方法があると学んでも、それが打牛（成仏を目指して行う修行方法）と同じにはならない。よくよく究明すべきである。では、打牛をどう考えるのか。

打牛の法たといよのつねにありとも、仏道の打牛はさらにたずね参学すべし。水牯《すいく》牛《にゅう》を打牛するか、鉄牛を打牛するか、泥牛を打牛するか。鞭《べんだ》打なるべきか、尽界打なるべきか、尽心打なるべきか、打《た》迸髄《ひんずい》なるべきか、拳頭打なるべきか。拳打拳あるべし、牛打牛あるべし。

だいたい、打牛という手段が常識だとしても、仏道が考える打牛とは何か、さらに学び研究しなければならない。

水辺の牛を打つのか、鉄の牛を打つのか、泥の牛か。鞭で打つのか、全世界で打つのか、全精神で打つのか、骨の髄まで痛撃するのか、拳で打つのか。すると拳が拳を打ち、牛が牛を打つということまで考えてみるべきだろう。

つまりここでは、坐禅以外の修行を「仏になる」ための手段として考える見解（「打牛」）も、徹底的に問い直すべきだと主張しているのである。

「大寂無対《だいじゃくぶつい》」なる、いたずらに蹉過《さこ》すべからず。拋塼引玉《ほうせんいんぎょく》あり、回頭換面《ういとうわんめん》あり。この無対さらに攙奪《ざんだつ》すべからず。

これに弟子が答えなかったことを、みだりに間違えて理解してはならない。彼は師匠に言い負かされたのでない。坐禅について、師匠の見解が自分のものと同じであることを納得したから、何も言わなかったのだ。土の塊を捨てて玉を取り、振り返ったら凡夫から覚者へと面目が改まっていたように、従来とは一変した坐禅観がこの問答では説かれている。答えなかったことの意味をむげに否定してはならない（「攙奪」＝無理に奪い取ること）。

成仏の基盤としての坐禅

師匠の禅師には、この他にも坐禅について教示する言葉がある。

南嶽、又しめしていわく、「汝学《にょがく》坐禅、為学坐仏《汝坐禅を学せば、坐仏を学すと為す》」。この道取を参究して、まさに祖宗《そそう》の要機を辦取《はんしゅ》すべし。いわゆる「学坐禅」の端的いかなりとしらざるに、「学坐仏」としりぬ。正嫡《しょうちゃく》の児孫《じそん》にあらずよりは、いかでか学坐禅の学坐仏なると道取せん。まことにしるべし、初心の坐禅は最初の坐禅なり、最初の坐禅は最初の坐仏なり。

禅師が言うには、

「君が坐禅を学ぶなら、それは坐っている仏を学ぶことになる」

この言葉を研究して、まさに歴代祖師が伝えてきた教えの要旨を心得なければならない。言われているところの「坐禅を学ぶ」がどういうことか明確にわからないうちに、それが「坐っている仏を学ぶ」ことだと知ってしまった。正しい教えの系譜に連なる修行者でなければ、どうして坐禅を学ぶことが坐っている仏を学ぶことだなどと言えるだろうか。

ここで言いたいことは、坐禅して縁起の次元を開いたら、それが「悟り」で、もう成仏したのだと錯覚してはいけない、ということである。「坐っている仏」とはどういう仏か、学ばなければならない。

坐禅が開いているのは土台にすぎない。縁起の次元を自覚しつつ、仏法に則って主体を再構成していく全過程こそ「さとり」なのであり、そこに刻々と現成してくる主体が仏である。従来のプログラムを初期化して終わりではない。仏法をプログラムして、新たな主体を立ち上げることこそがテーマなのだ。

だから、「坐っている仏」とは、ゴールに入った者ではなく、スタートを切って走りつつあるランナーである。完工した家でなく、家を構想して造成された基礎である。しかし、スタートラインもゴールも、仏道というマラソンコースの内であることに変わりはなく、基礎は家の一部である。ということは、初心者の坐禅は、最初の坐禅である。最初の坐禅は、最初の坐禅が現成した最初の坐っている仏である。

坐らない坐禅、坐る坐禅

かくのごとく土台が押さえられていれば、その上に何が建てられようと、土台ぐるみの家である。最初の一〇メートルも最後の一〇メートルも同じマラソンコースだ。坐禅以外の修行は、すべて坐禅に基礎づけられて修行になるのである。

坐禅を道取するにいわく、「若学坐禅《にゃくがくざぜん》、禅非坐臥《ぜんぴざが》《若《も》し坐禅を学せば、禅は坐臥に非ず》」。

いまいうところは、坐禅は坐禅なり、坐臥にあらず。坐臥にあらずと単伝するよりこのかた、無限の坐臥は自己なり。なんぞ親疎《しんそ》の命脈をたずねん、いかでか迷悟を論ぜん、たれか智断をもとめん。

さらに坐禅について言うと、「もし坐禅を学ぶなら、その禅は坐ったり横になって寝る行為ではない」、ということである。

いまここで言っているのは、坐禅は坐禅であって、坐る寝るなどの、ただの身体行為ではない、ということである。つまり、坐っていること自体としては、ただの身体行為と区別がつかなくても、縁起の次元を開く行為（「禅」）として、坐禅は仏法のコンテキストに位置づけられているのである。

ただの身体行為ではないという教えが正しく継承されてはじめて、概念で限定されない縁起の次元から捉え直された坐る・寝るの身体行為（「無限の坐臥」）は、仏法による新たな主体（「自己」）を立ち上げることができる。そうなれば、これらの身体行為は、「禅」の修行と同じことである。「禅」とどれほど近いか遠いか（「親疎」）考えるまでもない。どうしてそこに迷悟を分かつ議論を挟む必要があろう。誰が分別知的判断を下そうというのか。

南嶽いわく、「若学坐仏、仏非定相《ぶつぴじようそう》《若し坐仏を学せば、仏は定相に非ず》」。いわゆる道取を道取せんには恁麼なり。「坐仏」の一仏二仏のごとくなるは、「非定相」を荘厳《しようごん》とせるによりてなり。いま「仏非定相」と道取するは、仏相を道取するなり。非定相仏なるがゆえに、坐仏さらに迴避しがたきなり。しかあればすなわち、仏非定相の荘厳なるゆえに、若学坐禅すなわち坐仏なり。たれか無住法におきて、ほとけにあらずと取捨し、ほとけなりと取捨せん。取捨さきより脱落せるによりて坐仏なるなり。

南嶽禅師いわく、「もし坐っている仏を学ぶというなら、その仏は、誰もが普通にそう思うような、決まり切った姿をしているのではない」。

言うべきことを言うとは、このように言うことである（「恁麼」）。「坐っている仏」がそれぞれに仏であることを現成してるのは、「決まった姿ではない姿」を身に表しているからである。

何を言いたいのか。坐禅と聞いて、それは手足を組んで坐る姿だと思い込んで、概念化してはいけないということである。縁起の次元を坐禅で確かに自覚していれば、その自覚においてなされる行為は、すべて坐禅だと考えるのだ。それが坐る行為だろうと寝る行為だろうと。

したがって、「仏に決まった姿はない」とは、それが決まった姿だということである。決まった姿のない仏（「非定相仏」）だからこそ、その「非定相」を可能にする基盤として、坐禅する仏であることが不可避なのだ。

だからすなわち、「仏に決まった姿がない」ことを姿とするゆえに、「もし坐禅を学ぶなら」、どのような姿をしていようとも、その姿はすなわち、基盤としての坐っている仏を現成しているのである。

だれが縁起の教えに依拠することもなく（「無住法」）、これは仏である、これはそうではないなどと、取捨選択できるというのか。そんな概念的判断以前に、それを脱落することによって、縁起の次元は自覚され、坐っている仏が現成しているのである。

この考えをさらに強く主張するとこういうことになる。

南嶽いわく、「汝若坐仏、即是《そくぜ》殺仏《せつぶつ》」。

いわゆるさらに「坐仏」を参究するに、「殺仏」の功徳あり。「坐仏」の正当恁麼時は「殺仏」なり。殺仏の相好光明《そうごうこうみょう》は、たずねんとするにかならず坐仏なるべし。殺《せつ》の言《ごん》、たとい凡夫のことばにひとしくとも、ひとえに凡夫と同ずべからず。又坐仏の殺仏なるは、有什麼形段《ゆうしもいんとん》《什麼なる形段か有る》と参究すべし。仏功徳すでに殺仏なるを拈挙《ねんこ》して、われらが殺人《せつじん》・未殺人をも参学すべし。

禅師が言うには、「君がもし坐っている仏だとすれば、それは仏を殺す仏なのだ」。

ここでさらに「坐っている仏」を研究してみれば、それには「仏を殺す」力がある。「坐っている」仏がまさに現成しているときは、それは「仏を殺す仏」である。

この言葉の主旨は、これまでの議論の経緯から、もうわかるであろう。「仏」とはこういうものだなどと、「作仏」の目的として設定するなどした結果、概念化されてしまった「仏」を坐禅において解体せよ、というのである。

殺す仏の様相は、どういうものかと見てみれば、それは必ず坐っている仏である。「殺す」という言葉が凡人の使う言葉と同じだとしても、意味まで同じだと単純に考えてはいけない。また、坐っている仏が殺す仏であるのは、そこに「どんな姿かたちがあるというのか」という意味だと究明しなければならない。つまり、坐仏が「非定相」で坐っていることを殺仏と言っているのである。

仏の坐禅の力が殺仏であることを取り上げて、修行者自らの「殺人・未殺人」とはどういうことなのかも、学ぶべきだろう。

最後の言葉。

「若執坐相《にゃくしゅうざそう》、非《ひ》達其理《たつごり》」。

いわゆる「執坐相」とは、坐相を捨し、坐相を触《そく》するなり。この道理は、すでに坐仏するには、不執坐相なることえざるなり。不執坐相なることえざるがゆえに、執坐相はたとい玲瓏《れいろう》なりとも、「非達其理」なるべし。恁麼の功夫を脱落身心という。

「もし坐っている姿に執着するなら、仏教の道理に達することにはならない」

「坐っている姿への執着」とは、坐っている姿を捨て、かつ坐っている姿に触れていることである。この場合「捨てる」とは、坐る行為を作仏という目的のための手段として固定し概念化することを、捨てるのである。「触れる」とは、坐る行為を縁起の次元を開く行為として自覚的に使用することである。

坐っている姿を捨てて触れるという意味は、すでに坐っている仏として現成しているならば、坐っている姿に執着しないわけにはいかないだろう、ということである。この場合、「坐っている姿に執着する」という語句が、坐禅を意味している。

修行者は坐る姿に執着せざるを得ないゆえに、その執着、すなわち坐禅は、それ自体が概念化をこうむらない(「玲瓏」)にしても、「仏教の道理に達することにならない」のである。

なぜか。当たり前である。「仏教の道理」とは縁起の次元のことであり、これは到達すべき目的として設定されるような概念ではないからだ。ということは、「もし坐っている姿に執着するなら、仏教の道理に達することにはならない」の言葉が言おうとしているのは、「坐禅(「執坐相」)をすれば、縁起の次元が現成する(「非達其理」)」ということになる。『眼蔵』としては当然の解釈であろう。

こう考えて修行することを、二元図式による了解から脱却した存在（「脱落身心」）と言うのだ。

いまだかつて坐せざるものにこの道のあるにあらず。打坐時《たざじ》にあり、打坐人にあり、打坐仏にあり、学坐仏にあり。ただ人の坐臥する坐の、この打坐仏なるにあらず。人坐《にんざ》のおのずから坐仏・仏坐に相似なりといえども、人作仏あり、作仏人あるがごとし。作仏人ありといえども、一切人は作仏にあらず、ほとけは一切人にあらず。一切仏は一切人のみにあらざるがゆえに、人かならず仏にあらず、仏かならず人にあらず。坐仏もかくのごとし。

いまだかつて坐禅したことのないような者には、このような言葉は言えない。坐る時にこの言葉がある。坐る人にある。坐る仏にある。坐を学ぶ仏にある。ただの人間が日常坐ったり寝たりしているという意味での坐る行為が、坐る仏を現成するわけではない。人の坐る行為が、自然に仏の坐る行為・坐っている仏と似るにしても、人がなった仏もあれば、仏になった人もいる。

何が言いたいのか。要するに、人と仏を媒介するのは、日常の身体行為として坐ることではなく、坐禅だということである。

仏になった人がいると言っても、一切の人が成仏するわけではない。仏は一切の人ではない。一切の仏が一切の人であるとばかりも言えないから、人は必ず仏であることはないし、仏は必ず人であるわけでもない。つまり、人か仏かは、坐禅修行をするかしないかで決まるのだ。だから、坐る仏とはこのような意味である。

以上まで、禅問答を材料に坐禅の意味を検討してきた。これからは、『眼蔵』が推賞する坐禅の意義を端的に述べる韻文を掲げ、解説する段である。そして最後に、この巻の掉尾《とうび》を飾るものとして、『眼蔵』の坐禅についての箴言、「坐禅箴」が披瀝《ひれき》される。

宏智正覚禅師の「坐禅箴」

『眼蔵』以前にも、坐禅の意義を説く「坐禅銘」や「坐禅儀」はいくつかあったのだが、それらの大半は見るべきところがないとした上で、『眼蔵』は唯一、宏智正覚《わんししょうがく》禅師のものを掲げ、高く評価している。この禅師は、公案（禅問答）を主な修行方法として一世を風靡した中国・宋朝禅の中にあって、坐禅修行を特に強調したとされる祖師である。以下にその「坐禅箴」を紹介する。

仏々要機、祖々機要。《仏々の要機、祖々の機要》
不触事而知、不対縁而照。《事《じ》を触《そく》せずして知り、縁に対せずして照らす》
不触事而知、其知自微。《事を触せずして知る、其の知自ら微《み》なり》
不対縁而照、其照自妙。《縁に対せずして照らす、其の照自ら妙なり》
其知自微、曾無分別之思。《其の知自ら微なり、曾《かつ》て分別の思《し》無し》
其照自妙、曾無毫忽之兆。《其の照自ら妙なり、曾て毫忽《ごうこつ》の兆《ちょう》無し》
曾無分別之思、其知無偶而奇。《曾て分別の思無き、其の知無偶にして奇なり》
曾無毫忽之兆、其照無取而了。《曾て毫忽の兆無き、其の照取ること無くして了なり》
水清徹底兮、魚行遅々。《水清《す》んで底に徹《とお》つて、魚の行くこと遅々《おそし》》

空闊莫涯兮、鳥飛杳々。《空闊《ひろ》くして涯《かぎ》りなし、鳥の飛ぶこと杳々《ようよう》なり》

この「坐禅箴」に対して『眼蔵』は一文ごとに解釈を加える。まず「坐禅箴」の「箴」とは、大いなる仏法の働きの意味なのであり、我々の通常の感覚や常識で捉えてはならないと断った上で、最初の一句、

仏々要機

「仏々」はかならず仏々を要機とせる、その「要機」現成せり、これ坐禅なり。

諸仏はみな、仏から仏へと法が伝わっていくことで仏となるわけだが、その仏となるということにおいて、最も肝要な働きが実際に現れてくる。これが坐禅修行である。

祖々機要

先師無此語《むしご》なり。この道理これ「祖々」なり。法伝衣伝あり。おおよそ回頭換面《ういとうわんめん》の面々、これ「仏々要機」なり。換面回頭の頭々《とうとう》、これ「祖々機要」なり。

歴代の祖師が自らの師とされた方には、言葉がなかった。この言葉がないということの道理こそ、坐禅によって祖師が祖師へと教えを伝えていったということなのだ。そうしてこそ、真に仏法を伝え、また伝法の象徴として袈裟《けさ》を伝えていくということもありえるのである。

坐禅によって、（凡人が）振り返って、（聖者へと）面目を改めるという成仏の仕方もある。その改めた面目が「仏々要機」である。また、面目を改めて振り返るという悟り方もある。その振り返った頭が「祖々機要」である。いずれにしろ、それは坐禅の働きなのだ。

不《ふ》触事《そくじ》而《に》知《ち》

「知」は覚知にあらず、覚知は小量なり。了知の知にあらず、了知は造作《ぞうさ》なり。かるがゆえに、「知」は「不触事」なり、不触事は知なり。遍知と度量《たくりよう》すべからず、自知と局量《こくりよう》すべからず。その不触事というは、明頭来《みんちようらい》　明頭打《みんちようた》、暗頭来《あんちようらい》　暗頭打《あんちようた》なり、坐破嬢生皮《ざあはにやんさんひ》なり。

この坐禅においては、自己と対象が二元的に対峙する図式で知覚や認識が行われるわけではない。そういう知覚はきわめて限定的であり、その認識も一定の条件下で構成されたもの（「造作」）にすぎない。

その知覚や認識は、「事に触れない」ということである。すなわち、認識する自己と認識される対象が別々にあって、それが接触することで知覚や認識が成立するのではない。坐禅における知覚や認識は、まさにこの枠組みを解脱するのである。これを解脱すれば、それが「事に触れない」という坐禅の「知」なのだ。

坐禅における「知」を普遍性のある認識だと考えてはならないし、自己の主観に限られたものだと思ってもいけない。「事に触れない」認識とは、あるものが現れたら（明るいものが来れば）現れたなりに認識し（明るいものを打ち）、別のものが現れたら（暗いものが来たら）、また現れたとおりに認識する（暗いものを打つ）という非二元的・非概念的認識、つまり、常識的人間（「嬢生皮」＝母親が生んだ肉身という意味での人間）の二元的認識を、坐禅で脱落した認識なのである。

不《ふ》対縁而照《たいえんにしよう》

この「照」は照了の照にあらず、霊照にあらず、「不対縁」を照とす。照の縁と化《け》せざるあり、縁これ照なるがゆえに。不対というは、遍界不曾蔵《へんかいふすんぞう》なり、破界不出頭なり。微《み》なり、妙《みょう》なり、回互《ういご》不回互《ふういご》なり。

この「照」も、照らすものと照らされるものがそれ自体で存在することを前提とする「照」ではない。超自然的な精神の働きとしての「照」を言うのでもない。そうではなくて、照らすものと照らされるものの二元性を脱落しているという意味での「照」なのである（「『不対縁』を照とす」）。この「照」が二元図式に落ち込まないことがありえる。なぜなら、照らす主体と照らされる対象の関係こそ、この「照」の作用が可能にしているものだからである。つまり、存在に関係（＝行為）は先立つのだ。すべての存在は、二元図式によらずに十全に現成する。日常の世界像は打破されて、「〇〇が現れる」と認識できるような事態ではなくなる。それはまさに微妙な、照らすものと照らされるものとが、関係すると同時に関係しない、二元図式では了解できない坐禅が開く事態なのである。

其知自微《ごちじみ》、曾無分別之思《ぞうむふんべつしし》

「思」の「知」なる、かならずしも他力《たりき》をからず。「其知」は形なり、形は山河《せんが》なり。この山河は「微」なり、この微は妙なり、使用するに活潑々《かつぱつぱつ》なり。龍を作《さく》するに、禹門《うもん》の内外《ないげ》にかかわれず。いまの一知わずかに使用するは、尽界山河を拈来《ねんらい》し、尽力して知するなり。山河の親切にわが知なくは、一知半解あるべからず。分別思量のおそく来到するとなげくべからず。已曾分別《いぞうふんべつ》なる仏々、すでに現成しきたれり。「曾無」は已曾なり、已曾は現成なり。しかあればすなわち、「曾無分別」は、不逢《ふふ》一人《いちにん》なり。

坐禅において、二元図式に基づく判断による思念（「思」）が無い、そういう認識（「知」）が自ずから微妙なものとなるのは、必ずしも特別な能力が働くからではない。

坐禅における認識とは、そこに対象が現前してくるという、そのこと自体である（「『其知』は形なり」）。どこかに対象がまずあって、それを別のところにある主体が認識するのではない。対象が対象として現前するそのことが、すなわち認識するという事態なのだ。そのように世界（「山河」）は現成する。この世界認識は主体／対象という具合に簡単に割り切れない。微にして妙である。この認識の使用は理論的判別のごとく冷静に行われるものではない。縁起の次元に立ち返った、きわめて動的な事態として行われる（「活潑々なり」）。

たとえば、魚が竜となるのに、登竜門の内と外かは関係ない。内と外とは、門をくぐるという行為において成立する概念の区別にすぎない。

この坐禅における認識をほんの少しでも使ってみるということは、全世界を現成させ、力を尽くして知り究めることである。世界の現成そのもの（「親切」）であるところの、坐禅する自己の認識がなければ、少しばかりの知識も、わずかな理解もあり得ないだろう。

だとすると、対象を分別して了解する、二元図式による認識は遅れてしまうと嘆く必要はない。二元図式がまったく無効だというわけではないのである。以前から分別し認識している仏が、すでに坐禅において現成しているのだ。二元図式による認識が一定条件下で仮設されたものであることが坐禅において証明された上は、この坐禅に根拠づけられた認識として、分別的思考は駆動している。「曾《かつ》て無い」は「曾て已《すで》に」である。仏においては、つねに坐禅に裏づけられた分別が現成し、機能しているのだ。したがって、仏と同じ坐禅をする以上は、「曾て分別が無い」ような者には、一人として遭うことはないのである。

其照自妙、曾無《ぞうむ》毫忽之兆《ごうこつしちょう》
「毫忽」というは尽界なり。しかあるに、「自妙」なり、自照なり。このゆえに、いまだ将来せざるがごとし。目をあやしむことなかれ、耳を信ずべからず、直須旨《じきしゅし》外明宗《げみょうしゅう》、莫向言中取則《まくこうごんちゅうしゅそく》《直《じき》に旨外に宗を明らむべし、言中に向って則を取ること莫《なか》れ》なるは、照なり。このゆえに無偶《むぐう》なり、このゆえに無取なり。これを「奇なり」と住持しきたり、「了なり」と保任《ほうにん》しきたるに、我却疑《がきゃぎ》著《じゃ》《我れ却って疑著せり》なり。

この場合「毫忽」とは、全対象世界のことである。それがまさに「照」という行為において成立することを、「自ずから微妙である」と言い、自ずから照らすと言うのである。だから、どこか別なところにある対象を目の前に持ってきたということではないのだ。見たものをことさら疑ってはいけない。また聞いたことを無思慮に信じてもいけない。言外に意味を知らねばならず、発言するのに無条件的な原則を立ててはいけない。それが「照」ということである。つまり、二元図式による概念化に頼った認識を脱却することが、「照」なのだ。だから、二元的対立はなく（「無偶なり」）、独立した対象として認識が取り扱うべきものもない（「無取なり」）。

この「照」は、対立する二つのもの（偶）を前提に認識することではなく、一つのもの（「奇」）による認識に安住することである。そして、それがまさに坐禅による世界の了解なのだ。とすれば、その認識や了解は、我々が二元図式によって常日ごろ認識している世界の在りようを、あらためて驚き怪しむことに等しい（「我却疑著」）。

水清徹底《すいせいてっち》兮《けい》、魚行遅々《ぎょこうちち》

「水清」というは、空《くう》にかかれる水は清水に不《ふ》徹底《てっち》なり。いわんや器界に泓澄《わいたい》する、水清の水にあらず。辺際に涯岸《がいがん》なき、これを「徹底」の清水とす。「うお」もしこの水をゆくは「行」なきにあらず。行はいく万程《ばんしん》となくすすむといえども不測《ふしき》なり、不窮《ふぐう》なり。はかる岸なし、うかむ空なし、しずむそこなきがゆえに測度《しきたく》するたれなし。測度を論ぜんとすれば「徹底」の「清水」のみなり。坐禅の功徳、かの魚行のごとし。千程万程《せんしんばんしん》、たれか卜度《ぼくたく》せん。徹底の行程《あんしん》は、挙体《こたい》の不《ふ》行鳥道《あんちょうどう》なり。

では、坐禅によって開かれた縁起の次元から世界を見ると具体的にどうなるか。

「水が澄み切って底まで見通せるほどであり、そこを魚が悠々と泳いでいく」とは、どういうことか。

「水が清い」というが、空に満ちている水が清いということではない。常識的な認識では、空の水はわからない。それが底に徹《とお》るほど清いこともわからない。いわんやこの世界に満ち渡り澄み切っている、そういう清い水のことでもない。そもそも、この大地を流れている水ではない。流れに果てや岸のあるような、そういう水ではない。その常識的な見方を脱却した、果ての無い、岸の無い、そういう水を称して「徹底」の「清水」というのである。

魚がそこを泳いで行くというなら、むろん「行く」ということがないわけではない。しかし、この「行く」も縁起の次元では意味を規定され直す。行くとはいえ、それがどれほど遠くに進もうとも、計測することはできないし、窮まることもない。進み具合の手がかりになる岸もなければ、浮かび上がって見通しをつけられる空もない。沈んでいく先の底がないのだから、深さを測る人もいない。深さを測るというなら、その深さとは、底まで見通せる澄んだ水、その存在自体である。

坐禅の功徳とは、まさにこの魚が泳いでいくようなものである。それは、二元図式を枠組みとする認識の徹底的な排却によって現成する世界である。千里の行く手、万里の行く手と、誰が計測できようか。「徹底」するような行く手とは、鳥がまさに鳥として（「挙体」）飛び行くことのない、鳥の道なのである。

この場合、鳥がその全存在をかけて「飛んで行かない」と言っているのは、魚と水の関係同様、鳥と空を別々に存在するものとして、「鳥が空を飛ぶ」と理解することを拒否しているからである。そうではなくて、飛ぶという事態が、空と鳥を現成するのだ。そこで、次の一句が続く。

空闊莫涯兮《くうかつまくがいけい》、鳥飛杳々《ちょうひようよう》

「空闊」というは、天にかかれるにあらず。天にかかれる空は闊空《かつくう》にあらず。いわんや彼此《ひし》に普遍なるは闊空にあらず。隠顕《おんけん》に表裏なき、これを闊空という。「とり」もしこの空をとぶは飛空の一法なり。飛空の行履《あんり》、はかるべきにあらず。飛空は尽界なり、尽界飛空なるがゆえに。この飛、いくそばくということしらずといえども、卜度のほかの道取を道取するに、「杳々」と道取するなり。直須足下《じきしゅそくか》無糸去《むしこ》なり。空の飛去するとき、鳥も飛去するなり。鳥の飛去するに、空も飛去するなり。飛去を参究する道取にいわく、只在這裏《しざいしゃり》なり。これ兀々地の箴なり。いく万程《ばんしん》か只在這裏をきおいいう。

「空闊」というのは、天にひろがる空のことではない。先に天にとどく水があると言ったのと同じで、この空の語を、常識的な概念で理解してはいけない。天にひろがる空は「闊《ひろ》い空」ではないのだ。いわんや、かなたからこちらへと遍《あまね》くひろがっている空も、「闊い空」ではない。曇ったり晴れたりせず、表も裏もないそのことを「闊い空」という。つまり、この空は晴れや曇りのある単なる自然現象としての空ではなく、また表と裏の区別のつくような概念でもないのだ。

　鳥がこの空を飛ぶと言うなら、それは「飛んでいく空（飛空）」の一つの存在の仕方である。「飛んでいく空」の在り方とは、概念化して理解できることではない。「飛んでいく空」こそ全世界の存在である。全世界とは飛んでいく空だからだ。この「飛ぶ」ということが、どれほどの距離を飛ぶのかは知ることができないが、それは我々が概念化し計量化しえない事態だからこそ、ここでは「杳々」と言っているのである。その足元には、糸一本ほどの（概念化の）跡形も残らない。

　したがって、空が飛ぶとき、鳥も飛ぶ。鳥が飛ぶとき、空も飛ぶ。つまり、飛ぶという行為が空と鳥を現成するのだ。空を飛ばないなら、それは鳥でなく、一羽の鳥も飛ばないなら、それは空でない。この意味において「飛ぶ」ということを研究して言いうるのは、それを明らかにするのが、「ただここに在る」ことによって縁起の次元を開く我々の坐禅だということである。これぞ坐禅が放つ箴言である。諸仏諸祖は、今に到るまでじつに長きにわたって、この坐禅の意義を主張し続けてきたのである。

以上が、宏智禅師の「坐禅箴」に対する『眼蔵』の解釈である。

ここで明らかなのは、我々の自他二元図式による知覚や認識を脱却させ、概念化によって了解されたすべての存在を解体する行為として、坐禅を意味づける姿勢であろう。そしてこの意味で、『眼蔵』は高く宏智禅師の見識を評価しているわけである。

にもかかわらず、なぜ最後に『眼蔵』は独自の「坐禅箴」を披瀝するのか。

『眼蔵』の「坐禅箴」

まずは原文を見よう。

仏々要機、祖々機要。《仏々の要機、祖々の機要》
不思量而現、不回互而成。《不思量にして現ず、不回互《ふういご》にて成ず》
不思量而現、其現自親。《不思量にして現ず、其の現自ら親《しん》なり》
不回互而成、其成自証。《不回互にして成ず、其の成自ら証なり》
其現自親、曾無染汚。《其の現自ら親なり、曾て染汚《ぜんわ》無し》

其成自証、曾無正偏。《其の成自ら証なり、曾て正偏無し》
曾無染汚之親、其親無委而脱落。《曾て染汚無きの親、其の親無委にして脱落なり》
曾無正偏之証、其証無図而功夫。《曾て正偏無きの証、其の証無図《むと》にして功夫なり》
水清徹地兮、魚行似魚。《水清《す》んで徹地なり、魚行《ゆ》いて魚に似たり》
空闊透天兮、鳥飛如鳥。《空闊透天《くうかつとうてん》なり、鳥飛んで鳥の如し》

二つの「坐禅箴」を読み比べて、その違いを端的に示すのは、まず第一に冒頭の「仏々要機、祖々機要」に続く部分、「不思量而現、不回互而成」であり、最後の「水清徹地兮、魚行似魚。空闊透天兮、鳥飛如鳥」の部分であろう。

順序として「不思量而現、不回互而成」に対して、宏智禅師の「坐禅箴」の該当部分をあらためて示すと、「不触事而知、不対縁而照」となっている。

ここで問題なのは、坐禅において縁起の次元を開き、二元図式による認識を脱却し、存在するものの内に実体を想定するような認識を無効にしながらも、宏智禅師の「知」と「照」という語が、どこか「知る」主体と「照らす」主体が、特別な性質の存在として設定されているように思わせることである。そこには、対象世界が無常で無我であることを観照する主体が、それ自体、独特な実体性の残《ざん》滓《し》を感じさせるものがあり、対象世界を超越する存在として受け取られる恐れがある。この懸念が『眼蔵』に新たな「坐禅箴」を構想させたと、本書は考える。

一番の眼目は、坐禅が存在を生成する縁起の次元、直接には縁起を実現する行為の次元を開くのだということである。関係が、つまり行為が存在を生成する。この文脈に坐禅を確かに位置づけることが大切なのである。
では、以下、『眼蔵』の「坐禅箴」を逐一解釈し、最後の部分に見事に示された存在了解の仕方に言及しよう。

仏々要機、祖々機要。

これは前出と同じなので解釈しない。

不思量而現、不回互而成。

「不思量にして現ず」とは、まさに「非思量」のことである。ただの「不思量」なら気絶や熟睡も同然だが、思量を停止することにおいての「現」れとは、「如何《いか》にという思量」としての「非思量」、つまり坐禅が開く縁起の次元のことである。ここから自己と対象世界の存在が行為において生成される。したがってそれは、二元的に対立する実体的存在ではなく（「不回互」）、あくまで行為的関係による生成なのである。

不思量而現、其現自親。

このような「現」が二元的でない以上、それが「自ずから親しい」と形容されるのは適当である。

不回互而成、其成自証。

関係から生成される存在は、その生成という事態そのものによって、縁起の次元が存在の土台であることを証明している。

其現自親、曾無染汚。

「親しさ」は二元的でないことの形容なのだから、坐禅が可能にする対象世界の認識が自他二元図式に決して汚染されないのは当たり前である。

其成自証、曾無正偏。

関係が存在を生成するというのだから、本質（「正」）と現象（「偏」）の二元論で存在を了解することもあるはずがない。

曾無染汚之親、其親無委而脱落。

二元図式によらない存在了解の「親しさ」とは、存在の根拠を実体に委ねることのない考え方、つまり二元的了解からの脱却である。

曾無正偏之証、其証無図而功夫。

また、本質／現象の二元論を無効にする縁起の次元からの存在了解（「其証」）は、存在の根拠としての本質や実体を認識しようという意図のない、坐禅からの工夫によるものである。

水清徹地兮、魚行似魚。

水が澄み切るとは、底が見えるほど清いということではない。そうではなくて、魚が泳ぐとき、はじめて水は現成し、そこに世界が現成する。このことを地に徹すると言うのだ。その水が清いのである。このとき、普通考えるように、そこにある水の中を、水とは別にいる魚が泳いでいるのではない。水を泳ぐことで、魚は魚として生成してくる。初めから魚なのではない。泳ぐことで魚になる。それが似るということである。坐禅において、概念としての「魚」を脱却しなければならないのだ。

空闊透天兮、鳥飛如鳥。

これも魚と同じ。「空がひろくて天にも透る」というのは、鳥が飛ぶときである。その飛ぶことが飛空を現成する。この飛空こそ空の広さであり、天にも透るということなのである。その空を飛ぶとき、鳥は鳥として現成する。鳥はまさに鳥のごとく存在するのだ。

このように考えてみると、宏智禅師と『眼蔵』における坐禅の意味づけの違いがわかるであろう。『眼蔵』の「坐禅箴」は、ただ坐禅における世界認識の仕方を言うにとどまらず、関係から存在が生成されるという、縁起思想に坐禅を位置づけようとしている。それが最後の「似魚」「如鳥」の句に表現されているのだ。

では、坐禅が開く縁起の次元から存在が生成される現場とはどのようなものか。それを次に見てみよう。

2 作法、仏を生成する行為

『眼蔵』に見られる文章の大半は、きわめて思想性の高いものだったり、歴代祖師の実践を紹介したり、仏教にとって不可欠である儀礼の意義を解説したりというものであるが、この中にあって異彩を放つのが「洗面」「洗浄」の二巻である。

「洗面」の巻は、入浴や洗面、歯磨きの意義と作法を詳述したものであり、「洗浄」の巻では大小便の作法と意義を説き、さらに爪を切ることと髪を剃ることの大切さを強調している。道元禅師が留学していたころの中国には、外見に配慮するような世俗的な気遣いから自由になった禅者の境地を誇示するためか、爪を伸ばし蓬髪にしたままの禅僧が多かったようである。

『眼蔵』はこれらのきわめて日常的な行為に対して、坐禅が開く縁起の次元から徹底的な再解釈を行う。すなわち、仏法における洗面・洗浄とは何かを説くのである。

⑩『眼蔵』「洗面」

できれば、両巻を丸ごと紹介したいところだが、限られた紙幅に鑑み、今回は「洗面」の巻を取り上げ、検討してみよう。この巻は、道元禅師が京都に開いたわが国初の本格的な坐禅専修の道場、興聖寺《こうしょうじ》、さらに越前（福井県）に移動して最初に入った吉峰寺《きっぽうじ》、さらに永平寺《えいへいじ》と、都合三度も「示衆《じしゅ》」されている。「示衆」が講義を意味するのか、文書での提示をいうのか、あるいはその両方かは判然としないが、『眼蔵』における「洗面」の巻の重要性を示すものだろう。

浄めるとはどういうことか

『眼蔵』は冒頭まず『法華経』の句を挙げて、そもそも仏法で言う「浄」とは何かを問う。

> 法華経云、「以油塗身《いゆずしん》、澡浴塵穢《そうよくじんえ》、著新浄衣《じゃくしんじょうえ》、内外倶浄《ないげくじょう》≪油を以て身に塗り、塵穢を澡浴し、新浄の衣を著し、内外倶《とも》に浄らかなり≫」。
>
> いわゆるこの法は、如来まさに法華会上にして、四安楽行《しあんらくぎょう》の行人のためにときましますところなり。余会《よえ》の説にひとしからず、余経におなじかるべからず。しかあれば、身心《しんじん》を「澡浴」して香油をぬり、「塵穢《じんえ》」をのぞくは第一の仏法なり。「新浄の衣」を著する、ひとつの浄法なり。「塵穢を澡浴し、香油を身に塗する」に、「内外倶浄」なるべし。内外倶浄なるとき、依報正報《えほうしょうほう》、清浄《しょうじょう》なり。

『法華経』「安楽行品《あんらくぎようぼん》」には「香油をもって身に塗り、塵や汚れを洗い落とし、新たに清潔な衣を着て、身の内外ともに浄らかにする」とある。

この作法は、如来が法華経を説法した集いにおいて、四安楽行、すなわち身安楽行、口安楽行、意安楽行、誓願安楽行を修行する者たちのために説き示したものである。その他の説法の場に等しく説かれたものでもなければ、これ以外の経に同じことが説かれているのでもない。だから、身と心を「澡浴」して香油を塗り、「塵穢」を洗い落とすことは第一の仏法である。「新浄の衣」を着るのは一つの清浄なる仏法である。「塵や汚れを洗い落とし、香油を身に塗る」ときに、「身の内（心）も外（肉体）もともに清らかである」ことになるにちがいない。内も外も浄らかなときは、自己（「正報」）も世界（「依報」）もすべて清浄である。

ここでは、洗面が「第一の仏法」であるとされる。すると、その仏法において、「浄める」とはどういうことで、さらに内と外がともに清らかとはどういう意味で、自己と世界がともに清浄であるとは、いかなることを言うのか、教示されなければならない。

しかあるに、仏法をきかず、仏道を参ぜざる愚人いわく、「澡浴はわずかにみのはだえをすすぐといえども、身内に五臓六腑あり。かれらを一々に澡浴せざらんは、清浄なるべからず。しかあれば、あながちに身表を澡浴すべからず」。かくのごとくいうともがらは、仏法いまだしらず、きかず、いまだ正師にあわず、仏祖の児孫にあわざるなり。しばらくかくのごとくの邪見のともがらのことばをなげすてて、仏祖の正法を参学すべし。

さて、そうであるにもかかわらず、仏法を聞いたこともなく、仏道に入門して修行していない愚人は、こんなことを言う、「洗い落とすなどと言っても、わずかに体の肌を洗っただけのことで、内部には五臓六腑がある。これを一々洗わなければ本当に清浄だなどと言えまい。だから、ことさら体の表面を洗うことなど強調すべきではない」。

こんなことを言う輩は、いまだ仏法を知らないし、聞いたこともない。また、いまだに正しい師にもめぐり逢っていないし、諸仏諸祖師の教えを引き継ぐ仏法の子孫とも出会っていない。しばらく、このような誤った見解を持つ連中の意見を捨て去り、諸仏諸祖師の正しい教えを学ぶべきである。ここで「愚人」が述べている考えが、通常の「体を洗ってきれいにする」という概念を前提に出てくる普通の考えであろう。これに対して『眼蔵』は言う。

いわゆる諸法の辺際いまだ決断せず、諸大の内外また不可得《ふこて》なり。かるがゆえに、身心の内外また不可得なり。しかあれども、最後身の菩薩、すでにいまし道場に坐し、成道《じょうどう》せんとするとき、まず袈裟を洗浣《せんかん》し、つぎに身心澡浴す。これ三世十方の諸仏の威儀《いいぎ》なり。最後身の菩薩と余類と、諸事みなおなじからず。その功徳智恵、身心荘厳《しんじんしょうごん》、みな最尊最上なり。澡浴洗浣の法もまたかくのごとくなるべし。

仏法の立場から言えば、ものの境界など、いまだはっきり決まってはいない。この世界に存在するものの四元素とされる地水火風にしても、その内と外の区別もわからないのである。とすれば、身と心の内外の区別もまた、わからないはずである。であるにもかかわらず、成仏する直前の菩薩がたも、すでに今道場に坐禅し、仏道を完成しようとするそのときには、まず袈裟を洗い清め、次に入浴して身を洗い清める。これ過去現在未来の三世、そして十方世界の諸仏の在り方なのである。成仏直前の菩薩とそれ以外の者たちと、その行うところは同じではない。菩薩の功徳と智慧、身心の荘厳さ、それはみな最も尊く、この上もない。身や衣を洗い清める作法もまたこのようなものである。

このように、日常の概念的了解としての「洗い浄める」や「内外」の考え方を無効にしておいて、次に坐禅を持ちだして、こう続ける。

いわんや諸人の身心、その辺際、ときにしたがうてことなることあり。いわゆる一坐のとき、三千界みな坐断せらるる。このとき、かくのごとくなりといえども、自他の測量《しきりょう》にあらず、仏法の功徳なり。その身心量また五尺六尺にあらず。五尺六尺はさだまれる五尺六尺にあらざるゆえなり。処在も、此界《しかい》他界《たかい》、尽界無量尽界等の有辺無辺《うへんむへん》にあらず。遮裏是什麽処在《しゃりしもしょざい》、説細説麁《せっさいせっそ》のゆえに。

心量また思量分別のよくしるべきにあらず、不思量不分別のよくきわむべきにあらず。身心量かくのごとくなるがゆえに、澡浴量もかくのごとし。この量を拈得《ねんて》して修証する、これ仏々祖々の護念するところなり。計我《けいが》をさきとすべからず、計我を実とすべからず。

いわんや、我々人間の身心にしても、その境界は時と場合によって変わることがある。一たび坐禅するとき、全世界全宇宙（「三千界」）がその坐禅において空となる（「坐断」）。実体性を失い、縁起の次元から生成され直す。このとき、そうはいうものの、この状態は、自他を区別する二元的思考で認識できるものではなく、仏法を学んだ功徳として知られることなのだ。この坐禅においては、身心の量と言っても、それは五尺六尺と数字で計測できるような量ではなく、五尺六尺とあえて計ったからといって、それは日常我々が使う決まり切った単位での五尺六尺のことではない。その身心のあるところも、この世界あるいは他の世界、全世界、計り知れない世界など、境界があるのか無いのか、わからないところ（「有辺無辺」）である。まさにこのようなところにあるのだから、その大きい小さいを言っても仕方がない。

それに心の量と言っても、それを概念化して思考し判断することなどできようもない。かといって、思考し判断しなくては、よくその量を測ることもできない。仏法のいう身心の量がこういうものだとすれば、洗い清めるということも同じである。洗い清めるとはどのようなことかと考えること（「量」）を、課題として修行し、仏法の行為として証明する、これが歴代諸仏諸祖師が大切に受け継いできた教えなのである。概念的思考で考える自己の在り方を優先してはいけない。それを根拠ある確かな実体として頼りにしてはいけない。

仏法の意味する「清浄」

したがって、どう考えても、「浄める」という概念は一度解体され、縁起の考え方で再構成されなければなるまい。

しかあればすなわち、かくのごとく澡浴し、浣洗するに、身量心量を究尽《ぐうじん》して清浄ならしむるなり。たとい四大なりとも、たとい五蘊《ごうん》なりとも、たとい不壊性《ふえしょう》なりとも、澡浴するにみな清浄なることをうるなり。これすなわちただ水をきたしすすぎてのち、そのあとは清浄なるとのみしるべきにあらず。

水なにとして本浄ならん、本不浄ならん。本浄本不浄なりとも、来著《らいじゃ》のところをして浄不浄ならしむといわず。ただ仏祖の修証を保任《ほうにん》するとき、用水洗浣、以水澡浴等の仏法つたわれり。これによりて修証するに、浄を超越《ちょうおつ》し、不浄を透脱《とうとつ》し、非浄非不浄を脱落《とつらく》するなり。

こういうわけだから、かくのごとく身や衣を洗い清めるには、この身や心がどれほどのものかと研究を尽くして、これを清浄にしなければならない。たとえ地水火風の四元素だろうと、人間の存在を構成する色受想行識の五蘊だろうと、あるいは不滅の実体・本質であろうと、入浴し洗い清めることで、すべて清浄になることができる。このことは、つまりは水を用意してこれで洗い濯《すす》げば、その結果清浄になるという意味だとばかり思ってはならない。

水がどうして本来清浄だと言えようか。あるいはまた、もともと不浄であろうか。本来清浄だとか不浄だとか、その水をどこから持って来たのかによって、清浄なものになるとも言えないし、不浄になるとも言えない。ただ、諸仏諸祖師が伝えてきた仏法の修行と証明（「仏祖の修証」）を引き継いで護るとき、そこに水を用いて洗い清め、水をもって身を清めるという仏法があるのだ。この洗い清めによって仏法を修行し証明するとき、日常の概念で理解している浄を超越し、不浄も脱却し、浄でもなく不浄でもないという判断も、脱落しなければならない。

ということは、浄不浄の判断が通常と違う以上、仏法が言う「洗い清める」とは、どういうことか。

しかあればすなわち、いまだ染汚《ぜんわ》せざれども澡浴し、すでに大清浄なるにも澡浴する法は、ひとり仏祖道のみに保任せり、外道《げどう》のしるところにあらず。もし愚人のいうがごとくならば、五臓六腑を細塵《さいじん》に抹《まつ》して即空ならしめて、大海水をつくしてあらうとも、塵中なおあらわずは、いかでか清浄ならん。空中をあらわずは、いかでか内外の清浄を成就せん。愚夫また空を澡浴する法、いまだしらざるべし。空を拈来して空を澡浴し、空を拈来して身心を澡浴す。澡浴を如法に信受するもの、仏祖の修証を保任すべし。

いわゆる仏々祖々、嫡々正伝《ちゃくちゃくしょうでん》する正法には、澡浴をもちいるに、身心内外、五臓六腑、依正二報、法界虚空《ほうかいこくう》の内外中間《ないげちゅうげん》、たちまちに清浄なり。香花《こうげ》をもちいてきよむるとき、過去・現在・未来、因縁・行業《あんごう》、たちまちに清浄なり。

したがってすなわち、いまだ汚れていなくても洗い清め、すでに大いに清浄であっても清める教えは、ただ如来や祖師だけが護り伝えてきたものである。もし先に愚人が言ったことに従えば、五臓六腑を粉々にして跡形も無く撒き散らして空なるものとした上で（「即空ならしめて」）、大海の水すべてで洗い清めても、粉みじんにしたその塵の中まで洗わなければ、どうして清浄であると言えようか。また、空となったと言うなら、この空中を洗わなければ、どうして内外ともに清浄であることを実現できようか。愚人はまた、空を洗い清める方法は知るまい。空を捉え空を洗い清め、空を捉えて身心を洗い清める。この洗い清める行為を仏法の教えとして信じ受け継ぐ者こそ、如来・祖師の修行と証明を護り保つのである。

いわゆる諸仏諸祖師が歴代確かに受け継いできた正しい仏法では、入浴し洗い清めるときには、身心の内と外、五臓六腑、自己と世界、全宇宙と虚空の内外・中間も、すべてたちまち清浄となる。香りたかい花によって清めるなら、過去現在未来、存在を生成する原因・条件、その現実的存在たる積み重なった行為の在りよう（「行業」）みな清浄である。

ここで、最重要なのは、仏法においては、愚人、すなわち凡人のように、すでにある浄と不浄の概念的区別を前提として「洗う」のではない、ということである。水をどこから持ってきたかを問題にするのは、すでに概念的区別があるからである。

そうではなくて、諸仏の教えにしたがって洗う行為が浄と不浄を分けるのだと、『眼蔵』は言うのである。つまり「法の如く」に洗われたものが浄であり、教えのように洗われなければ不浄なのである。ならば、凡人が「浄」と考えるものが、仏法では「不浄」とされることもあり、逆も当然ありえよう。

では、実際にどう洗うのか。またその洗い方は、何を意図するのか。洗面の方法を具体的に紹介しよう。

洗面の意義

洗面は西天竺国《さいてんじくこく》よりつたわれて、東震旦国《とうしんだんこく》に流布《るふ》せり。諸部の律にあきらかなりというとも、なお仏祖の伝持、これ正嫡《しょうちゃく》なるべし。数百歳《すはくさい》の仏々祖々おこないきたれるのみにあらず、億千万劫の前後に流通《るづう》せり。ただ垢膩《くに》をのぞくのみにあらず、仏祖の命脈なり。いわく、もしおもて

をあらわざれば、礼《らい》をうけ他を礼する、ともに罪あり。自礼礼他、能礼所礼、性《しよう》空寂《くうじゃく》なり、性《しよう》
脱落《とつらく》なり。かるがゆえに、かならず洗面すべし。

洗面することは、西のインドから伝わり、東の中国に流布した。上座部の諸教団の規則に明確に示されていることだが、これはまさに如来や祖師の伝えるところであり、それこそが正統である。数百年の間諸仏諸祖師が実行してきたばかりではなく、何億何千万年にわたって、伝わってきたものなのだ。この洗面はただ垢や肌の脂を除くだけのことではなく、如来と祖師の命脈である。その教えにいわく、もし顔を洗わないなら、他者の礼拝を受け、他者を礼拝すること、その両方とも罪となる。自ら礼拝する行為、それはすなわち他者を礼拝することだが、その礼拝する自己と礼拝される他者は、その存在自体が空であり（「空寂」）、実体はなく縁起している（「脱落なり」）。だからこそ、必ず洗面すべきなのだ。

つまり、『眼蔵』においては、洗面という行為が、如来と祖師、すなわち仏教者としての存在を生成する行為として考えられている（「仏祖の命脈」）。あらかじめ仏教者がそれ自体で存在していて、朝起きたら教えにしたがって洗面したのではない。教えにしたがって洗面する者が、そのとき仏教者になるのである。これはまさしく、仏法の核心たる縁起の考え方に基づく。だから、顔を洗わず礼拝することが罪になる。なぜなら、それでは今度は礼拝という行為が仏祖を現成させることができず、その縁起を破損させるからである。

このように考えるならば、仏法による洗面の方法が具体的にどういうものかが、非常に重要であることは自明である。その作法こそ、具体的な如来と祖師の存在だからだ。したがって、洗面の作法の

説明はじつに詳細をきわめることになる。

その作法をこれから紹介するが、原文の意味は明瞭なので、これを割愛し、しばらく現代語訳のみとする。

以下、現代語訳。

洗面の準備と歯磨き

洗面の時間は、あるいは午前三時から五時ごろ、あるいはまだ夜明け前、そのくらいである。（道元禅師の）師匠である如浄禅師が天童山の道場に住職していたときには、午前一時半ごろをその時間としていた。そのときは、上の着物と下の袴からなる法衣《ほうえ》（「裙《くん》」と「褊衫《へんざん》」）か、あるいは上下が一続きになった衣（「直裰《じきとつ》」）を着て、手拭いを持って洗面所にいく。手拭いは幅三〇センチ程度、長さはおよそ一メートル六〇センチくらいのものである。その色は白くてはいけない。白は禁止である。

（中略）

僧堂（坐禅堂）の洗面所は堂の後ろに設けてある。その場所は説法する堂の西側である。その位置を示す図面が伝わっている。それ以外の庵や、独立した寮舎は適当なところに洗面所を置く。住職は居室で洗面する。老師方の居室にも適宜洗面所をつくる。住職が僧堂に宿泊するときは、僧堂後ろの場所で洗面すべきである。

洗面所に行ったら、手拭いの真中ほどから頸《くび》にかける。その両端を両手で持ち、肩越しに前に伸ばして、そのまま脇の下から後ろに廻し、背中で交差させて、手拭いの左側を右前へ持ちだし、右端は左前へ出してきて、胸の前で結ぶ。そうすると、衣の首は手拭いで覆われ、両袖は手拭いで自然にたくし上げられ、袖口が肘より上まであがる。肘より下の腕や掌はむき出しになる。たとえば襷《たすき》をかけたようなものだ。その後、もし僧堂後ろの洗面所なら、洗面桶を取り、湯の入った大釜のところへ行き、ひと桶分の湯を汲《く》み、もどって洗面所の台の上に置く。もしこれ以外の場所で洗面するなら、湯桶の湯を洗面桶に入れる。

次には、楊枝《ようじ》を使って歯を磨く。いま中国・宋の国では、この楊枝で歯を磨く方法（「嚼《しゃく》楊枝の法」＝楊枝をかむことで歯を磨く）はひさしく廃れてしまって、歯を磨く修行道場はないのだが、今般吉祥山永平寺では新たに作法を定める。それによれば、洗面前にまず先に歯を磨くのだ。

楊枝を右手に持ち、次の経文を唱え誓願しなければならない。

『華厳経』「浄行品」にいわく、「手執《しゅじゅう》楊枝、当願衆生《しゅじょう》、心得正法、自然《じねん》清浄（手に楊枝を執り、当《まさ》に願うべきである。衆生はみな心に正法を得、自然に清浄ならんことを）」。

この経文を唱え終わったら、まさに歯を磨こうとする直前にまた次の経文を唱える。

「晨嚼《しんしゃく》楊枝、当願衆生、得調伏牙《とくじょうぶくげ》、噬諸煩悩《ぜいしょぼんのう》（朝に楊枝を嚼《か》もうとするときには、当にこう願うべきである。衆生はみな、調伏の牙を得て、諸《もろもろ》の煩悩を噬《か》まんことを）」。

これを唱え終わって、楊枝を嚙み歯を磨く。楊枝の長さは指四本をそろえた横幅の長さから、あるいは八本分、一二本分、一六本分の長さである。（中略）

『三千威儀経』にいわく、「嚙む部分は、端から一センチメートルほどを過ぎてはいけない」。

よく嚙んで、歯の表、歯の裏、磨くように研ぎ洗わねばならない。何度も研ぎ磨き、洗っては口を漱《すす》ぐべきである。歯の根元、歯茎の表面もよく磨いて洗わねばならない。歯の間もよく掻《か》いて、清く洗うべきである。口を何度も漱げば、きれいに清められる。
それから今度は、舌をこそいで磨く。

『三千威儀経』ではこう云う。

「舌を磨くには大事なことが五つある。
一、三回以上してはいけない。
二、舌から血が出たら中止する。
三、大きく手を振って衣や足を汚してはいけない。
四、楊枝を棄てるときには、人が通る道に捨ててはならない。
五、つねに囲いのある場所で行うべきである」

ここでいう「舌を磨くのに三返」というのは、水を口にふくみ舌をこそぎ磨くこと、三回、という意味である。「血が出たら中止せよ」ということは、よくよくわきまえなければならない。

また、よくよく舌を磨くべきだということは、『三千威儀経』で、「口を浄めるとは、楊枝を嚙み、口を漱ぎ、舌をみがくことだ」というとおりである。だからこそ、楊枝を使う教えは、仏祖ならびに仏祖の児孫が今日まで護り伝えてきたものなのである。

このように述べた後、『眼蔵』はいくつか経典を引用して、仏教における歯磨きの重要さを説いている。そしてあらためて、当時の中国に歯を磨く習慣が廃れていることを批判してこう言う。

したがって、天下の出家者も在家人も、息が非常に臭い。一メートル近く離れてものを言うときでも、口臭がやってくる。それを嗅ぐものは耐えがたい。仏道を心得ている老師と称し、人間界・天人界の導師と名乗る輩も、口を漱ぎ、舌を磨き、楊枝で歯を磨く方法を、それがあることさえ知らない。これをもって察するに、仏祖の偉大な道が廃れてしまったこと、どれほどのものか想像もつかない。いま我々が万里の波濤《はとう》をしのいで宋の国に渡ってくるのに露ほどの命を惜しまず、異国の山川を万難を排して越えてきて、ひたすら仏道を求めようと思っても、こんなことでは、仏法の衰運を悲しむ他ない次第で、いったいどれほどの尊い教えが、さらに以前に消滅してしまったのだろうか。惜しむべきである、まことに惜しむべきである。

仏教の先進地と見込んでやって来たのにこの有様かという慨嘆の深さが、右の文章によく表れている。そこに具体的な修行、仏教者の行いの在りように対する、重大な関心が読み取れるだろう。だから、「後進国」の日本に歯を磨く習慣があることをわざわざ取り上げ、こう強調する。

しかるに、日本一国の為政者・民間人、出家者・在家人、みな楊枝で歯を磨くことを知っている。これは仏の光明を知ると言うべきである。しかし、その方法は仏法の教えどおりではない。舌を磨く方法も伝わっていない。軽率と言うべきであろう。ではあるが、宋国の人が楊枝を知らないことに比べれば、楊枝で歯を磨かなければならないと知っていることは、教えられずとも自ずから仏道を究めた者の作法を知っているということになる。仙人の作法にも楊枝を使うことがある。心得るべきである、これらは歯を磨く作法を知る人はみな、解脱することのできる器量であり、楊枝は煩悩を除き清浄となるための道具であることを。

ちなみに、この後の二度目三度目の「示衆」では、「洗面」の巻本文が補われ、中国では洗面するが歯磨きをせず、日本では歯磨きはするが洗面を知らないと述べて「一得一失」としている。そして、両者が補いあって洗面・歯磨きの作法がそろって護られれば、まさに仏法の興隆であり光臨だと説き、この巻の意義をさらに明確にしている。

洗面の作法

原文ではこの後、口を漱ぐ作法を丁寧に紹介してから、次に顔を洗う作法が説明される。

次にいよいよ洗面する。両手に洗面桶の湯を掬《すく》い、額から両眉毛、さらに両目、鼻の穴、耳の中、頭や頬、全体を洗う。まず、よく湯を掬ってかけてから、こすって洗う。よだれや鼻水を洗面桶に落としてはならない。

このように洗うとき、湯を無駄に使ったり、洗面桶の外に漏らし落としたりして、はやばやと湯をなくしてしまってはならない。垢が落ち、脂が除かれるまできちんと洗うべきである。耳の裏も洗わなければならない。普段水がつくようなところではないからである。眼の中まで洗うべきである。砂が入っていてはいけないからだ。あるいは頭髪や頭頂まで洗うのである。それがすなわち正しい方法なのだ。

洗面が終わり、桶の湯を捨ててから後にも指を弾いて三回鳴らす（沈黙を尊ぶ禅道場では、弾指《だんじ》がさまざまな合図として使われる。この場合の弾指は洗面場所の守護神への感謝を示す作法）。

次に、手拭いの顔を拭うべきほうの端で、顔を拭い乾かさなければならない。そうしてから、手拭いをもとのとおりに取り外して、二重にして左肘にかける。僧堂洗面所には皆で使う手拭いがある。いわゆる一枚布を用意している。ぬれた布をかわかす火箱（「烘櫃」）もあるし、修行僧がともに顔を拭いても、足りないことはない。これで頭や顔を拭ってもよいし、自分用の手拭いを使っても、ともに教えにかなう正しい方法である。

洗面中は、桶や湯を汲む柄杓《ひしやく》を鳴らして騒音をたててはならない。湯水を乱暴に扱って、周辺を濡らしてはいけない。心のうちでよくよく想ってみるべきである。釈尊入滅後五〇〇年（『大方等大集《だいほうどうだいじつ》経《きよう》』などの経典による数え方）に（我々は）生まれ、このような辺境な遠い島国に修行していても、前世に積んだ善行が朽ち果てることなく、いま古えの仏に由来する洗面の方法が正しく伝えられて、これを汚すことなく修行し証明できる。まことに歓喜しなければならないことである。

僧堂に帰るには、音をたてず身軽に歩み、声を低くしなければならない。高徳の老師方の草庵にも、必ず洗面所があるはずである。洗面しないのは、仏法に違背する。洗面のとき、皮膚を保護するため顔に薬をつける方法もある。

およそ歯磨きと洗面は、古仏から伝わる正しい教えなのである。道心を持ち修行に専心する者は、この教えを修行し、正しい成仏の方法であることを証明すべきである。あるいは湯がないときに水で洗面することは、旧例があり、さらに古くからの方法である。湯も水もないときは、朝よく顔を拭い、香草や抹香を塗ってから、礼拝・読経、焼香・坐禅などすべきである。いまだ洗面しないうちにさまざまな修行をするのは、みなともに無礼である。

以上が、作法の実際である。洗面という日常行為をテーマにここまで意を尽くした説明をすることは、前代未聞であろう。それもこれも、ここで語られているのが仏法だからである。具体的に縁起し、仏祖の存在を生成する行為の仕方を説いているからである。

これは、決して理念だけの問題ではない。現に、仏道を修行する者が道場で団体生活をする場合、整然と効率よく、他の修行僧の妨げにならないように行動するには、一定の手順が必要である。

また同時に、団体生活の中で自らの気持ちを静安に保ったまま日常の行為をきちんと行うには、これまた定まった方法に従うほうが便利だ。

すなわち、他者に敬意を払い、かつ自己を禅定に近い境地に保った上で日々行動するための作法なのであり、これが自己と他者を仏教者として具体的に現成する行為、つまり仏法の「威儀《いいぎ》」だと、『眼蔵』は考えているのである。

ではこのような行為によってどのように自己を現成させていくのか。つまり作法に基づく個々の行為から仏法を修行する主体を構成する方法とは何か。最後にそれを検討する。

3 因果、「自己をならう」方法

ここまでの本書の議論では、関係が存在を生成するという「縁起」の考え方をパラダイムにして『眼蔵』を読み、自己や世界、空間・時間、認識・言語をこの書がどのように見ているのかを検討してみた。そして、この見方の土台になる実践として、坐禅や修行の作法の意義を論じた。

そこで次に問題になるのは、個々の認識や実践を通じて、その行為や経験を統合し、修行者としての「自己」を生成する方法である。それはまさに「現成公案」の巻が言う「自己をならう」基本的方法であり、「有時」の巻が述べる「われを排列しおきて尽界と」する仕方を決めるものであろう。『眼蔵』は、これぞ「因果」だと言うのである。

誤解された因果

「因果」とは、言うまでもなく原因―結果関係、因果律のことである。これが仏教の教説として言われると、たとえば「因果応報」ということになり、これがきわめて通俗的に解釈されると「親の因果が子に報い」というような迷信になる。また、わが身やこの世に起こるさまざまな事象の原因に人間の行い（「業《ごう》」）を考え、結果としての事象を「報い」と想定するなら、これを安直に解釈して「前世の業の報い」とか「自業自得」などと言いつのり、他人を脅迫する不逞《ふてい》の輩も現れるわけである。

この通俗的かつ安直な「因果」の解釈は、結局のところ、因果をそれ自体で存在する原理や法則のように考えることによって成り立っている。つまり、この世界には因果律という原理が内蔵されていて、すべての事象は時間的に前に実在する原因から発する力によって、結果として引き起こされたものだと、考えるのである。

しかし、この考え方は、少し考えればすぐわかるように、完全な誤解である。

そもそも、「原因」なるものは、後に「結果」として認定されることになる事象が起こってから、推定されたり発見されるものである。すなわち、人間の思考によってのみ特定されるのであって、それ自体として最初から「原因」が存在するわけではない。

だから、因果関係がそれ自体で原理として実在すると考えると、たとえば「崖崩れで家がつぶれた」という事態の解釈に、種々の不都合が生じる。

まず第一に、崖崩れから発したであろう、家をつぶした「力」なるものは、それ自体として検出することができない。我々が経験し得るのは、「崖」と呼ばれる土塊が連続的に変形・移動して、「家」なる物体に接触しこれを覆い尽くすという、一連の物理的事象の推移のみである。

第二に、原因を「崖崩れ」と決める恣意性の問題である。崖が崩れたのは前晩の大雨で地盤がゆるんだせいかもしれないし、そもそも家がつぶれるには重力が必要だろう。そもそも「家が古かった」かもしれない。にもかかわらず、「崖崩れ」に原因を限定するのは、説明する人間の都合であろう。

第三に、「因果」を原理や法則とするからには、法則的な同一性が担保されなければなるまい。つまり、同じ原因から同じ事象が必ず結果しなければならない。この「同じさ」を厳密に決定することは不可能である。すなわち、同じ場所で同じ条件で崖崩れが起こっても、同じように家がつぶれるとは限らない。

さらに根源的なのは、力が作用する前と後で、作用の対象が同じものであるかを証明できないという原理的な問題がある。つぶれる前の家とつぶれた後の家が「同じ家」だということを、証明するのは不可能であろう。なぜなら、つぶれる前の家は、すでにつぶれてなくなっているからである。これが「同じ家」であることは、持ち主が「同じだ」と言い、それを第三者が承認するかどうかで決まるのであり、家の「物理的根拠」において決定するのではない。

方法としての因果

しかるに、これらの難題を解消する別の説明がありうる。それは「家がつぶれたのは、裏山の神のタタリだ」とする説明である。もし、タタッたりバチを当てたりする「神」の存在を承認できれば、力の問題も、原因の恣意性の問題も、法則的同一性の問題も、対象の同一性の問題もすべて解決する。「力」は「神」から発し、原因の恣意性は「家の持ち主が悪行によって神を怒らせた」という必然性で納得され、法則的同一性は、そのときそのたびに、そこに神がいたのだ、という「事実」に代替できる。そして対象の同一性は、その「神」が認定する。

このとき、家がつぶれた原因についての「崖崩れ」説と「山の神」説のどちらが正しいかは、それぞれが提示する因果関係それ自体では決められない。換言すれば、ある事象を因果関係で説明できたからといって、それだけで「正しい」ことを言っていることにはならない。なぜなら、因果関係は実体としてそれ自体存在する原理ではなく、人間の思考によって設定されたもの、考えるという行為の根幹をなすものとはいえ、ただの方法だからである。

けだし、道具を使う生物となった人間は、次第に道具の使用という事象を概念化していったのだろう。そうしなければ、道具を作る道具を製作できないからである。とすると、この道具の製作を土台として、実践においての目的と手段、事象の解釈においての原因と結果、説明においての理由と結論などの概念を持つに至ったとは言えないだろうか。

ところで、一般に思考の手段や方法が正しいかどうかを決めるのは、方法自体ではない。何のためにその方法を用いるのかという「目的」との整合性と、実験や日常経験で確かめられる使用「効果」である。

包丁自体に使用の正しさを決める根拠はない。野菜を切るなら正しい方法であり、人を刺すなら不正な使用である。野菜は切れるが、丸太は切りたくても切れまい。効果がない以上、その場合の包丁の使用は正しい方法とは言えない。

物事を説明する方法としての因果関係も、包丁と同じである。その説明の正しさを保証するのは、因果関係自体ではなく、説明の目的と効果なのだ。

「崖崩れ」説の場合は、自然科学的な説明を目的とするのだろうが、「山の神」説も山の神を信じる者にとっては、自然科学と同じように、完全に合理的な説明である。「崖崩れ」説で説明できないことまで「山の神」説は説明できるのだから、こちらのほうがすぐれた正しい解釈だとする立場を、あたまから排除するいわれはあるまい。

すると、「崖崩れ」説をとるか、「山の神」説をとるかは、説明内容の是非の問題ではなく、まず第一に、自然科学を信じ、それにしたがって説明することを目的とするのか、山の神を信じて説明するのかという、信念と目的の問題であり、次にその説明がどれくらい第三者に説得力を持つかという、効果の問題である。

だとすると、仏教は何を説く目的で因果を教説に導入したのだろうか。

釈尊の説く因果

そこで紹介したいと思うのが、歴史的人物としてのゴータマ・ブッダ自らが語ったことに最も近いとされる、上座部仏教のパーリ語経典にある話である。そのうち『増支部《ぞうしぶ》』（三・六一）の中で、釈尊は次のように語る。

自分の教えに対して批判をする者たちの中で、ある者は、人間がこの世で苦楽や不苦不楽を感受するのは、すべて以前になされた業（行い）によって決まっている、つまり宿命であると説く。またある者は、超越的な自在神の意思の結果だと言う。別のある者は、苦楽や不苦不楽をどう感受しようとも、それに決まった原因などなく、まったく偶然だと主張する……。

これら自らの教えを批判する者の説を紹介した上で、釈尊は弟子を前にこう論駁《ろんばく》する。

このような「前に為されたものを堅実であると執する人々」には、これは為されるべきことであり、これは為されるべきことではないと自分で考え行動する意欲や努力がない。為されるべきことと為されるべきでないことを確実に認識し、それを忘れることなく護ることができなくては、修行者とは言えない……このように釈尊は説くのである。

そして、最後に、自らの立場を弟子に対して簡潔に総括してみせる。

「比丘《びく》等よ、いま応供《おうぐ》（供養を受けるに相応しい者）・正覚者《しょうかくしゃ》である私も、業論者（kammavada）であり、行為論者（kiriyavada）であり、精進論者（viriyavada）である」

ここには、釈尊の因果観がきわめて明瞭に述べられている。

釈尊の批判する宿命論や超越神論・偶然論、つまり「前に為されたものを堅実であると執する」考え方は、すべて因果関係を実体視している。偶然論にしても、「無い」という断定は、そのもの自体の実在を前提にしなければならない。最初から無いものを「無い」とは言えないからである。

これに対して釈尊の論駁は、このような考え方が、修行者自らが為すべきことを意欲し、それに向かって努力することを否定している点に、その核心がある。その上で、志を立て修行に精進することこそ、修行者が修行者であるゆえんなのだと断言している。

ということは、釈尊の場合、因果を説くのは、志を立て努力する修行者の在り方を可能にする方法として、不可欠であると考えているからであろう。実際、為すべきことを判断し、それを実行するには、教えにしたがって目的を定め、それまでのやり方を反省し、いますぐ行うことを決断しなければならない。このような判断や思考は、自分の行為や経験を因果関係で秩序づけることにおいてのみ、可能である。すなわち、釈尊の「因果」説は、修行者の主体性を構築し維持する方法なのである。

仏教の「因果」説は、この意味においてのみ正しい。仏教の教えを信じ、納得し、共有し、精進しようという者たちにとってのみ、正しい。『眼蔵』の因果観は、この『増支部』経典に語られる教説の直系に当たるであろう。

修行を可能にする因果

『眼蔵』の因果観が最も端的に出てくるのは、「諸悪莫作《しょあくまくさ》」の巻にある次の一節である。

善悪因果をして修行せしむ。いわゆる因果を動ずるにあらず、造作するにあらず。因果、あるときはわれらをして修行せしむるなり。この因果の本来面目すでに分明《ふんみょう》なる、これ「莫作」なり。無生なり、無常なり、不昧なり、不落なり。脱落《とつらく》なるがゆえに。

善因善果・悪因悪果の道理に修行をさせるのである。だが、それは言うなれば、因果の道理を自分勝手に動かそうと言うのでもなく、無理につくり上げるのでもない。そのような因果は、あるときは我々に修行をさせてくれるのだ。ここに因果の道理本来のあり方(「面目」)がはっきりと現れる。これが「(悪いことを)しない」(「莫作」)ということであり、生起しないこと(「無生」)、永遠不変でないこと(「無常」)、間違った認識にとらわれないこと(「不昧」)、因果の概念的な理解に落ち込んでいないこと(「不落」)である。因果は実体としてそれ自体で存在するものではないからだ(「脱落」)。

これを読めば、因果が修行を可能にする方法としてのみ意味づけられていることは一目瞭然であり、かつ実体としての因果関係も端的に斥《しりぞ》けられている。

また、この考え方が「諸悪莫作」という表題の巻に登場することの意味も重要である。これは普通に読めば「悪いことをしてはならない」という意味なのだが、『眼蔵』のこの巻においては「悪いことはしなくなる」という意味に解釈が変更されている。

つまり、日ごろ我々は、悪いこと善いことがあらかじめ決められていて、それにしたがって為すべきことを判断するが、仏教は違うというのである。仏教においては、教えにしたがって修行している者が、当然為すことが「善」で、教えにしたがう限り自然に為さなくなることが「悪」なのだと、説くのである。つまり、修行者の善悪はまさに修行において決まるということであり、まさに善悪の「主体化」というべきであろう。これを可能にするのが仏教の「因果」なのだ。

そこでいよいよ、因果を主題とする巻を検討してみよう。この「主体化」には、「因果」の実体視が否定されることが必要である。まさにこの作業を行うのが「大修行」の巻である。

⑪『眼蔵』「大修行」

「大修行」の巻冒頭には、ある禅問答が出てくる。その要旨は次のとおりである。

「一日作《な》さざれば一日食らわず」という言葉で有名な、中国・唐の時代に活躍した百丈懐海《ひゃくじょうえかい》禅師の説法に、いつもやってくる老人がいた。その日も説法を聞いていたのだが、それまでは終われば帰ったのに、どういうわけか帰らない。不思議に思った禅師が事情を尋ねると、老人はこう答えた。

この自分の正体は野狐《やこ》である。大昔この山（百丈山）に住んでいたとき、ある人から「偉大な修行を成し遂げた人でも因果の道理に落ちて輪廻するだろうか」と問われて、「因果に落ちない（不落因《ふらくいん》果《が》）」と答えたら、たちまち野狐の身に堕とされて、以来五〇〇回も狐のまま生まれ変わりを繰り返している。そこで今日、禅師から正しい答えを伺って、狐の身を脱したい。

そう言うと、老人はかつて自分が訊かれた問いを百丈禅師に向かって発する。そこで禅師が「因果に迷わない」（「不昧因果《ふまいいんが》」＝因果に昧《くら》からず）と即答すると、たちまちこの老人は正しい教えを悟り、どうか僧侶の礼をもって自分を葬ってもらいたいと言い残して立ち去った。しばらく後に捜してみると、老人の言ったとおり、裏山の岩陰に、解脱した後の野狐の死体が発見されたのである。

問答はまだ続くが、ここでの議論には必要ないので省略する。問題の焦点は、「不落因果」は因果の道理の否定（撥無因果《はつむいんが》）になるから誤りで、その結果老人は野狐の身に堕ち、「不昧因果」は因果の道理を正しく認識した言葉だから、老人が野狐の身を脱することができたのだという、この因果関係を認めるかどうかである。

『眼蔵』は無反省にこの因果関係を認めてしまう態度が、因果の実体視になると言う。実体視しているなら、「落・不落」「昧・不昧」と言ってもしょせんは同じ間違いだというわけだ。したがって、因果の実体視を排斥することが先決なのである。

そこで、この問答について、『眼蔵』はまずこう述べる。

而今現成《しきんげんじょう》の公案、これ大修行なり。

今ここに問われるべきものとして立てられた研究課題は、偉大なる修行とはどういうものか、ということである。ここに提出されている禅問答は、因果を主題にしているように見えるが、じつは仏教における因果の意味を研究することが修行とは何かを問うことと同じだと言うのである。

同一性の問題

そこで検討されるのが、原因と目される力が作用する対象の同一性の問題である。これが無条件では認められないことを指摘して、「因果」実体視に対する批判の皮切りとする。その批判は、まず事件の現場である山（百丈山）の同一性から始まる。

老人道のごときは、過去迦葉仏《かしょうぶつ》のとき、洪州《こうしゅう》百丈山あり。現在釈迦牟尼仏のとき、洪州百丈山あり。これ現成の一転語《いってんご》なり。かくのごとくなりといえども、過去迦葉仏時の百丈山と、現在釈迦牟尼仏時の百丈山と、一にあらず異にあらず、前三々にあらず後三々にあらず。過去の百丈山きたりて而今《しきん》の百丈山となれるにあらず、いまの百丈山さきだちて迦葉仏時の百丈山にあらざれども、「曾住此山《すんじゅうしざん》」の公案あり。為学人道、それ今百丈の為老人道のごとし。因学人問、それ今老人問のごとし。挙一不得挙二《きょいちふとくこに》、放過一著《ほうかいちじゃ》、落在第二《らくざいだいに》なり。

この老人が言うには、過去世に存在した迦葉仏の時代に洪州（現在の中国江西省）百丈山があった。また、現在世に成仏した釈迦牟尼仏のときにも、洪州百丈山はある。これこそ、我々の通常の認識を一転させる言葉として発せられたものである。

このように言われているとしても、過去迦葉仏時代の百丈山と現在釈迦牟尼仏のときの百丈山と、同一でもなければ異なるものでもない。それ以前にあったいくつかの百丈山でもなければ、その後にもあるであろういくつかの百丈山でもない。過去の百丈山がやって来て今の百丈山になるのではなく、今の百丈山があらかじめ先立って、最初からそこにあったわけでもない。そのいずれでもないのに、「(この老人は)かつてこの山に住んでいた」という問題があるのだ。

かつて老人が修行者のために答えたことは、いま百丈禅師が老人に答えるようなものだ。ちなみに修行者が問うとは、それはいま、老人が問うようなものだ。

繰り返された問答の一つを挙げるなら、同じ問答を別に取り上げることはできない。この「一つ」ということの意味を見逃すと、最も重要な教訓を得ることはできない(「落在第二なり」)。

ここで明らかなように、『眼蔵』は物体の同一性を担保する実体が認識できないことを言っている。過去の山と現在の山の同じさは、過去の山がそのまま現在に移動してきたわけでもなく、今の山があらかじめ過去にあったとも言えない以上、物質としての山を根拠に保証できない。その意味では同一ではない。

同一性は、そのもの自体において成立するのではなく、「同じだ」という人間の認識において成立する。つまり、同一性は観念なのであって、経験的事実として存在しない。つぶれる前の家と後の家、今の自分と昨日の自分の同一性は、結局、自分が同じだと思うかどうか、他人もそれを承認するかどうかである。この意味では幻想でないから、「異」ではない。

では、この問答の場合、山の同一性は何を根拠に言われるのか。それは、問答が繰り返されたという認識である。問いを発する人間も、答えた人間も違うが、問いが繰り返されたという認識が、その問いの現場としての山の同一性を生成するというのである。繰り返される問答とは何か。それは持続する修行である。つまり、仏教において、あらゆる同一性、つまりアイデンティティーは、修行がいかに続いているかで決まるのである。

この同一性の意味を見逃すと、修行の意味さえわからなくなる。つまり、修行者の主体性がどう構築されるかが、わからなくなるのである。

まさにこの点が因果の問題を検討するときに肝心なのだ。原因と結果が同一なら、そもそも原因と結果という概念が成立しない。しかし、原因と結果が別物なら、そもそも無関係であり、因果関係にならない。原因と結果は異なるものの、そこに同一性がなくてはならない。それは思考が仮設する。このとき、仏教では、教えにしたがって同じ修行を繰り返しているという事実と認識が、この仮設行為のリアリティを担保するのである。と同時に、その修行を因果が可能にするという意味で、リアリティが産出されているのだ。だから、問いが繰り返されたということは、根本的に重要なことなのである。

過去《かこ》学人問《がくにんもん》、「過去百丈山の大修行底人《だいしゅぎょうちじん》、還落因果《わんらくいんが》也《や》無《む》」。

この問、まことに卒爾《そつじ》に容易会《うい》すべからず。そのゆえは、後漢永平のなかに仏法東漸よりのち、梁《りょう》代普通のなか、祖師西来ののち、はじめて老野狐の道より過去の学人問をきく。これよりさきはいまだあらざるところなり。しかあれば、まれにきくというべし。

過去に修行者が問うた、「過去世の百丈山で偉大な修行をした人は、さらにまた因果の道理に落ち込んで輪廻するのかどうか」と。

この問いを、くれぐれも簡単に理解してはならない。そのわけは、中国後漢の永平年間に仏教が中国に伝わって以来、また梁の国、普通年間に達磨大師が中国にやって来て以来、はじめてこの野狐に身を堕とした老人によって、過去の修行者の問いが再び発せられた。これより以前にはないのである。だから、まれなる問いだと言うべきである。

この部分で、『眼蔵』は本文の質問の文句（「学人問、『大修行底人、還落因果也無』」）をわざわざ「過去学人問」「過去百丈山の」として、過去を強調している。つまり、五〇〇回生まれ変わった果てに、この長大な時間を経てなお、問いが繰り返されたことが重要なのであり、それが「大修行」なのである。この「大修行」に因果が作用しているから、「大因果」なのだ。

因果は実体ではない

そこで引き続き、因果の実体視が徹底的に排却される。

> 大修行を摸得《もて》するに、これ大因果なり。この因果かならず円因満果なるがゆえに、いまだかつて落不落の論あらず、昧不昧の道あらず。「不落因果《ふらくいんが》」もしあやまりならば、「不昧因果《ふまいいんが》」もあやまりなるべし。将錯就錯《しょうさくじゅさく》すといえども、堕野狐身《だやこしん》あり、脱野狐身《とつやこしん》あり。「不落因果」たとい迦葉仏時にはあやまりなりとも、釈迦仏時はあやまりにあらざる道理もあり。「不昧因果」たとい現

在釈迦仏のときは脱野狐身すとも、迦葉仏時しかあらざる道理も現成すべきなり。偉大なる修行とは何かと考えることは、我々の常識を超越した、偉大な仏教の因果とは何かと考えることである。

仏教の因果は、修行において意味を持ち、修行を可能にするものなのだから、原因としての努力が十分なら、その成果も努力に見合ったものとなるはずである。それは修行において実際に確かめられなければならない。だから、この因果を実体視して、「(因果に)落ちる・落ちない」という議論をしても、「(因果に)迷う・迷わない」などと言っても、無意味である。ならば、過去に老人が言った「不落因果」が誤りだと言うなら、いま百丈禅師が答えた「不昧因果」も、実体視しているという意味で、やはり間違いである。

結局、誤りが繰り返されている(「将錯就錯す」)のだから、野狐の身に堕ちると言っても、野狐の身を脱すると言っても、修行の過程での出来事としては、同じことである。「不落因果」が過去の迦葉仏時代に誤りだったとしても、現世の釈迦牟尼仏のときなら正解になるかもしれない。「不昧因果」が現世の釈迦牟尼仏のときには野狐の身を脱する答えになったとしても、過去迦葉仏時代だったら、そうでなかったかもしれない。大修行がその道理を現成するのだ。

ここでは、原理の如く実体視された因果関係が、まるで機械のように自動的に作動するものとして理解してはならないことが強調されている。因果は思考し、修行を可能にする方法なのだから、これに基づいて実際に修行してみて、方法としての有効性を検証しなければならないのである。それが「修証」、すなわち修行し証明するという、仏教の実践なのだ。だから、修行してみれば、過去と現在で正解が入れ替わることもある、と述べているのである。

続いて『眼蔵』はもう一度、老人と野狐について同一性の問題を持ちだし、これを痛打して、因果の実体視に止めを刺す。


老人道の「後五百生堕野狐身」は、作麼生《そもさん》是《し》堕野狐身《だやこしん》《作麼生ならんか是れ野狐に堕したる身》。さきより野狐ありて先百丈をまねきおとさしむるにあらず。先百丈もとより野狐なるべからず。先百丈の精魂いでて野狐皮袋に撞入《とうにゅう》すというは外道《げどう》なり。野狐きたりて先百丈を呑却《たんきゃ》すべからず。もし先百丈さらに野狐となるといわば、まず脱先百丈身あるべし、のちに堕野狐身すべきなり。以百丈山換野狐身なるべからず。因果のいかでかしかあらん。


老人の言う「以後五〇〇回にわたって野狐に生まれ変わりました」とは、じつは「野狐に堕ちた身とはどのようなものか」という、我々が研究すべき課題なのである。

まず、最初に野狐がいて、先百丈（過去に百丈山に住んでいた老人）を自身の中に落とし込んだわけではない。先百丈がもともと野狐だったわけでもない。かといって、先百丈の霊魂が飛びだして野狐の肉体に入ってしまったと言うなら、これは（仏教ではない）外道の説である。また野狐がやって来て先百丈を飲み込んだのでもない。もし先百丈がさらに野狐になったのだと言うなら、まず先百丈の肉体を脱出して、その後野狐の身に堕ちるべきだろう。先百丈の身をそのまま、野狐の身に交換することもできない。仏教の因果がそんなことであるわけがない。

『眼蔵』の言いたいことは明瞭である。因果関係による思考が対象とする事象の変化は、「変化」という以上、つねに何ものかについての「変化」であり、何ものかの同一性が担保されない限り、それは認識のされようがない。

「老人が野狐になった」と言表される変化は、何の同一性に基づくのか。ところが、経験上では、それ自体として同一性を担保する何かは、決して見つからない。

そこでもし、経験を超える形而上学的実体として霊魂を持ちだすなら、この考え方は、無我と無常を説く仏教とは相容れない。となれば、因果関係を原理と考える根拠もないわけである。

というわけで、因果が実体として存在しないことを再度指摘して、一方的に「不落因果」を間違いとし、「不昧因果」を正しいとする考えを否定する説明が以下に続く。

因果の本有《ほんぬ》にあらず、始起にあらず、因果のいたずらなるありて人をまつことなし。たとい不落因果の祗対《しつい》たといあやまれりとも、かならず野狐身に堕すべからず。学人の問著を錯対《さくつい》する業因によりて野狐身に堕すること必然ならば、近来ある臨済・徳山、およびかの門人等、いく千万枚の野狐にか堕在せん。そのほか二三百年来の杜撰《とせん》長老等、そこばくの野狐ならん。しかあれども、堕野狐せりときこえず。おおからば見聞にもあまるべきなり。あやまらずもあるらんというべしといえども、不落因果よりもはなはだしき胡乱答話《うろんとうわ》のみおおし。仏法の辺におくべからざるもおおきなり。参学眼《さんがくげん》ありてしるべきなり、未具眼はわきまうべからず。しかあればしりぬ、あしく祗対するによりて野狐身となり、よく祗対するによりて野狐身とならずというべからず。この因縁のなかに、脱野狐身ののち、いかなりといわず。さだめて破袋につつめる真珠あるべきなり。

因果の道理は本来そのものとして存在するものではなく、起源があってそこから生起するものでもなく、因果の道理という実体が他と無関係にそれ自体として存在し、人間と相対しているわけでもない。

したがって、たとえ「不落因果」の答えが誤りだといっても、必ず野狐の身に堕ちると決まっているわけではない。もし修行者の質問に間違って答えた行為が原因で野狐の身に堕ちることが必然ならば、近ごろの臨済禅師や徳山禅師、さらにその弟子たちなど、（答えを誤って）何千匹の野狐の身に堕ちたことだろう。その他、ここ二、三百年来の杜撰な禅門の長老も、いったいどれほど野狐になったというのか。ところが、そんな話は聞こえてこない。その数が多ければ、耳にあまるほど聞こえてくるはずである。

間違いなく答えたという例もあろうが、（実際は）「不落因果」よりずっとひどい答えばかりが多いのである。とうてい仏法の内であると言えないものも多い。仏法を学ぶ眼のある者でさえこうである。いまだその眼さえないならば、答えをわきまえるわけがない。

したがって、これでわかろうというものである。間違って答えたので野狐の身となり、正しく答えたから野狐の身にならなかったと言うべきではない。そもそもこの話の中で、野狐の身を脱した後、どうなったかを言っていない。（本来なら）破れた袋に真珠が入っていた、という話が続くはずである。

ここで言いたいことはじつに簡単である。因果の道理が実体で、自動機械のようにこの世の事象に作用するようなものなら、昔から数え切れない指導者は間違うたびに必然的に野狐になるはずだと述べ、そのナンセンスを指摘して、この実体原理として想定された因果の必然性を否定するのである。

もし、実体原理だと言うなら、老人と野狐の同一性を保証する霊魂のようなものを持ちださざるをえず、そうならば、もともと野狐の身（「破袋」）の中にあって、後にそれを脱した霊魂（「真珠」）の話が続かなければおかしいだろう、と『眼蔵』は主張するのである。

そこで、もし霊魂のその後の話を続けたらどういう理屈になるかを説明して、それが仏教の立場ではないことを断言する。


しかあるに、すべていまだ仏法を見聞せざるともがらいわく、「野狐を脱しおわりぬれば、本覚の性海《しょうかい》に帰するなり。迷妄によりてしばらく野狐に堕生すといえども、大悟すれば、野狐身はすでに本性《ほんしょう》に帰するなり」。

これは外道の本我にかえるという義なり、さらに仏法にあらず。もし野狐は本性にあらず、野狐に本覚《ほんがく》なしというは仏法にあらず。大悟すれば野狐身ははなれぬ、すてつるといわば、野狐の大悟にあらず、閑野狐《かんやこ》あるべし。しかいうべからざるなり。


そうであるにもかかわらず、すべていまだ仏法を学んだことのない輩は、このように言う。

「野狐の身を解脱すれば、（霊魂は）本来の覚りの大海に帰るのだ。迷妄してしばらく野狐に堕ちたままであったとしても、偉大なる悟りを得れば、そのときすでに野狐の身は本来の覚りの存在に帰るのである」。これは外道が説く本来の実体（「本我」）に帰るという主旨で、まったく仏教ではない。

また一方で、もし野狐には本来の存在というものがなく、野狐に本来の覚りなどない、と言うならそれも仏法ではない。悟ればすでに野狐の身を離れる、捨てると言うなら、そのときは野狐が悟ったのではない。ただの野狐がいるだけである。そう言うべきでもない。

ここでの『眼蔵』の説明は、霊魂の有無に判断を控える、仏教の「無記」論そのものである。霊魂があると言うなら、それが帰する先を設定せざるをえず、結局はウパニシャッドのブラフマンのごとき、万物の根源のような実体を理論的に要請することになる。かといって、無いと断定すると、今度は老人と野狐の同一性を支えるものが無くなるから、野狐の身を脱する「当事者」がいなくなる不合理を起こす。そのとおりである。

では、この大修行についての禅問答は、どう解釈すべきか。

「自己をならう」因果

そこで明らかになるのが、修行者としての「自己」を構成する方法としての因果である。

> 今百丈の一転語《いってんご》によりて、先百丈五百生の野狐たちまちに脱野狐《とつやこ》すという、この道理あきらむべし。もし傍観の一転語すれば傍観脱野狐身すといわば、従来のあいだ、山河大地《せんがだいち》いく一転語となく、おおくの一転語しきりなるべし。しかあれども、従来いまだ脱野狐身せず。いまの百丈の一転語に脱野狐身す。これ疑殺古先《ぎせつこせん》なり。山河大地いまだ一転語せずといわば、今百丈ついに開《かい》口《く》のところなからん。

現世の百丈禅師が発した悟りへと導く一句（「一転語」）によって、先の百丈山の老人、すなわち五

○○回生まれ変わってきた野狐は、たちまち野狐の身を脱したという、この道理を明らかにしなければならない。もし、百丈禅師が傍観者としてこれを言い、第三者として野狐の身を脱する様子を見たというなら、これまでの間に、この世界（「山河大地」）では、数え切れないほどの一転語、多くの一転語がしきりと発せられたことだろう。にもかかわらず、これまで野狐の身を脱したということはなかった。ところが、現世の百丈禅師の一句で野狐の身を脱したのである。これは、現世の百丈禅師が過去世の老人を殺したようにも見える。世界はいまだ一転語を発していなかったと言うなら、現世の百丈禅師も口を開く余地はなかっただろう。

ここで決定的に重要なのは、百丈禅師は「傍観」者ではない、という一点である。過去世の百丈山に住んでいた老人も、修行者の問答を受ける指導者であり、野狐の身となってからは、解脱の道を求める修行者として五百生を生きたのだ。百丈禅師もまた修行者として生き、いま指導者として問答に臨んでいる。

この禅問答における因果の話は、すべて仏道修行において成り立つのであり、その修行において、老人と野狐と百丈禅師の間には「当事者」としての同一性が生成される。「過去世の老人を殺したように見える」とは、この同一性の比喩である。殺して自己に同化させたように見える、という意味なのだ。

世界も多くの一転語を発したはずだというのに、なぜそれまで野狐はそのままだったのか。たとえどのような一転語だろうと、傍観者の言葉、すなわち修行に基づかない一転語には因果の効力が無いからである。しかし、まったく世界に一転語がなかったとは言えない。それは因果の概念がこの世に存在しないということに等しく、それでは修行そのものが不可能になるからで、それでは百丈禅師も何も言えなくなるわけである。したがって、かつて傍観者の視点で述べていた見解はすべて無効だということになる。

また往々の古徳、おおく不落不昧の道おなじく道是《どうし》なるというを競頭道《きんとうどう》とせり。しかあれども、いまだ不落不昧の語脈に体達《たいだつ》せず。かるがゆえに、堕野狐身の皮肉骨髄を参ぜず、脱野狐身の皮肉骨髄を参ぜず。頭正《とんしん》あらざれば尾正《びしん》いまだし。老人道の「後五百生堕野狐身」、なにかこれ能堕、なにかこれ所堕なる。正当堕野狐身のとき、従来の尽界、いまいかなる形段《いんとん》かある。不落因果の語脈、なにとしてか五百枚なる。いま山後岩下の一条皮、那裏得来《なりてらい》なりとかせん。不落因果の道は堕野狐身なり、不昧因果の聞は脱野狐身なり。堕脱ありといえども、なおこれ野狐の因果なり。

また、昔から高徳の老師が、多く「不落因果」と「不昧因果」は同じく正しい答えだと、競って主張している。しかし、彼らの見解はいまだ「不落」と「不昧」という語の真意に達していない。だから、野狐の身に堕ちるということについても、野狐の身を脱するということについても、その修行体験としての意味（「皮肉骨髄」）まで研究していない。最初に誤解があれば、最後まで正しい理解は得られない。

老人が「五〇〇回野狐の身に生まれ変わる」と言うとき、何が野狐の身に堕ちるのか、また何に堕とされるのか。まさに堕ちたその瞬間は、それまでの全世界はどのような状態になったのか。不落因果という答えが、どうして五〇〇匹の野狐の身という結果になるのか。いま老人が野狐の身を脱し終わったその後の皮が、山の後ろの岩陰にあったというが、その皮はどこから来たのか。不落因果と答えて野狐の身に堕ち、不昧因果の一句を聞いて野狐の身を脱する。堕ちたり脱したりがあっても、なおどちらも、それは野狐の因果の有様である。

ここでは、従来の見解がこの禅問答の真意を捉え損なってきたのは、仏教の因果が修行を可能にする主体構成の方法であり、同時にその方法である限りにおいてしか意味を持たないことを知らなかったからだと、言いたいのである。知らないからこそ、原因と結果だけに注目して、因果関係として把握された事態全体の意味そのものを見逃すのである。だから、何が堕ち、何に堕とされ、そのとき世界がどうなったのかまで、問い直されなければならないのだ。この立場から野狐の身に五〇〇回も堕ちるということの意味をよく考えれば、それは因果の道理を正しく理解するために必要な修行だったとわかるだろうというのである。その意味では、堕ちるも脱するも、野狐としての修行（「因果」）の様相なのだ。

しかあるに、古来いわく、「不落因果は撥無《はつむ》因果《いんが》に相似の道なるがゆえに墜堕《ついだ》す」という。この道《どう》、その宗旨《そうし》なし、くらき人のいうところなり。たとい先百丈ちなみありて「不落因果」と道取すとも、大修行の瞞他不得《まんたふて》なるあり、撥無因果なるべからず。

またいわく、「不昧因果は、因果にくらからずというは、大修行は超脱《ちょうとつ》の因果なるがゆえに脱野狐身す」という。まことにこれ八九成《しん》の参学眼なり。しかありといえども、迦葉仏時《かしょうぶつじ》、曾住此山《すんじゅうしざん》。釈迦仏時、今住此山。曾身今身《すんしんきんしん》、日面月面《にちめんがちめん》。遮野狐精《しゃやこぜい》、現野狐精《げんやこぜい》するなり。

そうであるのに、昔から「不落因果は撥無因果（因果を無視し否定すること）同様の見解だから、野狐の身に堕ちた」と言われてきた。この意見は仏教の教えに当てはまらない。理解の浅い人の言うことである。たとえ過去世の百丈山で老人が、それなりの考えで「不落因果」と答えたとしても、これが（五〇〇回生まれ変わって成し遂げるような）偉大な修行を可能にしたことは間違いない（「瞞他不得なるあり」）のだから、これは因果を無視したり否定することにはならない。また、「不昧因果、つまり因果に迷わないと答えたことは、偉大な修行とは因果を超越し解脱することだから、この文句によって野狐の身を脱したのだ」という意見を言う人もいるが、これも十分正しい見解とは言えない（「八九成の参学眼」）。そういう見解があるとしても、迦葉仏のとき、かつてこの山に住み、また釈迦牟尼仏のとき、この山に住む。太陽が昇り、また月が現れるようなもので、あるときは野狐の身にとらわれて修行し、あるときは野狐の身を表して修行する者（「野狐精」）となる。「仏教の因果とは何か」を修行すること、そしてまた、この因果によって修行していくことこそ、大修行の意味なのだ。だから、野狐に生まれ変わることの意味をよく考えておかなければならない。

野狐いかにしてか五百生の生《しょう》をしらん。もし野狐の知をもちいて五百生をしるといわば、野狐の知、いまだ一生の事を尽知せず、一生いまだ野狐皮に撞入《とうにゅう》するにあらず。野狐はかならず五百生の堕を知取する公案現成するなり。一生の生を尽知せず、しることあり、しらざることあり。もし身知ともに生滅せずは、五百生を算数《さんじゅ》すべからず。算数することあたわずは、五百生の言、それ虚説《こせつ》なるべし。もし野狐の知にあらざる知をもちいてしるといわば、野狐のしるにあらず。たれ人か野狐のためにこれを代知せん。知不知の通路すべてなくは、堕野狐身というべからず。

堕野狐身せずは脱野狐身あるべからず、堕脱ともになくは先百丈あるべからず、先百丈なくは今百丈あるべからず。みだりにゆるすべからず。かくのごとく参詳すべきなり。この宗旨を挙拈《こねん》して、梁陳隋唐宋のあいだに、ままにきこゆる謬説《びゅうせつ》、ともに勘破《かんは》すべきなり。

いったい野狐はどうやって五〇〇回生まれ変わったことを知ったのか。もし野狐の知恵で五〇〇回の生まれ変わりを知ったというなら、野狐程度の知恵では、そのうちの一回の生涯さえわからないし、その一生が野狐の肉体に飛び込んだわけでもない。ここにおいて、野狐が五〇〇回その身に堕ちたとはどのような意味かという研究課題が設定されるのである。

一回の生涯をすべて知り尽くすことはできない。知りうることも、知りえないこともある。もし身体と知恵がともに生まれたり消滅したりするなら、そもそも五〇〇回と数えることができまい。数えられないなら、五〇〇回の生まれ変わりという言葉は嘘ということになるだろう。もし野狐の知恵ではない知恵を使ったと言うなら、それは野狐が知ったことにならない。もしそうなら、誰が野狐の代理で知ったと言うのか。知るという理屈も知らないという理屈もすべて通らないと言うなら、そもそも野狐の身に堕ちたということが言えないし、そうならば、野狐の身を脱したということもないだろう。堕ちることも脱することもなければ、先に百丈山に住んでいたという老人もいないことになるし、その老人がいなければ、いまの百丈禅師もいるはずがない。簡単に因果を実体と考える従来の見解を承認してはいけない。今述べてきたように、詳しく研究すべきである。ここに述べてきた解釈をもって、昔の梁からいまの宋の時代まで、しばしば聞こえてくる誤った教説を見破るべきである。

もう、主旨は鮮明であろう。因果を実体視して、同一性を保証する認識主体を無条件に設定すると、どういう矛盾に陥るかが、畳み掛けるように言い切られている。

このように、「大修行」の巻では、因果が可能にする修行、修行だけがリアリティを付与しうる因果、これを明らかにして、仏教においては因果が、成仏し涅槃に達することを目指す修行者の主体性を構成する、決定的かつ根本的方法であることを述べている。

ところが、ここで大きな問題なのは、実体視された因果関係の否定が浅薄にも誤解され、方法としての因果の否定にまで至ってしまう危険である。教えによって目的を設定し、修行の実際において効果を検証することでのみ、そのリアリティが維持される仏教の因果の道理は、つねに方法としての有効性を問われる。

だとすると、成仏も涅槃に入ることもこの世で簡単には成功しない以上、最終的に方法の効果を検証することは難しいだろう。まさしくここに、仏教者が最終的な効果を体験できないまま、因果という方法を「信じる」ことの抜き差しならない必要性があるのである。もし信じなければ、方法として無意味になり、因果は否定され、修行は成立しなくなる。

したがって、『眼蔵』は次に見る「深信因果《じんしんいんが》」の巻で、このことの重要性を述べるのである。

⑫『眼蔵』「深信因果」

要は絶対者に完璧に帰依できれば事がすむいくつかの宗教と違い、仏教では我々が仏にならなければならない。ということは、教えにしたがって、未来において仏となることを最終目的に、過去の自分の修行の仕方を反省し、いま為すべきことを決断する……この行為様式こそ、仏道修行者の主体性なのである。とすれば、自分の行為や経験を因果関係で秩序づけることは主体性を構築するために必要不可欠である。これを簡単に言えば、修行すれば成仏できるということで、この言い方が因果関係においてしか言えないのは当たり前だ。

問題なのは、この世において、悟ることはともかく、釈尊以外に確かに成仏したと言える人物が見当たらないことである。とりわけ時代を経て教学が整備されてくると、凡夫が成仏するには途方も無い時間がかかるとされ、とてもこの世の一生では間に合わない事業になってしまう。とすると、修行すれば成仏できるという、因果の方法としての効果を、一個人の経験で直接検証することは不可能であろう。

にもかかわらず、修行を可能にするには、この方法によるしかない。となれば、検証を留保して方法の効果を「信じる」しか、当面の道はない。つまり、仏教は神ではなく因果を信じる教えなのだ。ここのところを力説するのが、「深信因果」の巻である。

七十五巻本と十二巻本

ところで、『眼蔵』という書物は、成立の経緯から、七十五巻本と十二巻本に大別される。このうち十二巻本は道元禅師晩年に執筆されたとされ、経典からの引用文が大半を占めるような草稿段階のものも多い。また、ここで取り上げる「大修行」と「深信因果」のように、テーマが同じなのに正反対の論旨の巻もあり、その解釈には諸説ある。

一説では、禅師は晩年大きく考え方を改め、従来の七十五巻本を全面的に書き直して、最終的に一〇〇巻に及ぶつもりだったのだが、それがかなわず、一二巻までで終わったのだとする。また別の説では、七十五巻本を否定したり破棄するつもりは毛頭無く、仏教の実践上さらに必要と考えた二五巻を書き足して、合計一〇〇巻にするつもりでいたのだが、一二巻まで書いたところで、病に倒れたのだとする。

どちらが正しいかは今のところ不明である。おそらく今後も不明であろう。が、本書においては、どちらが正しいかはどうでもよいことだ。「道元禅師の真意」を確定することは、本書の関心ではないからである。

本書が注目しなければならないのは、七十五巻本にある「大修行」と十二巻本の「深信因果」では、同じ百丈山の野狐の話を扱っているのに、示される見解が正反対だという事実の方である。どちらが正しいかではなく、本書のパラダイムで読むと、両巻の相違がどのように読めるかを提示することである。

そこで結論を先取りするなら、「大修行」の巻では、因果の実体視を否定し、修行を可能にする方法としての因果を強調したのに対して、因果の実体視を否定することを因果関係そのものの否定と誤解し、方法としての因果の重要性まで無視すること、これを批判するのが、「深信因果」の巻のテーマということになる。

「撥無因果」と「深信因果」

「大修行」の巻では、因果の実体視を前提とする限り、「不落因果」が誤りで「不昧因果」が正しいとは言えない、とされていた。ところが、「深信因果」の巻では、「不落因果」は「撥無因果（因果の無視・否定）」だから完全に間違いで、「不昧因果」はまさに「深信因果」であるから正しいと断言されている。

この一段の因縁、天聖広燈録《てんしょうこうとうろく》にあり。しかあるに、参学のともがら、因果の道理をあきらめず、いたずらに撥無《はつむ》因果《いんが》のあやまりあり。あわれむべし、澆風一扇《ぎょうふういっせん》して祖《そ》道陵替《どうりょうたい》せり。「不落因果」はまさしくこれ撥無因果なり、これによりて悪趣《あくしゅ》に堕す。「不昧因果」はあきらかにこれ深《じん》信因果《しんいんが》なり、これによりて聞くもの悪趣を脱す。あやしむべきにあらず、疑うべきにあらず。近代参禅学道と称ずるともがら、おおく因果を撥無せり。なによりてか因果を撥無せりと知る、いわゆる「不落」と「不昧」と一等にしてことならずとおもえり、これによりて因果を撥無せりと知るなり。

百丈山の野狐の話は『天聖広燈録』という禅問答集にある。この禅問答を研究するとき、修行者には因果の道理を理解せず、単純に因果の道理を無視し否定する間違いがある。じつにあわれむべきである、仏道を衰退させる風が起こって、仏祖が伝えてこられた教えが廃れていくことを。「不落因果」はまさしく因果の無視であり否定である。これによって悪い世界（地獄など）に堕ちることになる。「不昧因果」は明らかに深信因果である。これによって聞く者は悪い世界を脱することができる。怪しんではいけない。また疑ってはいけない。

最近の禅を学び修行していると自称している輩は、多くが因果の道理を無視している。何によって因果を無視していると知ることができるか。それは、いわゆる「不落」と「不昧」は同じ意味で、違いはないと思っているからだ。これで因果を無視していると知ることができる。

ここで『眼蔵』はまず、野狐の問答における因果の問題を、「不落」か「不昧」かから「撥無」か

「深信」かに変えている。

　さらに、「大修行」の巻においても、「不落」と「不昧」が同じ意味だと主張するところはないが、ここでは両者を同じ意味だと考えることこそ因果の無視だと断定して、非難している。

　つまり、因果を信じるか無視するかがこの巻の最大のテーマなのであり、「因果に落ちない」を「因果に迷わない」と混同することが、因果の無視に当たるというわけだ。

　そうなると、「大修行」の巻を前提とするなら、信じる対象は実体ならぬ方法としての因果であろう。そして「因果に落ちない」ということが「因果を無視してもよいのだ」という意味で、「因果に迷わない」が「因果を実体視せず、方法として重視する」ことだとすれば、この両者の混同は仏教修行者としては致命的誤りとなろう。そして「方法として重視する」ことこそ、すなわち「深く信じる」という行為になるのである。

　そこで『眼蔵』は昔の偉大な修行者の言葉を引いて言う。

> 第十九祖鳩摩羅多《くもらた》尊者《そんじゃ》曰、「且善悪之報、有三時焉。凡人但見仁夭暴寿、逆吉義凶、便謂亡因果虚罪福。殊不知、影響相随、毫釐靡忒。縦経百千万劫、亦不磨滅」。《第十九祖鳩摩羅多尊者曰く、「且《しばら》く善悪の報に三時有り。凡《おおよ》そ人、但《た》だ仁は夭《よう》に暴は寿《いのちなが》く、逆は吉《よ》く義は凶なりとのみ見て、便《すなわ》ち因果を亡じ、罪福虚《むな》しと謂《おも》えり。殊に知らず、影響相随いて毫釐《ごうり》も忒《たが》うこと靡《な》きを。縦《たと》い百千万劫を経《ふ》とも、亦《ま》た磨滅せず」》
> あきらかにしりぬ、曩祖《どうそ》いまだ因果を撥無せずということを。いまの晩進、いまだ祖宗の慈誨《じかい》をあきらめざるは稽古のおろそかなるなり。稽古おろそかにしてみだりに人天《にんでん》の善知識と自称す

るは、人天の大賊《だいぞく》なり、学者の怨家《おんけ》なり。汝《なんだ》ち前後のともがら、亡因果のおもむきを以て、後学晩進のために語ることなかれ。これは邪説なり、さらに仏祖の法にあらず。汝等《なんじら》が疎学《そがく》によりて、この邪見に堕せり。

釈尊以来一九代目の祖師である鳩摩羅多尊者は言っている。

「とりあえず善業悪業の報いには、三つの場合がある（三つとは、現世の行いの報いが現世に現れる、現世の行いの報いが次の世、つまり来世に現れる、現世の行いの報いが来世の次の世に現れる、の三通り）。にもかかわらず、およそ凡人は性急で、ただこの世において、人徳ある人が若死にし、暴虐な者が長生きするのを見、道理に逆らったのに幸運に恵まれ、正義を重んじたのに酷い目にあったりするさまを目の当たりにして、たちまち因果の道理を否定し、罪や幸福という果報のあることを虚しい教えだと考える。本当に、原因と結果が、物に影、音に響きがあるように、たがいに不可分であることを知らず、この因果の道理がたとえ無限の時間を経過しても摩滅することがないことも知らない」

この言葉で、古えの祖師がいまだ因果を無視したり否定しなかったことが、明らかにわかるだろう。現在の後進たる我々が、いまだに先輩の慈悲に満ちた教えを理解できないのは、学習が足りないからだ。足りないのに、みだりに人間界と天界の優れた指導者であるなどと自称するのは、まさに人・天の大賊であり、修行者の敵と言うべきである。

そういう因果の道理を理解しない君たちは、因果を否定する態度をとるのだから、もはや後輩や続いてくる修行者たちに教えを説いてはならない。君たちは学習が疎《おろそ》かだったため、この邪説に堕ちたのだ。

ここでは、方法としての因果の効力を検証することの困難さを、昔の祖師の言葉を引用して述べ、なおその方法を信じなければならないことを、ほとんど切迫した調子で語っている。そして因果の否定は邪説、すなわち仏教を否定する説だと断じている。

そこで、百丈山の野狐の話も、安直に「不落因果」という答えを肯定することのないようにクギを刺す。

今神旦国《しんだんこく》の衲僧《なつそう》等、ままにいわく、われらが人身をうけて仏法にあう、一生二生のことなおしらず。前百丈の野狐となれる、よく五百生をしれり。はかりしりぬ、業報《ごつぽう》の墜堕にあらじ。金鎖玄関留不住、行於異類且輪廻《金鎖玄関留《とど》むれども住せず、異類に行じて且《しばら》く輪廻す》なるべし。大善知識とあるともがらの見解《けんげ》かくのごとし。この見解は、仏祖の屋裡《おくり》におきがたきなり。あるいは人、あるいは狼、あるいは余趣のなかに、生得《しようとく》にしばらく宿通《しゆくづう》をえたるともがらあり。しかあれども、明了《みようりよう》の種子《しゆうじ》にあらず、悪業《あくごう》の所感なり。この道理、世尊ひろく人天のために演説します。これをしらざるは疎学のいたりなり。あわれむべし、たとい一千生、一万生をしるとも、かならずしも仏法なるべからず。外道すでに八万劫をしる、いまだ仏法とせず。わずかに五百生をしらん、いくばくの能にあらず。

最近の中国の禅僧たちは、時々、次のように言う。

自分たちは人間に生まれて仏教に出会ったばかりで、この一生のことも、もちろん次の生まれ変わりの生涯も知らない。ところが、昔の百丈山の老人は野狐となって五〇〇回生まれ変わってその生涯を知る。ということは、悪い答えの報いで野狐の身に堕ちたのではあるまい。この優れた指導者である老人は、この世の中に留まってほしいという衆生の切なる願いと引き止め（「金鎖玄関」）を振り切って、あえて畜生の身（「異類」）に自らを堕として修行し、慈悲をもってしばらく迷いの世界を輪廻して、救済の行を続けているのだ……。

偉大な指導者とされている者の見解はこのようである。だが、しかし、この見解は仏法の教えのうちに入らない。あるいは人間、あるいは狼、さらにその他の世界（天上、修羅、餓鬼、地獄などの六道《ろくどう》の四世界）の衆生の中には、生まれつき一定の前世を知る能力（「宿通」）を持つ者もある。しかしながら、それは仏道を明らかに体得しつくした結果の才能（「明了の種子」）ではない。悪業の結果得たものである。この道理は釈尊が広く人間界・天上界に説き示したところである。

あわれむべきである。たとえ一〇〇〇回の生まれ変わり、一万回の生まれ変わりの生涯を知ろうとも、それは必ずしも仏法ではない。仏教以外の外道でさえ、八万劫という長大な時間を見通す。それにくらべれば、わずかに五〇〇の生まれ変わりを知ろうと、どれほどの能力だと言うのか。

野狐の身に堕ちたのは、老人があえて選んだ慈悲行であって、「不落因果」の答えが間違いだったからでないとする解釈を、ここで『眼蔵』はきっぱり否定する。そして、因果の道理を学ぶことが、仏教の根本であることをあらためて示す。

近代宋朝の参禅のともがら、もともくらきところ、ただ不落因果を邪見の説としらざるにあり。あわれむべし、如来の正法の流通《るづう》するところ、祖々正伝せるにあいながら、撥無因果の邪儻《じゃとう》となならん。参学のともがら、まさにいそぎて因果の道理をあきらむべし。今百丈の「不味因果」

の道理は、因果にくらからずとなり。しかあれば、修因感果のむね、あきらかなり。仏々祖々の道なるべし。おおよそ仏法いまだあきらめざらんとき、みだりに人天のために演説することなかれ。

近ごろの宋国の禅を修行する者たちにおいて、もっとも愚かなところは、ただ不落因果が非常に誤った邪《よこしま》な見解による説だと知らない点である。じつにあわれと思うべきである。如来の正しい教えが行き渡っているはずの地で、それを祖師方が正しく伝えてきたにもかかわらず、彼らは因果を無視する邪な輩の一味となってしまう。現世の百丈禅師が言う「不昧因果」の意味は、因果の道理に迷わないということだ。ならば、原因となる行いがあって、その結果としての報いがあるという道理(「修因感果のむね」)は、明らかである。これが歴代の如来や祖師方の教えなのだ。およそ仏法(の根本たる因果の教え)をいまだ明らかに理解しないうちは、人間界・天上界の衆生に向かって説法などしてはならない。

因果の否定と実体の現出

続けて、『眼蔵』は因果を否定するとどのような見解が出てくるかを説明している。

龍樹祖師云、「如外道人、破世間因果、則無今世後世。破出世因果、則無三宝・四諦・四沙門果」。《龍樹祖師云く、「外道の人の如く、世間の因果を破せば、則《すなわ》ち今世《こんせ》後世《ごせ》無けん。出世の因果を破せば、則ち三宝《さんぼう》・四諦《したい》・四沙門果《ししゃもんか》無けん」》

あきらかにしるべし、世間出世の因果を破するは「外道」なるべし。「今世なし」というは、かたちはこのところにあれども、性《しょう》はひさしくさとりに帰せり、性すなわち心なり、心は身とひとしからざるゆえに。かくのごとく解《げ》する、すなわち外道なり。あるいはいわく、「人死するとき、かならず性海《しょうかい》に帰す、仏法を修習《しゅじゅう》せざれども、自然《じねん》に覚海に帰すれば、さらに生死《しょうじ》の輪転《りんでん》なし。このゆえに後世なし」という。これ断見の外道なり。かたちたとい比丘《びく》にあいにたりとも、かくのごとくの邪解《じゃげ》あらんともがら、さらに仏弟子にあらず。まさしくこれ外道なり。おおよそ因果を撥無するより、今世後世なしとはあやまるなり。因果を撥無することは、真の知識に参学せざるによりてなり。真知識に久参するがごときは、撥無因果等の邪解あるべからず。龍樹祖師の慈誨、深く信仰《しんごう》したてまつり、頂戴《ちょうだい》したてまつるべし。

龍樹祖師が教えて言われる。

「もし外道の人のように、この俗世間での教えとしての因果を否定すれば、この世と来世がないということになる。また出家者の教えにおいて因果を否定すれば、仏・法・僧の三宝も、この世の苦しみ・その原因・苦の寂滅・滅する方法という四つの教え（「四諦」）も、修行僧が悟った結果、到達する四つの境地（「四沙門果」）もないことになろう」

この言葉から明らかにわかるはずである。俗世間においてであろうと、出家者の間であろうと、因果の否定は外道の所業であると。

ここで「この世（と次の世）が無い」とは、次のような意味である。

「形ある身体は今ここにあろうとも、人間の本質は本来悟りに帰している。この場合、人間の本質とは心である。心は身体とは違うからだ」

このように考えるのは外道である。

あるいはこうも言う。

「人が死ねば必ず本来の覚りの海に帰る。仏法を修行しなくても自然に覚りの海に帰入するのだから、その上さらに生きたり死んだりの輪廻も無い。だから来世も無い」

これは死ねばすべて終わりであるという考え（「断見」）の外道である。たとえ姿かたちは仏教修行者に見えようとも、このような邪な見解を持つ輩は、まったく仏弟子ではない。

ひとえに因果の道理を無視するもので、まさしくこれ外道である。これは真の指導者に学ばないためである。真の指導者に久しく学べば、このような因果の道理を無視するような邪な見解を持つはずがない。我々は龍樹祖師の慈悲深い教訓を深く信仰し、受け継ぐべきである。

この説明で興味深いのは、因果の否定がある種の実体を認める見解に陥ると説いていることである。これは「大修行」の巻で、因果を実体視すると同じような間違いを招くと述べているのと好対照である。

『眼蔵』では、龍樹祖師の言う「今世なし」の意味は、変化し消滅する身体とは別に、本来悟っていて、時間的変化を超越する本質的実体を人間の中に設定することだとし、心がそれだと言う。すると、この本来悟っている実体としての心が最終的に帰するところを用意しなければならず、そこで「覚りの海」が持ちだされるのである。これも時間的変化を超越した「万物の根源」的実体として理解できよう。

このように因果を実体視しても、方法としての因果を無視しても、同じように「性海」の設定が必要になるわけである。
「大修行」の巻で説かれるように、因果を実体視すれば、変化を貫通して同一性を保証する実体が必要だろう。また逆に、ここでのように、主体を構成する方法としての因果を否定すれば、目的への意志が要請する未来・過去への反省が現前させる過去・決断する行為としての現在、という主体を現成する時間構造が形成されない。すると、そこには経験の印象や感覚が無秩序に浮遊する、一種の心的混沌状態が現出するだろう。これを日常意識を超越した状態と考えて「さとり」と概念化すれば、この心的状態こそ本来の存在として実体化されることになろう。

ということは、決して実体を認めない前提で考えるからには、「深信」される因果は方法としての因果のみということになる。

そこで、この禅問答について所見を述べた若干の禅僧のコメントを取り上げ、それらが因果の道理を無視したり、「不落因果」と「不昧因果」を無思慮に同じものだと主張していると断罪して、最後に次のように述べ、この巻の結論とする。

おおよそこの因縁に、頌古《じゆこ》・拈古《ねんこ》のともがら三十余人あり。一人としても、不落因果是れ撥無因果なりと疑うものなし。あわれむべし。このともがら、因果をあきらめず、いたずらに粉紜《ふんうん》のなかに一生をむなしくせり。仏法参学には、第一因果をあきらむるなり。因果を撥無するがごときは、おそらくは猛利《みようり》の邪見をおこして、断善根《だんぜんごん》とならんことを。
おおよそ因果の道理、歴然《れきねん》としてわたくしなし。造悪のものは堕し、修善《しゆぜん》のものはのぼる、毫《ごう》釐《り》もたがわざるなり。もし因果亡じ、むなしからんがごときは、諸仏の出世あるべからず、祖師の西来《せいらい》あるべからず、おおよそ衆生の見仏聞法あるべからざるなり。因果の道理は、孔子・老子等のあきらむるところにあらず。ただ仏々祖々、あきらめつたえましますところなり。澆季《ぎょうき》の学者、薄福にして正師にあわず、正法をきかず、このゆえに因果をあきらめざるなり。撥無因果すれば、このとがによりて、漭々蕩々《もうもうとうとう》として殃禍《おうか》をうくるなり。撥無因果のほかに余悪いまだつくらずというとも、まずこの見毒はなはだしきなり。しかあればすなわち、参学のともがら、菩提心をさきとして、仏祖の洪恩《こうおん》を報ずべくは、すみやかに諸因諸果をあきらむべし。

およそこの禅問答に、詩を付して解釈を述べたり、これについて批評を述べた者が、これまで三〇人以上はいる。その中の一人として、不落因果がすなわち撥無因果になるのではないかと疑うことはなかった。あわれむべきである。この連中は、因果を確かに理解せず、いたずらに混乱したまま、一生をむなしく過ごすのだ。仏法を学ぶ場合には、まず第一に因果の道理を明らかにわきまえなければならない。因果を無視し否定するようなことがあれば、それは非常に邪な見解を起こして、もはや善行を行う能力が絶えてしまった者（「断善根」）となるだろう。

およそ因果の道理は、歴然として明らかなのであり、悪業を造る者は悪い世界に墜ち、善業を修行する者は善い世界へと上っていく。寸毫《すんごう》も間違いがない。もし因果の道理を滅ぼし、それを虚しいものとするなら、諸仏がこの世に出現することはあるはずがなく、祖師方がはるかインドから中国にまでやって来ることもなかったに違いない。とすれば、おそらく衆生が仏に出会い教えを聞くなどということもなかったであろう。

この因果の道理は、孔子・老子などが明らかにするところではなく、ただ歴代の如来と祖師方だけが明確にわきまえ、伝えたものである。仏道が衰えた末世（「澆季」）にある修行者は、幸薄いことに正しい師にめぐり会うことなく、正しい教えを聞くこともない。だから、因果を明確に理解することができないのだ。因果の道理を否定すれば、その罪過によって甚大にして連綿たる禍いと苦難を受けるのである。因果を否定する以外の罪をいまだに犯さないとしても、まず一番に、この見解の持つ毒が強烈なのだ。したがって、仏教を修行する仲間たちよ、正しい覚りを求める心を優先して、如来と祖師方の広大な慈悲の恩に報いようとするなら、すみやかにさまざまな因果の道理の在り方を学ぶべきである。

ここまではっきり言い切れるのは、自らの行為の何を原因とし、何を結果として行動するかを考えることが、修行を可能にする根本的方法だからだ。

そこで疑問なのは、もし因果が方法論的概念であり、あらゆる実体論的思考を拒絶すると言うなら、再三言及される、一生を超える「二生」「五百生」「今世」「後世」などの概念はどのように解釈されるべきなのかということである。本書は最後にこの課題に言及する。

⑬『眼蔵』「三時業」

仏教の業《ごう》思想とは、一般には、因果関係のうち、原因に人間の行為（業）を考え、それが引き起こすさまざまな事象を、結果の現れ・効果（果報）と考える思想である。

そうだとすると、ここに二つ大きな問題が生じる。

一つは、この世で経験する限り、善行を行っても、必ずしも好ましい結果にならないことがあり、逆に悪行を行った人に必ず悪い報いがあるわけでもない、という事実である。

もう一つは、ある行いの結果がたちどころに出れば、因果関係の確かさは立証されるが、あらゆる行いが速やかな結果を引き起こすとは限らないから、必ずしも経験的に因果関係が証明されるわけではない、ということである。

そこで、仏教は業の報いとしての現れ方に三つの場合があると述べ、これを三時業と称するのである。その第一が順現報受《じゅんげんほうじゅ》というもので、現世での行いに現世で報いがある場合である。次は順次生受《じゅんじしょうじゅ》で、現世の行いの報いを現世の次の世、来世で受ける場合である。三つ目は順後次受《じゅんごじじゅ》といい、現世の行いの報いを来世のさらに後、次の次の世以降に受ける場合のことである。

この「三時業」説は前述の二つの問題を一挙に解決する理論である。第一の問題、つまり現世では、善行や悪行に必ずしも見合う結果が生じるわけではない、ということに関しては、その結果は来世以降に持ち越されていると説明できる。また第二の問題も同様に、現世で検証できないからといって、因果の道理が無効なわけではなく、その報いは来世以降に現れると答えればよいのである。

三時業の尊重

『眼蔵』は三時業を提示した後、次のように言う。

仏祖の道を修習するには、その最初より、この三時の業報《ごっぽう》の理をならいあきらむるなり。しかあらざれば、おおくあやまりて邪見に堕するなり。ただ邪見に堕するのみにあらず、悪道におちて長時の苦をうく。続善根せざるあいだは、おおくの功徳をうしない、菩提の道ひさしくさわりあり、おしからざらめや。この三時の業は、善悪にわたるなり。

如来と祖師が伝えてきた教えを修行し学ぶには、その初めから、この現世・来世・来世以降という三時にわたる業の報いに関する理論を学習し明らかにしておかなくてはならない。そうでなければ、多くの場合、誤って間違った邪な見解に陥るのである。また邪見に陥るだけではなく、死後悪い世界に堕ちて、長期間苦痛を受ける。善行を行う能力を持続(「続善根」)できない間は、多くの功徳を失い、仏法の覚りを求める道の障害となる。じつに惜しむべきことである。この三時の業は、善業と悪業の両方に及ぶのである。

因果の道理が修行を可能にする方法だと言うなら、当然方法としての有効性が問われる。ところが、現実問題として、業理論における因果関係の場合は、検証が困難なケースがある。そこで、検証抜きでこの方法を使い続けるとすれば、ただ「深く信じる」以外に仕方がない。

しかし、ただ信じることはそう簡単なことではないから、「信じる」に値する根拠を提供しなければならなくなる。そこで当然のごとく『眼蔵』も、さまざまな経典から三時業の話を引用して、その効果を力説することになる。

「三時業」の巻には、順現報受・順次生受・順後次受のそれぞれについて善業と悪業の報いの話を紹介している。しかし、本書においては、その一々を紹介しない。紹介するのは、信じることが最も困難だと思われる順後次受、つまり来世の次の世以降に現世の行いの報いを受けるケースである。

来世の次の世以降に報いを受ける場合

引用されている例話をかいつまんで述べておく。

昔ある国に、つねに善行を為す人と、つねに悪行を為す人がいた。善行の人は、一生に善行のみを為して、いまだかつて悪いことをせず、また悪行の人は、一生悪行のみで、まったく善行をしなかった。

さて、善行の人が臨終を迎えたとき、どういうわけか地獄へと生まれ変わる途中の中間領域（中《ちゅう》有《う》）に出てきてしまった。そこで彼は、一生善行ばかりでまったく悪いことなどしていないのだから、天上世界に行くはずだろうに、どうして地獄行きの途中になどいるのだろうと困惑してしまう。

だが、そのとき、彼はこう思い当たる。

「これは多分、現世の悪行の報いを来世の次の世以降に受けるという道理から推察して、自分の過去世のどこかで行った悪業が、いま地獄行きの報いとなって現れているのだろう」

ということは、いま地獄に行くにしても、自分には一生にわたる善行があるわけだから、次の世に地獄に生まれたにしても、さらに後の世には天上世界に行くはずである。こう考えて、彼は三時業の教えの正しいことに深く歓喜した。すると、たちまち地獄行きの途中だったのが、天上世界に向かう途中へと変わった、というのである。

この例話に、『眼蔵』はこう解説する。

この恒修善行《ごうしゅぜんぎょう》のひと、順後次受のさだめてうくべきがわが身にありけるとおもうのみにあらず、さらにすすみておもわく、一身の修善もまたさだめてのちにうくべし。「ふかく歓喜《かんぎ》す」とはこれなり。この憶念まことなるがゆえに、地獄の中有すなわちかくれて、天趣の中有たちまちに現前して、いのちおわりて天上にうまる。この人もし悪人ならば、命《みょう》終《じゅう》のとき、地獄の中有現前せば、おもうべし、われ一身の修善その功徳なし、善悪あらんにはいかでかわれ地獄の中有をみん。このとき因果を撥無し、三宝を毀謗《きほう》せん。もしかくのごとくならば、すなわち命終し、地獄におつべし。かくのごとくならざるによりて、天上にうまるるなり。この道理、あきらめしるべし。

このつねに善行を為していた人は、いま地獄行きの途中であるという報いを、順後次受の道理から、間違いなく自分が受けるべきものだと思うだけではなく、さらに進んで、自分が一生のうちに行った善事もまた、いずれ報われるだろうと考えた。「深く歓喜した」とは、このことである。この考えが正しかったから、地獄への途中だった状態が消え、天上界へ行く途上の領域が現れたのだ。そして命が完全に尽きたとき、天上界に生まれたのである。この人がもし悪人ならば、臨終のとき、地獄への途中が現れたら、おそらくこう考えただろう。自分の一生の善行はまったくその功徳がない。善行と悪行とが本当にあるなら、自分が地獄の途中になどいるはずがない、と。もし、彼がこう考えていたら、そのときは、因果を否定し、仏と教えと僧侶という三つの宝を誹謗したことになる。もしそうなら、命が尽きたとき、地獄に堕ちただろう。ところが、そうではなかったから、天上界に生まれたのだ。この道理をはっきりと認識すべきである。

ここでは、経験において検証しうる範囲を超えて因果の道理を信じるべきであることが端的に示されている。しかも重要なのは、この善行の人が、自分を地獄への途上に追い込んだ原因となる業が何で、それを行った者が誰か、知らないことである。もし、善行の人個人の浮沈が問題なら、原因が過去世の誰のどういう行為かを追及し、その彼が確かに自分で、行ったことには自分の負うべき責任があるのか、確認するのが筋であろう。

ところが、善行の人にとって最もたいせつだったことは、そうではなくて、因果の道理が確かに機能しているのかどうか、だったのである。人格的個人の来し方行く末の問題ではないのだ。

では、一生悪行の人はどうなったか。

一生悪行の人が臨終となると、順後次受の道理が働き、前世のさらに前の世以降に為した善行の果報によって、現世から天上界へ向かう中間領域に出てきた。そこで、彼は次のように考えた。

「自分は生涯つねに悪いことばかりをして、まったくかつて善行をしていない。だから、地獄に行くのかと思ったら、どういうわけか、このような天上界への途中にいる」

こう思った彼は、間違った邪な考えを起こして、因果の道理を否定してしまった。すると、この邪な見解の力で、天上界への途上の領域は消滅し、地獄への途上が現れ、この後命が完全に尽きたとき、地獄に生まれ変わった。

『眼蔵』は言う。


この人いけるほど、つねに悪をつくり、さらに一善を修せざるのみにあらず、命終のとき、天趣の中有の現前せるをみて、順後次受をしらず、われ一生のあいだ悪をつくれりといえども、天趣にうまれんとす。はかりしりぬ、さらに善悪なかりけり。かくのごとく善悪を撥無する邪見力のゆえに、天趣の中有たちまちに隠歿《おんもつ》して、地獄の中有すみやかに現前し、いのちおわりて地獄におつ。これは邪見のゆえに、天趣の中有かくるるなり。

しかあればすなわち、行者かならず邪見なることなかれ。いかなるか邪見、いかなるか正見と、かたちをつくすまで学習すべし。

まず因果を撥無し、仏法僧を毀謗《きほう》し、三世および解脱を撥無する、ともにこれ邪見なり。まさにしるべし、今生のわが身、ふたつなしみつなし。いたずらに邪見におちて、むなしく悪業を感得せん、おしからざらんや。悪をつくりながら悪にあらずとおもい、悪の報あるべからずと邪思惟《じゃしゆい》するによりて、悪報の感得せざるにはあらず。悪思惟《あくしゆい》によりては、きたるべき善報も転じて悪報のきたることもあるなり。悪思惟は無間《むけん》によれり。


この人は、生きている間、つねに悪行を為し、まったく一つとして善事を行わなかったばかりではなく、臨終のとき、天上界への途上の領域が現れたのを見て、順後次受の道理を知らず、このように考えた。

自分は一生悪いことをしてきたのに、天上界に生まれようとしている。ということは、多分、いっさい善悪の区別などは無いのだ。こういう善悪の区別を無視する邪見の力によって、天上界へと続く領域は消滅し、命が尽きて彼は地獄に堕ちた。これは因果の道理を否定する邪な見解のせいで、天上界への領域が消滅したのである。

したがって、修行者は絶対に邪見を持ってはならない。どのようなものが邪な見解で、どのようなものが正しい見解か、一生を尽くして学習すべきである。

まずは、因果の道理を無視し、仏と教えと僧侶を誹謗し、過去・現在・未来の三世を否定すること、これらはみな、邪な見解なのだ。まさにしるべきである。今生きているわが身は、二つも三つも代わりがあるわけではない。ただなすところなく邪見に堕ちて、むなしく悪業を身に受けてしまうのでは、あまりに惜しいではないか。悪業を造りながら、これを悪だとは思わず、悪の報いなどあるはずがないと、邪に考えたとしても、悪の報いがその身に現れないのではない。邪な考えによっては、善い果報も一変して、悪い果報がやって来る。悪い考えとは、五無間業《ごむけんごう》（父を殺すこと・母を殺すこと・教えを覚った者を殺すこと・仏の身を傷つけて血を流させること・僧団を分裂させること）に由来するのである。

この例話では、悪行の人が地獄に堕ちたのは、現世の悪行のせいでも、前世のさらに前の世以降の悪行のせいでもなく、性急に因果の道理を無視し、善悪の区別を否定したからだとしている。この無知が問題なのだ。

『眼蔵』が強調するのも、そこである。したがって、因果の道理と果報の三種類の現れ方を学ぶことは、修行の最優先事項となる。だが、それは要するに、無知のせいで地獄へ堕ちるのが恐ろしいなら因果を学ぶべきだ、と脅迫しているのであろうか。

「三時業」の巻は、最後に経典の言葉を引く。そこでは、釈尊がこう教示している。

たとえ無限というべき長大な時間を経たとしても、一度造られた業は亡びることはない。条件が満たされれば、必ずその身に還ってきて、自ら果報を受けることになる。

さらに教示する。

知るべきである。悪事だけを行ったなら、悪い果報だけを受ける。善事だけを行ったなら、善い果報だけを受ける。善事も悪事も行ったなら、善い果報も悪い果報も受けるだろう。だから、修行者は悪事ばかりを行うこと、そして善事も悪事もともに行うことを避け、まさに善事のみを努力して行うべきである。

以上を釈尊の言葉として引用し、『眼蔵』はこう結んでいる。

世尊のしめしましますがごときは、善悪の業つくりおわりぬれば、たとい百千万劫をふというとも「不亡」なり。もし因縁にあえばかならず感得す。しかあれば、悪業は懺悔すれば滅す。また転重軽受す。善業は随喜すればいよいよ増長するなり。これを「不亡」というなり。その報なきにはあらず。

釈尊が教示なさっているのは、善悪の業を造ってしまえば、たとえ百千万劫という無限に近い時間を経ても、「亡びることはない」。もし条件が満たされれば、必ず果報が現れる。だから、悪業は仏法にしたがって懺悔すれば滅する。または重い果報が転じて軽くなる。善業は、それが他人の善行を見て歓喜することでも、その功徳を増長する。このように、因果の道理が確かに作動することを「亡びない」と言うのである。果報がないわけではないのである。

「不亡」とは、たとえば一度悪事を働いてしまえば、後にどのようなことがあろうと、必ず悪い果報となって身に現れるということではなく、してしまった悪業自体は取り消せなくても、その報いは懺悔のような善業で相殺できるわけである。この相殺作用として因果の道理が機能していることを「不亡」と呼ぶのだと、『眼蔵』は言うのである。だとすると、単に誰が地獄に行くか天界に行くかなどは問題ではなく、因果の道理が確かに有効に働くと信じることこそが、仏教修行の一大事だと考えられていることは、いまや明白であろう。

「自己をわするる」業

この「三時業」の巻を読むと、『眼蔵』が因果や業、さらに前世や来世などを、それ自体で存在する実体だと考えているように思えるであろう。「中有」などというものまで出てきては、なおさらである。

しかし、修行を可能にする因果の道理を、直接体験で検証できない状況で、方法として信じ続けなければならないとき、まさに前世や来世、三時業のような概念は、不可避的に要請されることになる。それは修行者が、自らの修行の限界を自覚したときに、是非必要なものなのだ。

修行の中で自分の力の限界が自覚されればされるほど、その発心と志は未来を求めるだろう。つまり、未完の修行の継続を願う意志が、来世をリアルに要請する。

そして、力の限界の自覚が、なぜかという問いになったとき、それは過去への反省に向かう。そして自分の修行の妨げになるものの原因がわからないとすれば、修行への意志が切実であればあるほど、原因を自ら知りえない過去に求めざるを得ない。ここに前世が現前する。

すなわち、前世も来世も、地獄も天界も、修行への意志と教えへの確信が無ければ無意味な概念なのである。『眼蔵』が因果や業を論じて問題にしているのは、修行の持続それ自体なのだ。修行こそすなわち仏法だと言うなら、問題は、因果の道理が可能にする仏法の存続という業なのである。仏法においては、修行者が誰かはどうでもよいことであり、修行者が個人的にどういう生涯を送り、来世でどうなるかは、まったく問題ではない。現世の誰の修行が来世の誰の修行の果報となろうと構わないのだ。このとき、「自業自得」の「自」が単に人格的個人を意味するなら、その「自己」は脱落されなければならない。

仏法においては、人間は修行や信仰の主体としてしか意味はない。すなわち、仏教の「自己」は修行や信仰という業の器にすぎない。

だから、自己は忘れられて縁起的次元から再構成され、修行する業的実存として、未来と過去へと切り開かれなければならないのである。少なくとも、『眼蔵』はそう述べているだろうと、私は思う。

終章
自己を課す意志

下北半島の中央、霊場恐山には、ときおり大きな荷物を抱えた人がやってくる。今年、端午の節句前のある日、受付に大きな段ボールを二人がかりで持ってきた老夫婦がいた。お供えだと言う。

中から出てきたのは、それは見事な武者人形である。

「生まれてすぐに亡くなってしまって……」

目の周りの皺が人の良さを表す、おそらく孫の祖父であろう老人が言った。立派な人形ケースには写真が添えられていて、そこに写っていたのは、臨終直後かと思われる、何本ものチューブにつながれた裸の赤ちゃんだった。誰がどんな気持ちでこの写真を撮ったのだろうかと思って、私はしばらく声が出なかった。

不在であること

そのとき私がつくづくと思ったのは、明らかに七〇歳は越えているだろう老夫婦に、はるばる恐山まで人形を運ばせ、父親か祖父か、あるいは他の誰かにあの写真を撮らせた何か、もっと言えば、運ぶことを強い、撮ることを強いた、得体の知れない力である。

人形によって祝福されるべき者、人形を喜ぶはずの者は、もういないのである。この不在は、いったいどのような力なのか。

孫が生きてそこにいたなら、人形はただのお祝いの品物にすぎず、そこには一家の笑顔があり、喜びがあっただろう。人形はそのための道具であり、役目はそれで十分だったはずである。

しかし、いまや「お供え」となった人形が指し示すのは、孫の存在それ自体である。供える行為が、供えられる者を存在させるのだ。そして、この供える行為を強いるのが、まさに孫の不在なのである。不在こそが、存在することのリアリティを呼び起こす。

おそらく我々は、存在のリアリティを「存在している」ままには決して受けとめられず、「存在していた」という形でしか自覚できないのだろう。つまり、存在からずれ、存在を失いながらしか、存在を存在させることができない。不在が存在を強いるのである。

とすれば、言葉とは存在への供養である。「火」と命名されない火は火ではない。つまり「火」は火の存在に張りついた標識ではなく、火を存在させる供犠《くぎ》、力なのだ。名を持たない人間は「人間」ではない。囚人が番号で呼ばれるなら、もう「人間」からずれて、なかば「物」として呼び起こされているのだ。

「自分がいる」ということも同じである。自己の存在はその不在が呼び起こし、強いるのである。死者に人形を供養するように、不在の自己に金を、名誉を、愛を、正義を、神を、「生きがい」を、果ては「本当の自分」を供養して、自己の存在を強いる。何事であれ、強いられて行うことは苦役である。自己であることはそれ自体、課せられた苦しみなのだ。仏教は私にそれを教えた。

自己という困難

私はそもそも物心のつきはじめたころから、自分がどうして自分以外の人間ではなく、なぜ自分であり続けなければならないのか、不思議で仕方がなかった。それに理由はない。そうさせられているにすぎず、そうせざるをえないにすぎない……仏教だけが、私に真っ向からそう断言したのである。「無常」「無我」、そして「縁起」という教えが私にまず開いて見せたのは、自己が存在からではなく不在から始まるという、驚くべき光景だった。

「仏道をならうというは、自己をならう也。自己をならうというは、自己をわするるなり」。高校に入ったばかりのころ、この一節を最初に読んだとき、意味がわからないのに、まるで厄災にあったような衝撃を受けたのは、「自己」の致命的な困難と、不在を存在と錯覚することの悲惨を啓示していたからであろう。

後年修行僧となって、「『正法眼蔵』は、大宇宙の生命を全肯定する書なのだ」という高名な老師の大見得を聞いたとき、私は自分が紛《まご》うかたなき「異端」解釈者であることを確信した。が、それはどうでもよいことだった。おおよそ「正統」と「異端」を分けるのは、解釈の当否ではなく、問題意識の違いと集団内の権力配分の仕方である（ところで、実際には、現曹洞宗に「正統」「異端」の区別はない。『眼蔵』を読んでそんな判断のできる人間はそもそもいないからだ。私はこれを曹洞宗最大の美点の一つだと思っている）。

結局、「正統」だろうと「異端」だろうと、私には私の問いを問い続けるしか道はなかった。それ以外に仏教を学ぶ意味はなかったし、『眼蔵』を読む必然性もなかった。だから、私は自分の解釈を「正統」であるとも「真理」であるとも思っていない。すべて自分の都合である。ただ、私は、自分の問いが釈尊にも道元禅師にもあっただろうと、しかも決定的にあっただろうと、信じている。

輪廻と霊魂の無意味

僧侶となってみると、世間の大方の人々は、私がこだわる問題を仏教のテーマとは考えていないことがわかった。そうではなくて、僧侶がただの葬祭執行者でないとすれば、「あの世」や「霊魂」や「輪廻転生」の専門家、よくて「親の因果が子に報い」式「因果応報」説の広報官のように見ているらしかった。

こういう話は、これまた私にはまったく無意味であった。「あの世」があろうがなかろうが、私の問題は何も解決しない。だいたい、今生きている自分さえ苦役なのに、それを前世や来世にまで引き伸ばして何が嬉しいのだろうか。現世の「自分」が錯覚ならば、来世や前世の「自分」は何と呼んだらよいのだ。

前世は古代エジプト王国の王妃の侍女（「侍女」という謙遜が笑える）でした、と言う会社員の女性に会ったことがあるが、この人はいったい何が言いたいのか。だから目の前の、会社員をしている自分を尊敬しろとでも言いたいのか。もしそうなら、彼女もずいぶんな「自己という苦役」に耐えてきたのだろう。

また、来世が見えるという人にも会ったが、このときは、かねがねぜひ聞きたかったことを質問した。

「来世で言葉は通じますか。今あなたと話しているように、来世の人も言葉を使っていますか？」

彼女は、何を当たり前なことをという調子で、即答した。

「はい」

これで知れた。ならば、来世にも自意識があり、意識された自己は失われて、そこに不在が強いる自己もいる。だったら、来世が天国だろうと地獄だろうと、無意味である。それでは今と何も変わらない。天国にも地獄にも、この世並みの快楽と悲惨があるだろう。

念を押すようだが、私は来世や転生や輪廻が無いと言っているのではない。来世に行かないうちに来世の有無を証明することはできない以上、そんな議論は駄法螺《だぼら》にすぎない。

私は、来世や転生はあっても無意味だと言っているのだ。問題はそういうものがあるか無いかではなく、ともかく現世でも前世でも来世でも、生まれかわり死にかわる主体、つまり「自己」という困難を解消することなのだ。それがすなわち、輪廻を無効にすることであり、「輪廻からの解脱」とはそれを言うのだ。

これについてはもう少し言えることがある。今生きている自分が不在だから、文字どおり不在の来世や前世の自分を、あれだけ饒舌《じょうぜつ》に語ることができるのだ。してみると、今の自分も来世の自分も幻想的であることに変わりはない。

ということは、逆に、私などとは問題設定が違う人間の苦しみに対して、輪廻や転生の「話」が現世の「対策」並みの効力を持つ場合があるだろう。きわめて慎重な条件設定と発言の全責任をとる十分な覚悟があるなら、仏教者は他人の苦悩を前にしてこの方法を使える。「方便」である。

何をいい加減な、と言う人もいるかもしれない。しかし、これが事実、その昔釈尊がやっていたことなのだ。他人の状況を見ては「天国」や「地獄」の話をし、にもかかわらず、自分自身の問題にはそれらがまったく無意味だと、本人にはわかっていた。だから、弟子たちに「あの世」の有無に議論は無用だと教えたのである（「無記」の教説）。

報いなき善行

このように考えてくると、仏教の考える善行と悪行を当たり前に考えてはいけないことがわかる。

この世で善行を積めば「よいところ」へ生まれ変わり、悪行によって「悪いところ」へ行くという話なら、事は簡単である。これは基本的に仏と人の取引だろう。

ところが、問題は「行き先」ではない、ということになると、そもそも善悪の意味が変わってしまう。「自己」の存在自体を困難と考え、これを解消することで「行き先」の議論そのものを無効にすると言うなら、これは普通には想像もできない事態である。その「解消」は果たして「善いこと」なのか？　そのために努力するとは何のことか？

ここで、仏教は我々に答えを出すことの断念を要求する。この話は、人間に可能な思考の領域を外れているからだ。「自己」のいない場での善悪を、我々は考えることができない。

しかし、あえてそれを「善」と断じ、それを説く釈尊の教えに従うことを、仏教者は選択しなければならない。この飛躍は、いわば賭けである。もうそこには、取引の可能性はない。支払う価値の確かな「善行」もなく、見返りに値する「行き先」もない。そこに「報われる行い」が存在する余地は無い。あるのは、もはや「自己」を無意味にする「報われない善行」である。そしてそれが「修行」ということなのである。

仏教の残酷

自己の存在が困難で苦しみであるということは、ひょっとすると他の宗教や思想でも言うかもしれない。しかし、仏教の教説の異常さは、「自己という苦しみ」を解決するのに、「苦しみ」を解消しようとするのではなく、「自己」を消去しにかかることである。これほど徹底的かつ残酷な解決法はないであろう。

この「自己を消去する」ことを自殺と勘違いする人間を、愚者と言う。

一、死ねば消去できる保証は無い。

二、消去する自己はいなければならない。

問題は二番目である。「自己を消去する自己」。これが仏教の「自己」である。「ならう」べき「自己」である。だが、この世でそれは絶望的に不可能なのだ。「この世に存在する」ことと「自分であること」は完全に同義だからである。そこで、修行者は「来世」を必要とする。

このとき修行者は「自分が存在する来世」を欲望しているのではない。そこに自分が存在しなければ一件は落着、不幸にして存在するならば、「自己を消去する修行が続くこと」を願うのだ。この世での完成が不可能な修行を、さらに続ける意志と希望を、あえて「来世」と呼ぶのである。

ここまで述べたようなことが仏教ならば、それは「宇宙の生命を全肯定」するような博愛家や、人間万歳のヒューマニストの考え方と相容れないのは自明である。

釈尊が自ら語っただろうと推測される経典を読み、道元禅師の書き遺した言葉を読んで私が感じたのは、博愛主義でもヒューマニズムでもなく、「自分が生きている」ことへの問いの苛烈さだった。この一点で、私にとって二人は他人ではなくなった。どれほど相手が偉大で崇高だろうと、この共感は事実であり、動かしがたかった。そして、この二人が同じような生き方を選んだから、私も先の見通しがつかぬまま、その方法に人生のチップを張ったのである。

運動としての坐禅

修行僧になって二、三年たったころ、私は坐禅の何たるかを知りたくて苦心惨憺《さんたん》していた時期がある。

そのときは、ちょうど一週間ぶっ通しで坐禅する「摂心《せっしん》」中だったが、私は無理に無理を重ねた長時間坐禅を自分に強いていた。

最終日、午後からの氷雨が雪に変わり、坐禅堂内一〇〇人以上の修行僧が、異様な緊張と沈黙に支配された深夜、足の痛みで脳髄まで痺《しび》れてきたちょうどその刹那、軒先の雪がひとかたまり、ドサッと落ちた。

この「ドサッ」が爆雷のごとき轟音《ごうおん》となって、「私」を吹き飛ばした。そこに轟音があって、自己はいなかった。

だからといって、「これが私の悟りです」と、言いたいわけではない。後がある。

その坐禅を終え、出口に向かって痛む足を引きずりながら歩きだしたとき、ある老師がふいに後ろから小声で言った。

「ほう、あんたもいっぱしの禅僧らしい顔になってきたな」

このとき、私は坐禅がわかった。正確に言うと、自分なりに坐禅を仏教の文脈に位置づけることに成功した。つまり、「悟った」。

坐禅は「宇宙の生命と一体となること」だとか、「真実の自己と出逢うこと」だとか、この手のファンタジーでよしとするならともかく、それが「無常」を経験的事実として自覚する技法だとするなら、仏教は「この世は無常だ。それで結構だ」という話ではない。「この世は無常だ。では、どうする?」。これが仏教の話である。坐禅は、身に染み入った無常の自覚から、「では、どうする?」の問いを浮上させるのだ。

自己の存在は不在が強いると私は言った。ならば坐禅は、自己の存在を解いて不在を顕《あら》わにするだろう。しかし、それだけでは気の利いた「瞑想」にはなっても、仏教の坐禅にならない。このあと、仏教によってあらためて「自己」を課すとき、坐禅は坐禅になる。だから、「禅僧らしい顔」にならない坐禅は坐禅ではないのである。

存在と不在、言語と言語以前、自己と非自己、その間を往還する運動として坐禅は、現世において「自己を消去する自己」の主動力となる。「では、どうする？」は止まない問い、止んではいけない問いなのだ。その問いが止んだとき、仏教はそこで終わる。

不在を承知で、自己を消すため自己を課す。その耐えがたい決断と意志を要求するのが仏教である。『眼蔵』が七十五巻本最後と十二巻本冒頭で強調する「出家」の意義とは、それがまさに新たな「自己」を課す覚悟の行為なのだということである。肯定されるべきは、宇宙の生命ではなく、この非情であろう。

『眼蔵』を読むという「徒労」

よく『眼蔵』はわからないと言う人がいるが、それは事情が違う。『眼蔵』がわからせないのだ。わかる『眼蔵』は無い。その不在が『眼蔵』を問うことを強い、『眼蔵』そのものが「問い」として呼び起こされる。

『眼蔵』は問われることでしか存在しない。ならば、『眼蔵』を読むとは、「正解」がないままに問い続けるという徒労に耐えることだ。それはまさに釈尊の「正法」が現世で持つ構造なのである。

あとがき

永平寺時代、大学院出の後輩が言った。

「直哉さん、論文というのはですねえ、役に立つか面白いか、それだけです。それ以外はただのゴミです」

そのとき、私は深く深く同感した。

『正法眼蔵』の「真理」を語ることなど、最初から私の関心外だった。今はともかく、本書が少しでも『眼蔵』を読む人の役に立つか、そうでなければ、せめて、どこか面白いと思ってもらえるところがあることを祈るばかりである。

ところで、私が物を書くと、しばしば読者に「バックグラウンド」を追及される。いわく、マルクス、ハイデガー、メルロ＝ポンティ、ラカン、レヴィナス……云々。

仏教書らしくない言い回しは不徳のいたすところだが、実際、これらの指摘はすべて正しい。正しいが、私は特定の誰かの思考様式を借用して書いているのではない。そうではなくて、仏教や『眼蔵』を自分にリアルなものとして考えるとき、役に立つ道具を動員しているだけである。

「無常」「無我」「無明」「縁起」……これらの言葉が、自分が生きているという事実にとって、何を意味しているかを具体的に明らかにしたいとき、使えそうな道具は、彼らの著作にあって、私が眼にした限り、仏教書には無かったのだ。ご都合主義と言われればそのとおりだが、これ以外に方法が無かったということである。

今回も前著同様、講談社の山崎比呂志氏に万般お世話になった。心から感謝申し上げる。本書の骨格となる文章は、一〇年以上前に永平寺の機関紙に発表していたため、すぐ書き上げられそうに思っていたのに、執筆の約束からすでに五年。ようやく責任を果たすことができて、ほっとしている。

二〇〇八年七月一〇日

恐山にて

南　直哉

『正法眼蔵《しょうぼうげんぞう》』を読《よ》む——存在《そんざい》するとはどういうことか

二〇〇八年七月一〇日第一刷発行　二〇二三年九月一一日第一〇刷発行

著者　南《みなみ》　直哉《じきさい》

発行者　髙橋明男

発行所　株式会社講談社

東京都文京区音羽二丁目一二—二一　郵便番号一一二—八〇〇一

電話（編集）〇三—五三九五—三五一二　（販売）〇三—五三九五—五八一七

（業務）〇三—五三九五—三六一五

装幀者　山岸義明　本文データ制作　講談社デジタル製作

印刷所　株式会社新藤慶昌堂　製本所　大口製本印刷株式会社

定価はカバーに表示してあります。

落丁本・乱丁本は購入書店名を明記のうえ、小社業務あてにお送りください。送料小社負担にてお取り替えいたします。なお、この本についてのお問い合わせは、「選書メチエ」あてにお願いいたします。

ISBN978-4-06-258417-3　Printed in Japan

N.D.C.188.8　334p　19cm

講談社選書メチエ　刊行の辞

書物からまったく離れて生きるのはむずかしいことです。百年ばかり昔、アンドレ・ジッドは自分にむかって「すべての書物を捨てるべし」と命じながら、パリからアフリカへ旅立ちました。旅の荷は軽くなかったようです。ひそかに書物をたずさえていたからでした。ジッドのように意地を張らず、書物とともに世界を旅して、いらなくなったら捨てていけばいいのではないでしょうか。

現代は、星の数ほどにも本の書き手が見あたります。読み手と書き手がこれほど近づきあっている時代はありません。きのうの読者が、一夜あければ著者となって、あらたな読者にめぐりあう。その読者のなかから、またあらたな著者が生まれるのです。この循環の過程で読書の質も変わっていきます。人は書き手になることで熟練の読み手になるものです。

選書メチエはこのような時代にふさわしい書物の刊行をめざしています。

フランス語でメチエは、経験によって身につく技術のことをいいます。道具を駆使しておこなう仕事のことでもあります。また、生活と直接に結びついた専門的な技能を指すこともあります。

いま地球の環境はますます複雑な変化を見せ、予測困難な状況が刻々あらわれています。

そのなかで、読者それぞれの「メチエ」を活かす一助として、本選書が役立つことを願っています。

野間佐和子

一九九四年二月

KODANSHA